A*t*V

MARCUS G. PATKA, 1966 in Wien geboren, dort Studium der Germanistik, Publizistik, Philosophie und Zeitgeschichte, 1994 Promotion. Seit 1998 Kurator im Jüdischen Museum Wien.

Veröffentlichungen: Egon Erwin Kisch. Stationen im Leben eines streitbaren Autors (Monographie, 1997), Egon Erwin Kisch. Eine Biographie in Bildern (1998), Österreicher im Exil. Mexiko 1938–1945 (Dokumentensammlung, hg. mit Christian Kloyber für das Dokumentarchiv des österreichischen Widerstandes, Wien, erscheint 1999).

In den Jahren des Zweiten Weltkriegs wurde Mexiko zum bedeutendsten Zentrum deutschsprachiger Exilliteratur und -politik im Westen. Ein Asylland fanden hier nicht nur Leo Trotzki und eine surrealistische Gruppe um André Breton, sondern auch Schriftsteller wie Egon Erwin Kisch, Anna Seghers, Bodo Uhse, Leo Katz, Paul Westheim u.a. sowie zahlreiche Musiker und Schauspieler, die mit der Zeitschrift »Freies Deutschland«, dem Verlag El Libro Libre und dem Heinrich Heine Klub ein bedeutendes kulturelles Leben schufen. Parallel dazu kam es unter dem Eindruck der Shoa zu einer Annäherung von deutschen Kommunisten an das Judentun, was sie nach ihrer Rückkehr in die DDR mit Verfemung und Gefängnis bezahlten. Die Besonderheit des Exils in Mexiko waren seine Internationalität und die sich gegenseitig befruchtenden multikulturellen Aktivitäten. Dieser Band analysiert nicht nur, wie Mexiko Leben und Werk der Exilanten veränderte, sondern ermöglicht auch einen umfassenden Einblick in die historischen Hintergründe.

Marcus G. Patka

Zu nahe der Sonne

Deutsche Schriftsteller
im Exil in Mexiko

Aufbau Taschenbuch Verlag

Mit 25 Abbildungen

Mit und für Frauke

ISBN 3-7466-8034-4

1. Auflage 1999
Aufbau Taschenbuch Verlag GmbH, Berlin
© Aufbau Taschenbuch Verlag GmbH, Berlin 1999
Umschlaggestaltung Preuße & Hülpüsch Grafik Design unter
Verwendung eines Fotos: (von rechts:) Vicente Lombardo Toledano
und seine Frau, Laszlo Radvanyi, Anna Seghers, (links hinter ihr:)
André Simone (Archiv Ruth Radvanyi)
Druck Elsnerdruck GmbH, Berlin
Printed in Germany

Inhalt

Mexiko – Von der Revolution zum Zweiten Weltkrieg

In der ersten Dekade des 20. Jahrhunderts führten gewaltige soziale Spannungen in Mexiko dazu, daß sich Bauern- und Reiterarmeen von Revolutionären bildeten, die zahllose Haciendas in Schutt und Asche legten. Im Vertrag von Guadalupe Hidalgo vom Februar 1848, als Europa mit sich und seiner Revolution beschäftigt war, wurde Mexiko dazu genötigt, die Staaten Kalifornien, New Mexiko, Texas, Colorado und Utah an die USA abzutreten. Seither lag das Land in Agonie. Es hatte mit Maximilian von Habsburg, dem jüngeren Bruder Kaiser Franz Josephs, einen österreichischen Monarchen von Gnaden französischer Militärgewalt, und danach mit Präsident Benito Juárez einen aus eigener Erde geborenen Präsidenten erlebt. Doch nach seinem Tod hatten die heimischen Militärs die Macht übernommen, bis diese vom Charisma zweier Männer erschüttert wurde. Im Norden herrschte der exzessive Doroteo Arango, besser bekannt als Pancho Villa, im Süden der bedächtige Emiliano Zapata.[1] Letzterer prägte einen einfachen Slogan: »Tierra y Libertad« (Land und Freiheit). Im Mai 1911 gelang es, Langzeit-Diktator Porfirio Díaz zu stürzen. Neuer Präsident wurde Francisco Madero, doch nur zwei Jahre später wurde er von General Victoriano Huerta gestürzt und erschossen, der sich mit US-amerikanischer Hilfe zum neuen Diktator aufschwang. Neue blutige Scharmützel waren die Folge, neben Villa und Zapata rangen auch die Generäle Venustiano Carranza und Alvaro Obregón um die Macht. Auf Huerta folgte Carranza als Staatschef. Im Dezember 1914, als Europa wieder einmal mit sich selbst beschäftigt war und zu seinem großen Erstaunen bemerkte, daß der Krieg noch immer nicht zu Ende war, eroberten Villa und Zapata Mexiko-Stadt. Doch sie waren keine Politiker und verstanden sich nicht auf Administration. Nur einen Monat später kehrte Carranza in die Stadt zurück. Die neue Verfassung von 1917 brachte die Hinwendung zur Demokratie, doch kein Ende der Kämpfe. Die

Helden der Revolution wurden jeweils in einen Hinterhalt gelockt und starben wie sie gelebt hatten, im Kugelhagel – Zapata 1919, Villa 1923. Erwähnenswert bleibt die »Zimmermann-Depesche« vom Februar 1917: Der wilhelminische Generalstab versuchte, in Mexiko einen Bündnispartner zu finden, der den Krieg gegen die USA eröffnen sollte. Als Belohnung wurden die 1848 von den USA annektierten Gebiete versprochen, doch die Unerfüllbarkeit dieser »Kriegslist« war zu offensichtlich. Der Schuß sollte gewaltig nach hinten losgehen, denn der britische Geheimdienst deckte das Komplott auf, was die USA bestärkte, ihrerseits Deutschland den Krieg zu erklären.[2]

Klare Verhältnisse kehrten erst ab 1920 mit Präsident Alvaro Obregón ein, der die schlimmsten Folgen des Bürgerkriegs beseitigte. Der weltgewandte José Vasconcelos zeichnete als Unterrichtsminister für den Bau von Schulen im ganzen Land und eine Belebung des universitären Lebens verantwortlich. Von 1924 bis 1934 folgte ein neuer Diktator, Plutarco Elías Calles, der 1928 im Verdacht stand, hinter dem Attentat auf seinen Vorgänger zu stehen und dennoch – gegen die bestehende Verfassung – wiedergewählt wurde. Der schwelende Konflikt mit der Kirche, die ihre weltliche Macht schwinden sah, führte zu neuen Grausamkeiten. Ausländische Geistliche wurden des Landes verwiesen, ihre Schulen geschlossen. Daraufhin formierte sich in den Bundesstaaten Jalisco und Michoacán eine katholische Guerilla, Cristeros genannt, welche öffentliche Schulen und Amtsgebäude attackierte, andererseits wurde ein Jesuitenpater in Mexiko-Stadt öffentlich exekutiert – die Lage konnte durch Zugeständnisse der Regierung wieder entspannt werden. Eine neue innenpolitische Situation schuf die Gründung der Partido Nacional Revolucionario (PNR) durch Calles. Diese war als »sozialpartnerschaftliche« Staatspartei konzipiert, die alle Volksschichten umfaßte, um nach ihrem Selbstverständnis auf institutioneller Ebene die Revolution weiterzuführen. Staat und Partei wurden eins in Form einer konstitutionellen Präsidialdiktatur. Doch diese geriet schnell in eine Krise, da sie sich zu sehr auf die Konsolidierung ihres Regimes und zu wenig auf die Durchsetzung der lange geforderten Reformen konzentrierte. Statt dessen wurden unter Calles die durch die Wirtschaftskrise angewachsene Streikbewegung kriminalisiert und die Kommunistische Partei Mexikos (KPM) verboten. In den dreißiger Jahren driftete fast ganz Lateinamerika in die Nähe des faschistischen Lagers, mit Ausnahme von Chile und Mexiko. Angestachelt vom Freiheitswillen der spanischen Republik, getäuscht von der vordergründigen Glorie Stalins und schockiert vom weltweiten Aufstieg des Faschismus, gewann die Linke innerhalb der PNR zusehends an Einfluß. Es gelang, einen Sechs-Jahres-Plan zu verabschieden und zu seiner Durchführung am 1. Dezember 1934 einen Kandidaten ihrer Wahl ins Amt des Präsidenten zu hieven: General Lázaro Cárdenas. Dieser war ein pragmatischer Sozialist, der für liberale wie marxistische Ideen offen war. Er bevorzugte eine Regierung mit beschränkter Macht und Gewährung aller bürgerlichen Freiheiten bei gleichzeitiger Erkenntnis, daß die Theorien von imperialistischer Ausbeutung und Klassenkampf in dieser historischen Situation für Mexiko von großer Relevanz waren. Cárdenas versprach eine zügige und umfassende Agrar-, Sozial- und Bildungsreform und unterstützte die Streikbewegung. In seiner Amtszeit wurde zweimal so viel Großgrundbesitz in Ejidos (Kooperativfarmen) umgewandelt wie unter allen seinen Vorgängern. Sein Programm war gewissermaßen »Hilfe durch Selbsthilfe«: Erst mußte die Bevölkerung sich besser organisieren, dann erst konnten Aufbauprogramme greifen. Der »Cardenismo« wurde zur mexikanischen Spielart der Volksfront. Er war zugleich demokratisch und elitaristisch, er förderte Organisation und Mitbestimmung der Arbeiterschaft, die aufgrund ihrer geringen Bildung und des wenig entwickelten politischen Bewußtseins aber auf ihre vorausblickenden Führer vertrauen mußte. Die Zusammenarbeit unterschiedlicher Kräfte wollte Cárdenas aber nicht im Staat, sondern nur innerhalb der Regierungspartei PNR. Diese wurde daher 1938 in die Partido de la Revolución Mexicana (PRM) umgewandelt und in ein Körperschaftssystem reorganisiert. Der Arbeiter-, Bauern-, »Volks«- und der Militärsektor sollten alle relevanten Bevölkerungsschichten repräsentieren. Die Reformpolitik blieb naturgemäß nicht ohne

Gegenkräfte, bis hin zur Bildung von klerikalfaschistischen Verbänden wie den Camisas Doradas (Goldhemden) oder der Unión Nacional Sinarquista. Im Mai 1938 putschte General Saturnino Cedillo, doch da es ihm an organisierter Gefolgschaft fehlte, konnte der Aufstand schnell niedergeschlagen werden. Der General stand in gutem Kontakt zum deutschen Botschafter Freiherr Rüdt von Collenberg-Bödigheim, sein Generalstabschef war ein Freiherr Ernst von Merck. Auch Heinrich Northe, als Handelsattaché getarnter lokaler Gestapo-Chef, und Manfred von Killinger, Generalkonsul in San Francisco, dürften in den Putsch involviert gewesen sein. Seit 1933 gab es eine NSDAP-AO in Mexiko, die zügig versuchte, die ca. 6000 Auslandsdeutschen zu vereinnahmen. Am schnellsten gelang dies bei der *Deutschen Zeitung von Mexiko*, die bis zum März 1942 erscheinen konnte. Außerdem gab es noch eine Zeitschrift namens *NS-Herold*. 1935 wurde die Deutsche Volksgemeinschaft in Mexiko ins Leben gerufen und ein »Transocean«-Büro, geleitet von Arthur Dietrich, Ortsgruppenleiter der NSDAP-AO und zugleich Presseattaché an der deutschen Botschaft. Doch die mexikanischen Faschisten waren nicht auf deutsche Hilfe angewiesen. Zu einer weiteren Revolte der Sinarquisten kam es im September 1943, noch im März 1944 warnte das Magazin *The New Republic* vor einem Bürgerkrieg, nur zwei Monate davor war der Präsident knapp einem Attentat entkommen.[3]

Doch zurück zu Cárdenas: Ein enger Vertrauter des Präsidenten und Unterstützer seiner Politik war der charismatische Vicente Lombardo Toledano, Doktor der Philosophie und der Rechte, Gewerkschaftspolitiker seit den zwanziger Jahren und 1935 Gründer der neuen Gewerkschaft Confederación de Trabajadores de México (CTM). Er wurde zum entscheidenden Mittler zwischen Arbeiterbewegung und Regierung. Zwar war er niemals Mitglied der KPM, sondern stand sogar bei vielen Disputen gegen sie, aber spätestens seit seinem Besuch beim 7. Kongreß der Kommunistischen Internationale (KI) und seiner Bekanntschaft mit dem Direktor des Sowjetischen Informationsbüros, Solomon Losowskij, erwies er sich als unbeirrbarer Apologet der

Sowjetunion und ihrer jeweiligen Außenpolitik. Dies brachte ihn aber auch in unterschwellige Konflikte mit Cárdenas. Im April 1937 kam es zum Austritt der Kommunisten aus der CTM, da sie den neuen Volksfront-Kurs nicht mitvollziehen wollten. Als Vermittler der KI wurde der Generalsekretär der KPdUSA, Earl Browder, geschickt, der einen Aufruf der KPM an ihre Mitglieder und an Splittergruppen erwirkte, im Sinne der Einheit wieder der CTM beizutreten. Lombardo Toledano befand sich sozusagen auf dem Höhepunkt seiner Macht: Mit der Universidad Obrera hatte er eine Volkshochschule geschaffen, die als Kulturzentrum und Kaderschmiede für ganz Lateinamerika fungierte. Neben der Monatszeitschrift *El Futuro* bestand mit *El Popular* eine staatlich geförderte Tageszeitung, die sich aber sehr bald unter Herausgeber Alejandro Carillo zu einem Sprachrohr Moskaus entwickelte.

Gleichzeitig versuchte die CTM, auch die Bauern zu organisieren, doch Anfang 1938 beauftragte Cárdenas seinen Parteigefährten Portes Gil mit der Gründung der Confederación Nacional de Campesinos, wodurch die CTM Mitglieder verlor. Darauf antwortete Lombardo Toledano im Herbst mit der Einberufung eines Kongresses nach Mexiko-Stadt, bei dem die supranationale Confederación de Trabajadores de América Latina (CTAL) aus der Taufe gehoben wurde – mit ihrem Gründer als Generalsekretär. Entschlossene Gemeinsamkeit herrschte zwischen Cárdenas und Lombardo Toledano bezüglich einer Außenpolitik, deren Merkmale uneingeschränkte Souveränität und internationale Solidarität waren: 1935 verhängte Mexiko Sanktionen gegen Italien nach dessen Intervention in Abessinien; ab 1936 entwickelte sich das Land zum wichtigsten Waffenlieferanten für die Spanische Republik; 1937 brachte Isidro Fabela, der Delegierte beim Völkerbund, eine diplomatische Note mit der Forderung ein, militärisch bedrängte Mitglieder zu unterstützen; im selben Jahr wurde Leo Trotzki auf Vermittlung von Diego Rivera Asyl gewährt, um zu beweisen, daß man kein Befehlsempfänger Moskaus sei; 1938 formulierte Mexiko als einziges Land eine eigene Protestnote gegen den »Anschluß« Österreichs an

Deutschland; exakt zum selben Zeitpunkt wurden die amerikanischen und britischen Ölfirmen enteignet und des Landes verwiesen; nach dem Sieg der Faschisten in Spanien erklärte sich die Regierung bereit, alle Flüchtlinge aufzunehmen; 1939 protestierte sie gegen die sowjetische Aggression gegen Finnland; 1940 wurde die polnische Exilregierung anerkannt. All das war nicht zuletzt dadurch möglich, daß die USA unter Franklin D. Roosevelt eine Politik der »good neighbourhood« praktizierten, und weil trotz aller Konflikte das strategisch wichtige Nachbarland einer der wenigen potentiellen Verbündeten gegen Hitler war.[4]

Auch kulturell verstärkte Mexiko unter Cárdenas den Anschluß an die internationale Szene: Schon Mitte der zwanziger Jahre war von den Malern Diego Rivera, José Clemente Orozco, David Alfaro Siqueiros und Xavier Guerrero der Muralismo begründet und entwickelt worden, die Abbildung historischer und anderer volksnaher Szenen auf gigantischen Fresken. Von den zahlreichen Komponisten seien hier nur Manuel Ponce, Silvestre Revueltas und Carlos Chavez genannt, von den Gelehrten Alfonso Reyes und die Brüder Antonio und Alfonso Caso, von den Dichtern Octavio Paz. Integraler Bestandteil der Bildungsoffensive von Cárdenas war die Einladung von ausländischen Gelehrten. Der deutsche Rätekommunist Otto Rühle wurde 1936 mit einer hohen Position im Erziehungsministerium betraut, 1938 wurde der marxistische Ökonom Alfons Goldschmidt an die Universidad Nacional Autonoma de México (UNAM) berufen. Als der Komponist Hanns Eisler im März 1939 aus den USA ausgewiesen werden sollte, bestürmten u. a. Thomas Mann, Albert Einstein, Dorothy Thompson und Ernest Hemingway den mexikanischen Präsidenten, den von Deportation Bedrohten einzuladen. Dank der Vermittlung von Silvestre Revueltas unterrichtete der Schönberg-Schüler bis zum Ende des Jahres am Staatlichen Konservatorium in Mexiko. Danach wurde ihm ein neues USA-Besuchervisum erteilt, so daß er an die New School of Social Research nach New York zurückkehren konnte. Gerufen von John Steinbeck und Herbert Kline fuhr Eisler im Winter 1940/41 noch einmal auf sechs Wochen nach Mexiko-Stadt, um nach dem plötzlichen Tod von Revueltas dessen Musik zum Film *The Forgotten Village* zu vollenden, seine Besuche blieben somit ein Intermezzo.

Für den Surrealismus wurde das Mexiko dieser Jahre zum Mekka. Schon 1936 hatte sich Antonin Artaud zehn Monate lang auf die Suche nach indigenen Peyotl-Riten gemacht. Von weitaus größerer Tragweite war im Frühjahr 1938 der Aufenthalt des »Vaters aller Surrealisten«, André Breton, in Mexiko. Er war von Isidro Fabela eingeladen worden, an der UNAM Vorlesungen über Kunst und Poesie zu halten. Um eine möglichst große Breitenwirkung zu erzielen, verfaßten namhafte Intellektuelle wie Diego Rivera und Frida Kahlo, der Fotograf Manuel A. Bravo, sowie die Schriftsteller Salvador Novo und Carlos Pellicer den Aufruf *Al Público de América Latina*. Breton erklärte das Land mit all seiner farbenprächtig-exotischen Schönheit zum »surrealistischen Ort par excellence«, was zahlreiche Geistesverwandte anzog und zum Verweilen animierte. Unter ihnen war auch der österreichische Maler Wolfgang Paalen, der zusammen mit Breton und dem peruanischen Poeten César Moro 1940 die erste Ausstellung des internationalen Surrealismus in Lateinamerika organisierte.[5]

Doch zu diesem Zeitpunkt hatte sich schon der Horizont verfinstert, und die Fanfaren des Krieges gellten durch die Presse Europas und bald der ganzen Welt. Sie führten auch in Mexiko zu einer innenpolitischen Zerreißprobe: Der Hitler-Stalin-Pakt stieß bei Cárdenas auf äußerstes Mißfallen, Lombardo Toledano und die KPM verteidigten ihn blindlings. Die Ermordung Leo Trotzkis wiederum hatte ihre Vorgeschichte und weitreichende Konsequenzen: Bald nach seiner Ankunft kam es zwischen Trotzki und Diego Rivera auf der einen Seite sowie KPM-Chef Hernán Laborde und Lombardo Toledano auf der anderen zu heftigen Polemiken und gegenseitigen Verleumdungen. Der erste Anschlag auf Trotzkis Leben geschah im Januar 1940 unter der Führung von David Alfaro Siqueiros und David Serrano Andonegui, einem Mitglied des Zentralkomitees der KPM. (Siqueiros war ein persönlicher Freund von Cárdenas, so daß dieser ihn nach einem Jahr begnadigte und nach Chile ausweisen ließ, wo er noch zahlreiche Meisterwerke schuf.) Etwa 20 Männer in Polizeiuniformen drangen ins Haus ein und feuerten blindlings die Magazine ihrer Maschinenpistolen leer, später stellte sich heraus, daß es Mitglieder der Spanienkämpfer-Organisation Xavier Mina gewesen waren, als deren Sekretär Vittorio Vidali alias Carlos Contreras fungierte, dem eine direkte Beteiligung aber nicht nachgewiesen werden konnte. Trotzkis Haus wurde zu einer Festung ausgebaut. Doch am 20. August 1940 gelang einem Agenten Stalins, dem vermeintlichen Trotzki-Adepten Ramón Mercader, der tödliche Hieb mit dem Eispickel. Eine unüberschaubare Menschenmenge gab dem Sarg das letzte Geleit und manifestierte ihr Respekt für den Revolutionär. Cárdenas versuchte daraufhin vehement, alle Kommunisten aus der PRM zu drängen und verurteilte in einer scharfen Protestnote den Bruch der mexikanischen Souveränität. Schon im Februar 1940 war es wegen der Turbulenzen um den Hitler-Stalin-Pakt und das Attentat zu Säuberungen innerhalb der KPM gekommen, bald schloß die Partei auch die Spitzenfunktionäre Hernán Laborde und Valentín S. Campa aus. Um Trotzki loszuwerden, opferte Stalin sogar die KPM, die sich von diesen Querelen nie wieder erholte. All das koinzidierte mit der Anwesenheit hochrangiger KI-Funktionäre in Mexiko, unter ihnen Dmitri Manuilskij, ehemaliger Vorsitzender der KI, Leon Haikiss, ehemals sowjetischer Botschafter in Spanien, James W. Ford von der KPdUSA, und Victorio Codovilla, Vorsitzender der KP Argentiniens. Neuer KPM-Chef wurde Dionisio Encina, doch schon im März 1943 kam es zu weiteren Parteiausschlüssen. Eine andere Folge des Hitler-Stalin-Paktes war eine Welle von Austritten. Hatte die KPM 1939 noch 33 000 Mitglieder, so waren es 1946 nur noch 13 000, und dies, obwohl während des Krieges große Teile der mexikanischen Bevölkerung weitaus mehr mit der kriegführenden Sowjetunion sympathisierten als mit den USA.[6]

Was im September 1940 jedoch weit schwerer wog, war die Übernahme der CTM durch Fidel Velázquez, wodurch Lombardo Toledano sich auf seine Funktion in der CTAL bescheiden mußte. Zwar hatte diese keine innenpolitische Macht, doch Lombardo Toledano blieb durch seine persönliche Autorität ein bestimmender Faktor. Gleiches galt für Präsident Cárdenas, der ebenfalls in die zweite Reihe zurücktreten mußte, da die Verfassung eine Wiederwahl ausschloß. Er bekam eine hohe Position im Verteidigungsministerium und wurde 1944 dort Minister.

Innerhalb der Regierungspartei tobte 1940 der Kampf um die Nachfolge: Die Linke favorisierte General Francisco Múgica, die Rechte General Juan Andreu Almazán. Als Kompromiß, dem auch die CTM zustimmte, einigte man sich auf General Manuel Ávila Camacho. Dieser stand vor einem schweren Erbe: Wegen der Nationalisierung des Erdöls hatten die USA und Großbritannien Handelssanktionen verhängt, wodurch Mexiko gezwungen war, sein Öl trotz politischer Todfeindschaft an Deutschland, Italien und Japan zu verkaufen. Die diplomatischen Beziehungen Mexikos sowohl zu den USA als auch zu Deutschland waren tief gestört, dennoch versuchten beide, einander in Mexiko an Einfluß zu überbieten, vor allem durch einen Medienkrieg in Form von Beeinflussung bzw. Bestechung von Presse und Radio. Dies führte Anfang 1939 zur Ausweisung von Frank Kluckhohn, dem Korrespondenten der *New York Times*, und ein Jahr darauf zu der des deutschen Presseattachés Arthur Dietrich. Max Illgner, Direktor der IG Farben, hatte Lateinamerika als den zweitwichtigsten Absatzmarkt hinter Osteuropa und Vorderasien genannt. Sein Konzern beteiligte sich reichlich am Ausbau der Deutschen Häuser. Nach dem Sieg der Wehrmacht gegen Frankreich und in Anbetracht des erwarteten Falls Englands rätselten Militärs, Diplomaten und Intelligence-Agenten, ob Hitler seine Aggression nun gegen die Sowjetunion oder die USA richten würde. Schon im Ersten Weltkrieg mußte Mexiko als deutsches Spionage-Zentrum gegen die USA herhalten, auch in den Strategien des Nationalsozialismus hatte es eine Schlüsselposition inne. Letztendlich waren die US-amerikanischen und mexikanischen Geheimdienste ihren deutschen Kollegen aber immer um einige Schritte voraus. Schon im August 1936 hatte Roosevelt dem FBI-Chef J. Edgar Hoover den mündlichen Auftrag erteilt, die Investigationen in Mexiko zu intensivieren. Der Postverkehr wurde lückenlos überwacht, außerdem die Reisenden zwischen New York und Mexiko-Stadt.[7]

Auf der Panamerikanischen Konferenz in Havanna im Juni 1940 schwuren die USA ihre Nachbarn auf eine Bekämpfung der Achsenmächte und ihrer »Fünften Kolonne« ein, wie damals allgemein subversive Elemente, Spione und Sympathisanten des Feindes genannt wurden, wobei Nazis und Kommunisten subsumiert wurden. Angestrebt war auch ein Rohstoffmonopol für die USA, doch so weit wollten sich die lateinamerikanischen Staaten nicht in wirtschaftliche Abhängigkeit begeben. Ávila Camacho forderte bei seinem Amtsantritt 1940 eine nationale Einigung, bei der alle Gruppen- und Parteiinteressen zurückgestellt werden müßten, um eine Zukunft als freie Nation gewährleisten zu können. Unter dem Slogan der »Unidad Nacional« (Nationale Einheit) mußten die Reformprogramme von Cárdenas strengen Reglementierungen weichen. Camacho bekannte sich als gläubiger Christ, was ein enormes Zugeständnis an die konservative Opposition angesichts der antiklerikalen Tradition der PRM war. Ein viel größerer Tabubruch sollte folgen.

Im Ersten Weltkrieg war Mexiko wie die meisten lateinamerikanischen Länder neutral geblieben, dies war auch jetzt das erklärte Ziel deutscher Außenpolitik. Da für Mexiko schon aufgrund des Hitler-Stalin-Paktes Berlin und Moskau als Bündnispartner ausfielen, war die Hinwendung zu Washington die logische Folge. Bereits im Frühjahr 1941 tagten geheime Kommissionen, mit Festlegung der Entschädigungen für die enteigneten Ölfirmen wurde das größte Hindernis beseitigt. Die USA wurden wieder fast alleinige Abnehmer des schwarzen Goldes, an weiteren kostbaren Kriegsrohstoffen wurden Graphit, Antimon, Kadmium, Kupfer, Blei, Zink, Merkur oder der seltene Mika-Kristall geliefert.

Lombardo Toledano und die KPM konnten dies nicht gutheißen und wußten die weitverbreitete »Yankee, go home«-Stimmung auf ihrer Seite. Der Angriff der Wehrmacht auf die Sowjetunion am 22. Juni 1941 schuf eine neue Situation: Laut

16

sowjetischer Propaganda wurde aus dem bisherigen »Krieg der kapitalistischen Länder untereinander« ein »Krieg der freien Völker gegen den faschistischen Aggressor«. Auch Lombardo Toledano schwenkte auf den neuen Kurs ein und forderte vehement die Aufgabe der bisher geforderten Neutralität und den Kriegsbeitritt Mexikos. Bei einer nächtlichen Massenveranstaltung in der größten Stierkampf-Arena der Hauptstadt am 14. Juli 1941 wurden die Funktionäre der CTAL auf den neuen Kurs inclusive Streikverzicht eingeschworen. Die Eingliederung der Arbeiterbewegung in die »Unidad Nacional« wurde hierbei vollzogen.

Im August 1941 wurden die wirtschaftlichen Beziehungen zu Deutschland abgebrochen, was zur Ausweisung der jeweiligen Botschafter führte. Bei der Außenministerkonferenz in Rio im Januar 1942 wurden die militärischen und politischen Maßnahmen für den amerikanischen Kontinent koordiniert. Mexikos Außenminister Ezequiel Padilla wurde mit Brasiliens Diktator Getulio Vargas und US-Außenminister Sumner Welles zu Vorsitzenden gewählt, im Monat darauf wurde die Comisión Mexicano-Norteamericano de Defensa Conjunta gegründet. Mexiko erhielt einen großzügigen Kredit, außerdem 200 Flugzeuge, Flak-Batterien, Lokomotiven und Raupenschlepper inclusive der dazugehörigen Ingenieure und Instrukteure aus den USA. An die 90 deutsche und italienische Agenten wurden enttarnt und angeklagt, der Anlaß zur Kriegserklärung am 21. Mai 1942 war die Versenkung zweier mexikanischer Öltanker durch deutsche U-Boote. Die jüngere mexikanische Historiographie hält es für erwiesen, daß die Torpedos von einem US-amerikanischen U-Boot abgefeuert wurden, um die Kriegsbereitschaft des Nachbarn anzustacheln. Mexikos Territorium war niemals in Gefahr, Schauplatz von Kriegshandlungen zu werden. Der gescheiterte und inzwischen ausgewiesene deutsche Botschafter Collenberg unterbreitete zwar seinem Generalstab den Vorschlag, die küstennahen Ölanlagen bei Tampico und Minatitláns per U-Boot zu beschießen, doch dies lag weit jenseits der militärischen Möglichkeiten.

An die 270 000 Staatsbürger Mexikos wurden mobilisiert, doch sie kamen so gut wie nie zum Einsatz. Im Juni 1942 trat Mexiko dem United Nations-Pact bei, im November wurden die diplomatischen Beziehungen zu Vichy abgebrochen und nach zwölfjähriger Unterbrechung die zur Sowjetunion wieder aufgenommen. Botschafter in Mexiko wurde im August 1943 Konstantin Umanskij, der zuvor in Washington akkreditiert war, wohin ihm nun Maxim Litwinow folgte. Beide waren jüdischer Herkunft, aus diesem Kalkül schickte Stalin sie zu den westlichen Alliierten. Nach der Auflösung der KI im Mai 1943 mußte in Mexiko die Koordination der Auslandsaktivitäten gewahrt bleiben. Umanskij war ein überaus geselliger Mensch, der vielseitige Kontakte pflegte. Ein mysteriöser Flugzeugabsturz am 25. Januar 1945 beendete sein Leben. Der eigentlich starke Mann in der sowjetischen Botschaft Mexikos war jedoch der Erste Sekretär, Lew Tarasow. Dieser hieß eigentlich Lew Wasilewskij und fungierte im Spanischen Bürgerkrieg als Hauptmann des NKWD, ab April 1939 übernahm er, als Generalkonsul getarnt, dessen Auslandsleitung in Paris. Den für das Trotzki-Attentat eingesetzten Agenten Leonod Eitingon hatte er, mit falschen Pässen versehen, auf den Weg geschickt. Ab dem Frühjahr 1943 leitete somit Tarasow die NKWD-Aktivitäten auf dem amerikanischen Kontinent, wobei er seine schützende Hand u. a. über Vittorio Vidali hielt. Zum Zeitpunkt von Umanskijs Tod weilte Tarasow im Ausland. Trotz der sowjetischen Doppelstrategie von Umanskijs Charme und Tarasows Apparat schloß sich Mexiko im Verlauf des Krieges immer näher den USA an. Historisch zu nennen war der Besuch Roosevelts bei Camacho im Mai 1943 in Monterrey, es war der erste dieser Art. Als einzige geschlossene mexikanische Einheit nahm das Fliegerregiment 201, das in Texas ausgebildet worden war, ab März 1945 am Krieg im Fernen Osten teil.[8] An die 15 000 Mexikaner meldeten sich zum Dienst in die US-Armee, zudem ließen die USA an die 200 000 Landarbeiter einwandern, um die Rüstungsarbeiter zu ersetzen. Nicht ohne Vorbedacht dürfte daher auch die Situierung der Außenministerkonferenz im März 1945 im Schloß von Chapultepec, der ehemaligen Sommerresidenz Kaiser Maximilians, gewesen sein. Mit dem neuen Präsidenten Miguel Alemán hatten sich 1946 endgültig die konservativen Kräfte innerhalb der PRM durchgesetzt. Um mit dem Namen die letzten Reste des »Cardenismo« zu beseitigen, wurde sie 1948 in Partido Revolucionario Institucional umbenannt, also in Partei der Institutionalisierten Revolution, welch Inbegriff eines Oxymorons! Die Kriegskoalition war rasch zerbröckelt und wich dem Kalten Krieg. Allerorten wurden erneut Positionierung und bedingungslose Treue gefordert. 1947 trat die CTM aus der CTAL aus, 1948 wurde Lombardo Toledano, nach wie vor CTAL-Vorsitzender, aus der von ihm gegründeten CTM ausgeschlossen. Darauf antwortete er postwendend mit der Gründung der Partido Popular Socialista, doch der Einfluß des Familienclans bleibt bis heute verschwindend.

1 Cheetham 1970, Katz 1981
2 Kossok 1961
3 Katz 1966, Pommerin 1977, Oste de Bopp 1979
4 Pohle 1986, Weston 1983
5 Kloyber 1998
6 Herman 1974
7 Raat 1987
8 Haupt 1958

B. Traven – Inkognito lebenslang

Der Mann, der in der deutschen Literatur als erster mit Mexiko assoziiert wird, um dessen reale Person sich Mythen rankten wie um Homer und Shakespeare, der sich auf der Flucht vor Deutschland und vielleicht auch vor sich selbst immer tiefer in den Dschungel zurückzog, der schon lange vor dem durch das NS-Regime ausgelösten Exil als Exilant dort lebte – das war B. Traven. Er verweigerte selbst seinen Verlegern private Informationen bzw. Fotos und benutzte im Laufe seines Lebens mehr als zehn Pseudonyme. Eine Anekdote besagt, er habe einmal vergessen, unter welchem Namen er sich und seine Frau in einem Hotel eingetragen hatte, weswegen man ihm den Zimmerschlüssel nicht aushändigen wollte. Die Anonymität bot dem Autor ein Versteck, barg aber auch Risiken – die einen benutzten sein Pseudonym als illegalen Eintritt in die Welt der Literatur, plagiierten oder fälschten seine Romane, andere gaben sich als Erlebnisträger seiner Romane aus und beanspruchten einen Teil seiner Honorare. Trotz dieser Widrigkeiten betonte Traven stets, nur sein Werk sei von Bedeutung, die Person des Autors müsse ausschließlich darin zu finden sein. Die Geheimnisse von Travens Leben sind allerdings inzwischen entschlüsselt.[1]

Sein Geburtsjahr gab er meist mit 1892 an. In den offiziellen Lebensläufen, die er notgedrungen schreiben mußte, will er als Kind US-amerikanischer Eltern geboren worden sein, 1900 als Zehnjähriger auf einem nach Australien abgehenden Schiff angeheuert und als Seemann und Heizer die Häfen aller Weltmeere angelaufen haben. Erwiesen ist, daß er als Ret Marut ein erfolgloser Regisseur und Schauspieler war, der ab 1907 in deutschen Provinztheatern kleine Rollen spielte, 1915 seinen Abschied von der Bühne nahm und zu dieser Zeit bereits zahlreiche kurze Erzählungen und Essays geschrieben hatte. Zwischen 1917 und 1919 gab er in München an die 40 Hefte der anarchistischen Zeitschrift *Der Ziegelbrenner* heraus. Die Hefte waren in Form und

Farbe wie ein Ziegelstein gehalten und sollten als Bausteine für einen geistigen Neu-Aufbau Deutschlands dienen. Vorbild waren *Die Fackel* von Karl Kraus und *Die Aktion* von Franz Pfemfert. Im Grundton ähnlich Max Stirners *Der Einzige und sein Eigentum*, konnten sich weder der *Ziegelbrenner* noch seine Anhänger in ihrer individualistischen Orientierung einer politischen Richtung oder Partei zuordnen, was in Zeiten der politischen Umwälzungen in Deutschland außerordentlich brisant wurde. In der Münchner Räterepublik fungierte Marut als Mitglied des Propagandaausschusses des Provisorischen Revolutionären Zentralrats und als Vorsitzender der Vorbereitenden Kommission zur Bildung des Revolutions-Tribunals. Als am 1. Mai 1919 Regierungstruppen in München Jagd auf die »Roten« machten, wurde Ret Marut von den Weißgardisten erkannt, verhaftet und vom Kriegsministerium des Hochverrats bezichtigt, anschließend vor ein Feldgericht gebracht und mußte mit Todesurteil und unverzüglicher Hinrichtung rechnen. Als im Vorraum ein Handgemenge entstand, nutzte Marut einen kurzen, unbeaufsichtigten Moment zur Flucht.

In der Zeit von 1919 bis 1921 flüchtete Ret Marut aus Bayern nach Wien, Berlin und Köln. Vermuten läßt sich ein Kontakt zum Anarchisten Rudolf Rocker, der über gute Verbindungen zu spanischen und lateinamerikanischen Gesinnungsgenossen verfügte und ihm den Weg nach Mexiko geebnet haben könnte. Es gilt als sicher, daß Marut versuchte, über London nach Kanada zu flüchten, wo man ihm die Einreise wegen fehlender Papiere verweigerte. Zurück in London bemühte er sich erfolglos, ein amerikanisches Visum zu bekommen; dabei bediente er sich der Pseudonyme Ret Marut, Adolf Rudolf Feige, Albert Otto Max Wieneke inklusive entsprechender Papiere. Wegen Verletzung der Ausländermeldepflicht wurde Marut einige Monate inhaftiert, nur aus Kostengründen verzichtete man auf eine Auslieferung nach Deutschland. Im Gefängnis entstand das Manuskript für Travens berühmtesten Roman *Das Totenschiff* – seine Botschaft, daß der Krieg dem Menschen alle Freiheiten genommen und ihn zu einer bloßen Nummer degradiert habe. Wenn jemand diese Nummer bzw. seinen Paß nicht ordnungsgemäß abgestempelt vorweisen könne, fände er sich aller Grundrechte beraubt, insbesondere der Bewegungsfreiheit.

Nach seiner Entlassung im Februar 1924 wohnte Traven im Londoner East End, dem Sammelpunkt für Anarchisten und Radikale, für die Mexiko das mythenverklärte Paradies der Revolution war. Im Juli 1924 tauchte Marut an der karibischen Küste in Tamaulipas auf, schrieb in sein Tagebuch »The Bavarian of Munich is dead«, und gab sich als der Ingenieur und Gastwirt B. T. Torsvan aus. In Tampico nahm er Gelegenheitsarbeiten als Baumwollpflücker und Erdöl-Driller an. Weit außerhalb der Stadt, am Rande des Dschungels, wo es von Skorpionen, Schlangen und Moskitos wimmelte, mietete er einen Holz-Bungalow, in dem es weder Tisch noch Sessel gab. Sintflutartige Regenfälle beschädigten immer wieder das Haus. In dieser Zeit schrieb Traven *Die Baumwollpflücker*, hierin schlägt sich ein »Gringo« mittels der erwähnten Gelegenheitsarbeiten Travens durch, berichtet über die Gefahren im Busch, die Indianer, den Imperialismus der US-Industrie, die Banditen und die Geldgier der Großgrundbesitzer. Bereits 1925 erschien der erste Teil des Romans unter dem Titel *Der Wobbly* im sozialdemokratischen *Vorwärts*. Zum Retter aus der Existenznot und später auch als Kommunikationspartner zur Außenwelt wurde die Büchergilde Gutenberg Berlin, die *Das Totenschiff* (1925) und *Die Baumwollpflücker* (1926) herausgab. Der Erfolg ermöglichte es Traven, seine Stellungen als Arbeiter aufzugeben, jetzt galt sein ganzes Engagement der Büchergilde, die er geradezu mit Vorschlägen und Werbeideen für Mitglieder bombardierte, was eine regelmäßige Abnahme seiner Bücher garantieren sollte. Voller Begeisterung sandte er Anschauungs-Objekte aus Mexiko: Flöten, einen Sattel, silberne Votivgaben, Maya-Idole, die Flügel einer Schabe, Skorpione etc. Mit dem Erlös dieser Geschenke sollte die Reklamekasse gefüllt werden, oder sie waren als Prämien für neue Mitglieder gedacht. Traven machte in seinem Eifer sogar den Vorschlag, 10 bis 15 Prozent seiner Honorare für Reklame, Propaganda und Inserate zur Verfügung zu stellen. Tatsächlich wuchs die Büchergilde von 1924 mit 10 000 bis 1933 auf 85 000 Mitglieder an. Da Traven nur Deckadressen angab, gingen manchmal Manuskripte oder Korrekturbögen verloren oder zurück. Die Anonymität jedoch entfachte die Neugier des Publikums auf das Privatleben des mysteriösen Autors, von dem es kein Bild gab. Traven warnte die Büchergilde davor, allzusehr darauf zu drängen – andernfalls würde er es fertigbringen, es den »liebeshungrigen Dienstmädchen« gleichzutun, die bei Wahrsagern das Bild ihres Zukünftigen ziehen, um ein solches zur Vervielfältigung an die Presse weiterzureichen.

An der UNAM belegte Traven 1926 Sommerkurse für spanische Kultur- und Literaturgeschichte, außerdem startete er als »norwegischer Fotograf« zu einer seiner größten Chiapas-Expeditionen. Aus dem gesammelten Material entstand 1927 *Der Schatz der Sierra Madre*. Weitere Expeditionen führten den Rastlosen über 2 000 Meilen weit von der Pazifischen zur Atlantischen Küste durch unerforschten Regenwald, er besucht die Lacandonen und andere indigene Einwohner. Noch im selben Jahr kündigte Traven sein nächstes Werk an, *Land des Frühlings*, eine Art philosophierenden Reisebericht über Chiapas. Das Buch schließt mit einem Appell an die Mexikaner, nach der Revolution von 1910 nicht wieder einzuschlafen, sondern eine weltpolitische Rolle zu spielen und die Reichtümer des von der Natur gesegneten Landes zum Vorteil der Menschheit zu nutzen. Travens unerbittlichster Kampf galt den Indianer-Klischees, er schildert die Ureinwohner als einfache, schlichte, fleißige Menschen der freien Natur, die ihre Not haben, eine Familie durchzubringen und ganz andere Sorgen, als auf den Kriegspfad zu ziehen oder geheimnisvolle Schlangentänze zu veranstalten.

In Tampico gab es mit Industrial Workers of the World eine anarchistisch-syndikalistische Gewerkschaft, deren Mitglieder »Wobblies« genannt wurden. Hier machte Traven u. a. die Bekanntschaft von Augusto César Sandino, dem späteren Idol aller Revolutionäre Lateinamerikas. Weiter lernte er Diego Rivera und David Alfaro Siqueiros kennen, die bis ins hohe Alter zu seinen Freunden zählten. *Der Wobbly* kam 1928 bei der Büchergilde unter dem Titel *Die Baumwollpflücker* heraus, Hanns Eisler vertonte daraus das *Lied der Baumwollpflücker*. Die Herausgabe des 1929 fertiggestellten Romans *Die Brücke im Dschungel* verzögerte sich wegen angeblich abstoßender Szenen von einer indianischen Mutter, die um ihr ertrunkenes, bereits verwestes Kind trauert. Traven verteidigte die vom Verlag kritisierte Fassung: der Indianer sei bis zur Revolution von 1910 in Mexiko als Tier betrachtet worden, das gerade noch sprechen, lachen und weinen könne, konsequent sei ihm eine Seele von staatlicher, kirchlicher und sogar literarischer Seite abgesprochen worden. Sein Buch zeige den Europäern, daß die Indianer sich in ihren Empfindungen und seelischen Regungen nicht von ihnen unterscheiden. Es kam zu weiteren Unstimmigkeiten mit der Büchergilde. Travens langjähriger Lektor Ernst Preczang wurde durch Bruno Dreßler abgelöst, der gewinnorientierte Auswahlkriterien für Veröffentlichungen festlegte, was der Autor scharf kritisierte, da die Büchergilde nun nicht mehr in erster Linie den Interessen der Arbeiter diente. Seine eigenen Lebensumstände blieben bescheiden: Seit 1930 lebte er auf einer Obstfarm in der Nähe Acapulcos in einer Lehmhütte mit Schindeldach, ohne fließendes Wasser und Elektrizität. Sämtliche seiner Honorare wurden in weitere Dschungel-Expeditionen investiert, wo Traven neue Freunde gewann, die ihm das Grab des letzten Aztekenhäuptlings Cuauhtemoc zeigten und ihn mit rituellen Gegenständen aus Keramik beschenkten. In seiner Freizeit studierte Traven indigene Sprachen sowie Archäologie, Kunst und Geschichte von Chiapas. In Acapulco hielt er Kontakt zu den Mahagoni-Großgrundbesitzern und beobachtete mexikanische Zwangsarbeiter, woraus der Caoba-Zyklus mit den Erzählungen *Der Karren* und *Regierung* entstand. Der Autor vertrat hier die Meinung, daß Unterjochung den Willen zum Widerstand anfache, der dann plötzlich mit Gewalt losbräche, und daß keine Diktatur von Dauer sei. Adressaten waren zu dieser Zeit bereits die europäischen Antifaschisten. Hitler nennt Traven in einem Brief »diese so unmögliche Figur Adolphus«, gleichzeitig bezeichnet er seine Abstammung als »more nordic als Adolf selbst«. Einzelne Bücher aus dem Caoba-Zyklus erschienen noch

B. Traven um 1929

bei der 1933 von den Nazis übernommenen Büchergilde, doch bald wurden Travens Werke wegen ihrer Anspielungen auf Hitler beschlagnahmt und kamen auf die Schwarze Liste. Daraufhin ließ Traven seine Rechte auf die Schweizer Zweigstelle der Büchergilde überschreiben, und es gelang ihm, aus Deutschland Manuskripte, Fotos, Vertragsunterlagen und Briefe sowie Sammelobjekte zurückzubekommen. Gleichzeitig fürchtete er aufgrund seiner linksradikalen Vergangenheit mehr denn je die Feme.

In Moskau wurden seine Bücher als antifaschistische Kampfliteratur gewürdigt, doch Honorare hatte Traven von dort nicht zu erwarten. Da er sein Geld stets in Expeditionen investiert hatte, gab es keine finanziellen Rücklagen. Wie einst in Berlin, brachte sich Traven nun bei der Schweizer Büchergilde mit Ideen zu Vorträgen und Radiosendungen ein, vergaß aber, daß das Schweizer Publikum ein eher bürgerliches war und sich nicht mit seinen Büchern identifizieren konnte. Der Absatz stagnierte, im Juli 1933 verfügte das Landesgericht Berlin, daß es der Schweizer Büchergilde ab sofort untersagt sei, Travens Bücher zu vertreiben. Dieser bot daraufhin dem Alfred A. Knopf-Verlag in New York die Zusammenarbeit an, der bald schon Erfolge mit »the unknown Author« zeitigen sollte. Die Bücher *The Death Ship* (1934), *The Treasure of the Sierra Madre* (1938), *The Bridge in the Jungle* (1938) erschienen. Allerdings mußten die Bücher wegen Travens fehlerhaftem Englisch neu überarbeitet werden. Diese Fassungen wurden später häufig als die englischen Original-Texte des Autors angesehen und von der Büchergilde erneut ins Deutsche übersetzt. Traven hatte keinen Grund, dies zu dementieren – galt es doch, unerwünschte Zweifel an seiner amerikanischen Herkunft zu tilgen. Während des spanischen Bürgerkrieges 1938 wandte er sich in der Zeitschrift *Solidaridad* direkt an die Spanienkämpfer. Er versicherte, kein Deutscher, sondern US-Amerikaner zu sein, und bekundete wortreich seine Solidarität. Zwar könne er keine finanzielle Unterstützung leisten, doch er würde ihnen auf Wunsch Bücher und Zeitschriften aus seiner Bibliothek zusenden.

Die tragische Ironie des Schicksals wollte es, daß das Trauma der Vergangenheit den Flüchtling Traven zwang, Ende der dreißiger Jahre auch vor den neuankommenden Flüchtlingen aus Deutschland zu fliehen. Gerne hätten diese den berühmten Autor B. Traven als Gallionsfigur installiert, doch dieser fürchtete nichts mehr als Öffentlichkeit. Seine mysteriöse Anonymität inspirierte die Phantasie der Exilanten in Mexiko. Man nahm sich das Recht heraus, einige seiner Bücher zu verlegen. So kamen als unautorisierte spanische Übersetzungen *La rebelión de los colgados* (1938) und *La rosa blanca* (1940) heraus. Traven gelang es nur unter großer Anstrengung und mit Hilfe eines speziellen Dekrets von Präsident Cárdenas, den Verkauf zu verbieten. In Exilantenkreisen soll es ein beliebtes Gesellschaftsspiel gewesen sein, mal diesen, mal jenen Exilanten als Traven zu präsentieren. Da man nichts von ihm hörte, kamen Zweifel auf, ob er überhaupt noch lebte. Die unerwünschte Aufmerksamkeit wurde diesem immer bedrohlicher, denn sie näherten sich seinem Geheimnis: Schließlich erschienen die ersten Artikel über Ret Marut alias B. Traven in der mexikanischen Presse. Dieser setzte sich mit einem Artikel zur Wehr, worin er die veröffentlichen »Wahrheiten« zur Erfindung von Oskar Maria Graf erklärte, dieser habe es Egon Erwin Kisch im Café zugeflüstert, vor dessen Artikeln niemand sicher sein könne. Kisch habe die Geschichte in vielen verschiedenen Variationen in allen erdenklichen deutschen Zeitungen verbreiten lassen, um sich interessant zu machen, das Thema wäre so eine Art Goldmine für den Reporter geworden. In Wahrheit hatte Egon Erwin Kisch niemals einen Artikel über B. Traven veröffentlicht, weder in Mexiko noch sonstwo. Möglicherweise stieß er bei Nachforschungen auf den Verborgenen oder auch nur auf dessen Wunsch nach Anonymität, den er respektierte.

In den vierziger und fünfziger Jahren wandte sich Traven dem neuen Medium Film zu mit der Absicht, es für seine didaktischen Zwecke zu nutzen wie einst den *Ziegelbrenner*. Mit den Filmen *Der Schatz der Sierra Madre* (1947), *Die Rebellion der Gehenkten* (1954) und *Das Totenschiff* (1959) erlangte B. Traven neuerlichen Weltruhm. An etlichen der Dreharbeiten nahm der Autor und Regisseur als sein eigener Bevollmächtigter Hal Croves teil und kam sogar zur Premiere nach Hamburg. Auf dem Taschen-buchmarkt der BRD erzielten Fischer, Kiepenheuer und Rowohlt mit Traven hohe Auflagen. 1951 konnte er die mexika-nische Staatsbürgerschaft annehmen, was während des Krieges nicht möglich gewesen war. Als Señor B. T. Torsvan heiratete er 1957 Rosa Elena Luján, die als autorisierte Bevollmächtigte für Verträge, Lizenzen, Übersetzungen, Verfilmungen, Funk und Schallplatten seine Rechte vertrat und die geschäftliche und literarische Korrespondenz führte. In den Jahren 1951 bis 1960 erschienen regelmäßig die *BT-Mitteilungen*, Informationen über Travens Werke an Redaktionen und einzelne Interessenten.

Seine letzten Lebensjahre verbrachte Traven mit seiner Frau und den zwei Töchtern. Familie und Freunde nannten ihn »Skip-per« – in der dritten Etage der Wohnung befand sich seine »Brücke«, sein Arbeitszimmer, das er durch einen Hintereingang erreichen konnte, ohne von Gästen gesehen zu werden. Gele-gentlich mietete er ein Hotelzimmer oder zog sich zurück, um exzessiv zu arbeiten. So entstanden noch im hohen Alter überar-beitete Fassungen seiner Bücher. Diese arbeitsame Ruhe wurde 1963 vom Reporter Gerd Heidemann empfindlich gestört, der in einer Sensations-Reportage Traven zum Sohn Wilhelms II. machen wollte. Die Reportage enthielt alles über Travens Marut-Vergangenheit und seine politischen Aktivitäten. Die mühsam geschaffene Identität des alten Mannes drohte erneut einzustür-zen. Erst unmittelbar vor seinem Tod im März 1964 gestand Tra-ven seiner Frau, er sei tatsächlich der ehemalige Revolutionär aus München – Ret Marut. Zahlreiche Gedächtnisfeiern fanden in ganz Mexiko statt, wobei Hunderte von Indianern an seiner Urne vorbeischritten. Mitte April 1969 wurde laut testamentari-scher Verfügung seine Asche von einem Flugzeug aus über dem Rio Jataté in Chiapas verstreut.

1 Guthke 1990, Recknagel 1982

Frankreich und wohin?

Rückblende – Beginn des Exils: In der Nacht des 27. Februar 1933 schlugen Flammen aus dem Dach des Deutschen Reichstags in den nächtlichen Himmel Berlins. Die Feuerwehr traf mit Verspätung ein und konnte den Vollbrand nicht mehr verhindern. Bald erschienen auch Hitler, Goebbels und Göring am Tatort, obwohl im ganzen Land der Wahlkampf für den 5. März tobte und die NSDAP schon bei der letzten Wahl wieder an Stimmen verloren hatte. Schnell war für sie der Schuldige gefunden – die Linke, hieß es im Radio und in fast allen Zeitungen, insbesondere die KPD, hätte ein Fanal zum allgemeinem Aufruhr setzen wollen. Hermann Göring mobilisierte die als Hilfspolizei vereidigte SA. In den frühen Morgenstunden des 28. Februar verschwanden Tausende Menschen im Gefängnis, unter ihnen verfemte Schriftsteller, Künstler, Intellektuelle und Politiker, darunter fast das komplette Politbüro der KPD, bald auch Parteichef Ernst Thälmann. Die einst so stolze Massenpartei hatte sich an der Schwelle ihrer Machtübernahme gewähnt. Nun war sie handstreichartig und widerstandslos geköpft worden, was aber von dafür Verantwortlichen in Moskau nicht eingestanden wurde – da war von »taktischem Rückzug« die Rede, ein fataler Selbstbetrug.

Den Verhaftungen entkommen war der Reichstagsabgeordnete Willi Münzenberg, der kreativste und effizienteste Funktionär von KPD und KI in Deutschland. In den zwanziger Jahren war es ihm gelungen, ein Verlagsimperium der linken Gegenkultur aufzubauen, das Zeitungen und Zeitschriften sowie Verlage und eine Buchgemeinschaft umfaßte. Neue Medien wie Fotografie, Illustrierte und Radio wurden intensiv genutzt. In Münzenbergs Umfeld bewegten sich John Heartfield, Wieland Herzfelde und Erwin Piscator, in Frankreich vor allem Henri Barbusse. Einerseits stand Münzenberg im direkten Auftrag Moskaus, im Westen um Sympathie für das »Sozialexperiment Sowjetunion«

zu werben, andererseits konnte er mit den Verbindungen seiner Kultur- und sonstigen Politik der KPD ein großes Maß an Eigenständigkeit abringen, was immer wieder zu Konflikten führte. Darüber hinaus wurden in überparteilichen und internationalen Komitees, denen aber zumeist ein Kommunist vorstand, Künstler, Wissenschaftler und andere Intellektuelle, aber auch Adlige, sowie hohe Politiker aus der Dritten Welt vereint. Münzenbergs Kontakte reichten von Albert Einstein bis zu Jawaharlal Nehru und Madame Sun Yat-Sen. Sein Erfolg in Deutschland lag zu einem Großteil auch an einem Kreis engster Mitarbeiter: Kontakte zu Schriftstellern und Journalisten knüpften Egon Erwin Kisch und Kurt Kersten, zu Schauspielern und Filmleuten Otto Katz und zu Malern Otto Nagel. Internationalen Einfluß erlangte Münzenberg über die von ihm gegründete Internationale Arbeiter-Hilfe (IAH), die über Stützpunkte in ganz Europa verfügte. Münzenberg konnte sich im März 1933 nach Paris in sein Büro am Boulevard Montparnasse retten, von wo aus er seine Tätigkeit annähernd bruchlos fortsetzte. Unter seiner Anleitung wurde der NS-Terror in Deutschland angeprangert und vor dem drohenden Krieg gewarnt, die Einheit aller Hitler-Gegner beschworen und über die Gründe der KPD-Niederlage und ihren fortschreitenden Verfall hinweggetäuscht. Man stand vor dem Problem, den haltlosen Lügen der Goebbels-Propaganda Paroli bieten zu müssen. Zu dieser Zeit bewegten sich im Umfeld Münzenbergs, neben seiner Lebensgefährtin Babette Gross, Schriftsteller und Journalisten wie Otto Katz, Berthold Jacob, Egon Erwin Kisch, Gustav Regler, Arthur Koestler, Kurt Kersten, Bruno Frei, Rudolf Feistmann, F. C. Weiskopf, Alexander Abusch, Max Schroeder und Alfred Kantorowicz. Die erste Buchproduktion war der größte und vielleicht einzige Erfolg: Das *Braunbuch über Reichstagsbrand und Hitlerterror*, welches mit 600 000 Exemplaren in 15 Sprachen *der* Bestseller der Exilliteratur ist. Der zweite Abschnitt im *Braunbuch* überzeugt bis heute als historisches Dokument des SA-Terrors in Deutschland. Der erste Teil versagt jedoch darin, der SA die Brandstiftung eindeutig nachzuweisen, so wahrscheinlich dies auch ist. Um den Beweisnotstand zu kaschieren, nahm Otto Katz Anleihe beim Boulevard-Journalismus und kreierte, auf gängige Vorurteile spekulierend, die Fama vom »homosexuellen NS-Lustknaben Marinus van der Lubbe«.

Im Juni 1933 fand Otto Katz in London Unterstützung vom linken Flügel der Labour Party um Ellen Wilkinson, Stafford Cripps und D. N. Pritt sowie einige sympathisierende Adelige. Eine internationale Juristenkommission wurde gebildet und eine Anhörung von Zeugen inszeniert, unter ihnen Georg Bernhard, Rudolf Breitscheid und Ernst Toller. Die Kernaussage des *Braunbuchs*, die Täterschaft der Nazis, wurde bestätigt, und die Weltpresse berichtete. Ein kritischer und enttäuschter Exilant wie Kurt Tucholsky ließ sich nicht täuschen, zwar konzedierte er dem *Braunbuch* einen vordergründigen Erfolg, doch da nur Indizien vorhanden waren, schätzte er die Wirkung in Deutschland als katastrophal ein. Zwar mußte das Reichsgericht in Leipzig die willkürlich mitangeklagten Georgi Dimitroff, Blagoj Popoff, Wassil Taneff und Ernst Torgler freisprechen, doch die Machtposition der NSDAP konnte nicht erschüttert werden. Mit Dimitroff hatte die Linke im Exil ihren neuen Helden und die KI bald darauf ihren neuen Vorsitzenden. Bert Brecht erteilte Otto Katz, der schon am *Braunbuch II* arbeitete, erfolglos den Rat, jetzt nichts Gefühlsmäßiges, sondern nur noch Montagen von Dokumenten sprechen zu lassen. Aber genau diese konnte selbst der in seiner Effizienz weit überschätzte Nachrichtendienst der KPD nicht beschaffen. Statt der »Wahrheit«, die postuliert wurde, statt zwingender Dokumente, waren etliche Passagen der Bücher des Münzenberg-Verlages Editions du Carrefour zumeist nur eine Vermischung von Gerüchten aus der internationalen Presse und eigenen Propagandainteressen. Eine objektive historische Analyse dieser Bücher stößt daher auf gewaltige Schwierigkeiten. Zwar haben sie einen wahren Kern, nämlich daß Hitler Deutschland versklavte und den Krieg vorbereitete, und daß die Westmächte dem tatenlos zusahen, doch daß Stalin seinen Teil zur Lage beitrug, wurde verschwiegen bzw. geleugnet. Es bleibt anzumerken, daß nicht nur die Verfolgung der KPD in

Deutschland in ein grelles Licht gerückt wurde, sondern auch die von Juden, Christen, Gewerkschaften und Parteien anderer Couleur.

Somit bildeten die Carrefour-Bücher möglicherweise auch ein verstecktes Bündnis-Angebot an andere Exil-Gruppen, was aber den Richtlinien des 6. Kongresses der KI zuwiderlief. Abgesehen davon standen auch die späteren Annäherungsversuche im Zeichen der Volksfront unter keinem guten Stern, denn die verschärften Bedingungen des Exils konnten keineswegs lindernd auf die aus der Weimarer Republik mitgebrachten Konflikte wirken. Doch das eigentliche Hindernis einer breiten Sammelbewegung der Exilanten war ihre unterschiedliche Sozialstruktur bzw. der Grund ihrer Vertreibung. Die größten Gruppen bildeten die Juden und die extreme Linke. Doch viele der eher bürgerlichen Juden machten eben diesen Extremismus der Linken für Hitlers Aufstieg und ihr Unglück verantwortlich, die Kommunisten wiederum sahen in den Juden Vertreter des Kapitalismus und als dessen letzte Inkarnation Adolf Hitler.

Bis etwa 1936 dauerte die Konsolidierungsphase des Hitler-Regimes, so lange konnte auch das literarisch-politische Exil Erfolge verbuchen: Schon im Juni 1933 war es in der Pariser Salle de Pleyel zu einem antifaschistischen Arbeiterkongreß gekommen, im Präsidium waren u. a. Henri Barbusse, André Gide und Romain Rolland. Noch 1932 hatte Münzenberg in Amsterdam einen ähnlichen Kongreß abgehalten, im August 1933 verschmolzen die beiden Bewegungen zum Comité mondial contre la Guerre et le Fascisme, abkürzt: Amsterdam-Pleyel-Bewegung. Anfang September kamen zu einer Kundgebung des Hilfskomitees für die Opfer des Hitlerfaschismus 20 000 Zuhörer, es sprachen u. a. Henri Barbusse, André Malraux, Rudolf Leonhard und Egon Erwin Kisch.

Der Schutzverband deutscher Schriftsteller (SDS) wurde im Oktober mit Heinrich Mann als Ehrenvorsitzendem, Rudolf Leonhard als Präsidenten sowie Egon Erwin Kisch als Vizepräsidenten neu gegründet, der mit Anna Seghers zu den wichtigsten Aktivisten zählte. Der Montagabend war jeweils für die Veranstaltungen im Café Mephisto reserviert. Mit der Eröffnung der Bibliothek der verbrannten Bücher und dem angeschlossenen Archiv sowie Lesesaal am 10. Mai 1934 durch Kisch, Alfred Kerr, Edmont Fleg und H. R. Lenormand wurde ein Treffpunkt und Diskussionszentrum geschaffen. Die Leitung lag in den Händen von Alfred Kantorowicz und Max Schroeder. An Publikationsorganen standen Münzenberg in Prag die *Arbeiter-Illustrierte-Zeitung* (AIZ) mit Chefredakteur F. C. Weiskopf und der *Gegen-Angriff* mit Bruno Frei zur Verfügung. Hinzu kam *Unsere Zeit* in Zürich.[1]

Den Höhepunkt brachte im Juni 1935 der 1. Internationale Schriftsteller-Kongreß zur Verteidigung der Kultur in Paris. Das »Schriftstellerparlament« sollte seine Einigkeit im Kampf gegen den weltweiten Faschismus demonstrieren und den Politikern ein Beispiel geben. Im Präsidium befanden sich Barbusse, Malraux, Kisch, Heinrich Mann, unter den Teilnehmern aus Deutschland Klaus Mann, Lion Feuchtwanger, Bert Brecht, Ernst Toller, Alfred Kerr, Anna Seghers, Bodo Uhse und Gustav Regler. Die Sensation des Kongresses war das Bekenntnis des individualistischen Ästheten André Gide zum Kommunismus. Im Vorfeld der Veranstaltung war es jedoch zum Eklat gekommen: André Breton hatte Ilja Ehrenburg geohrfeigt, da dieser sich herablassend über den Surrealismus geäußert hatte, woraufhin Breton vom Kongreß ausgeschlossen wurde. Viele der französischen Surrealisten hatten sich in den zwanziger Jahren dem Kommunismus angeschlossen, da sie die Forderung nach der totalen Freiheit des Individuums unterstützten, nicht aber die Rehabilitierung von Begriffen wie »Vaterland« und »Gehorsam« in der Sowjetunion. René Crevel versuchte zu vermitteln, doch als er scheiterte, nahm er sich am Vorabend des Kongresses das Leben. Daraufhin wurde Paul Éluard zugestanden, zu später Stunde die Rede Bretons zu verlesen.

Die Funktion des Kongresses war, auf künstlerisch-intellektueller Ebene einen weit bedeutsameren vorzubereiten: den 7. Weltkongreß der KI im Juli/August 1935 in Moskau. Dieser brachte mit dem Referat Dimitroffs eine Abkehr von der

bisherigen Diffamierung der Sozialdemokratie als »Sozial-
faschismus« und statt dessen ein Bündnis-Angebot an die
II. Internationale sowie an katholische, anarchistische und unor-
ganisierte Arbeiter zur Bildung einer Volksfront gegen den
Faschismus. Für viele westeuropäische Kommunisten, insbesondere für etliche dem jüdischen Bürgertum entstammende Intellektuelle, war dies ein erlösendes Signal, das sanktionierte, wofür
sie sich seit 1933 oder sogar früher eingesetzt hatten. Dieser 7.
Weltkongreß der KI und das ein Jahr danach erfolgte Inkrafttre-
ten der »Stalinschen Verfassung« – die auf dem Papier alle Men-
schenrechte umfaßte, aber de facto nie zur Anwendung kam –
sollte den davon geographisch weit Entfernten Erinnerung und
Hoffnung bleiben, um den Zick-Zack-Kurs sowjetischer Innen-
und Außenpolitik der nächsten Jahre geduldig zu verdrängen.
Das Jahr 1936 brachte kurze Erfolge der Volksfront in Frankreich und Spanien, doch Stalin hatte diese Politik entweder nur
als Ablenkungsmanöver für seine innenpolitischen Säuberungen
installiert oder, falls er je an sie geglaubt haben sollte, sehr schnell
die Notbremse gezogen.

Im Juni 1935 war das deutsch-britische Flottenabkommen unterzeichnet worden, ein militärisches Bündnis gegen die Sowjetunion schien in Reichweite. Weitere Erfolge der Nazis waren der
Einmarsch der Wehrmacht im Rheinland im März 1936, im
August die Durchführung der Olympischen Spiele in Berlin und
schließlich der Abschluß des Anti-KI-Paktes zwischen Deutschland und Japan im November 1936. Hiermit hatte Hitler sein
Regime durch internationale Anerkennung konsolidiert. Diese
vernichtende Einsicht war für die deutschen Exilanten schwer zu
ertragen. Parallel dazu waren auch über Moskau dunkle Sturm-
wolken aufgezogen: Die Kunde von den ersten Prozessen und die
Hinrichtung von Grigorij Sinowjew im August 1936 stiftete neue
Verwirrung unter den Kommunisten und säte Zwietracht im Vorbereitenden Ausschuß zur Bildung einer deutschen Volksfront.
Dessen treibende Kraft war Willi Münzenberg, Heinrich Mann
fungierte als Präsident. Zu den Unterstützern gehörten die
Schriftsteller Lion Feuchtwanger, Ernst Toller, Klaus Mann, Emil

Ludwig und Ludwig Marcuse, die Journalisten Leopold Schwarz-schild, Victor Schiff und Georg Bernhard, die Kommunisten Franz Dahlem, Hermann Matern und Alexander Abusch, die Sozialdemokraten Rudolf Breitscheid, Albert Grzesinski, Erich Kuttner und Paul Hertz, außerdem Max Braun von der SAP sowie zahlreiche politisch nicht gebundene Persönlichkeiten. Doch bald folgten in Moskau die Prozesse gegen Kamenew, Pja-takow, Bucharin und unzählige andere. Weitere Irritationen evo-zierte André Gides nachdenklicher Reisebericht über die Sowjet-union *Retour de l'URSS*, welcher ihm sogleich als Ketzerei vorgeworfen wurde. Die Kommunisten gerieten innerhalb des deutschen Exilspektrums zusehends in die Isolation. Dies lag vornehmlich am neuen starken Mann der KPD, versehen mit Stalins Gnaden – Walter Ulbricht. Der *Gegen-Angriff* wurde kom-mentarlos eingestellt, statt dessen wurde die *Deutsche Volkszei-tung* Ulbrichts Presseorgan.[2]

Der Spanische Bürgerkrieg hatte eine neue Situation gebracht: Im Juli 1936 putschte der bald zum Generalissimus erhobene Francisco Franco von Marokko aus gegen die Spanische Repu-blik, militärische Unterstützung fand er bei Hitler und Mussoli-ni. Die Münzenberg-Truppe hatte bisher für Frieden und Abrü-stung agitiert, doch jetzt hatte der Feind einen Bundesgenossen attackiert. Ab sofort konzentrierte sie sich auf Hilfsmaßnahmen für die Kriegsopfer und Propaganda für die Spanische Republik. Otto Katz leitete von Paris aus im Auftrag der Republik deren offizielle Presseagentur, Arthur Koestler, Klaus und Erika Mann, Claude Cockburn und andere Autoren wurden nach Spanien geschickt, doch nicht alle lieferten die gewünschten Artikel. Da man Hitler nicht in Deutschland schlagen konnte, wollte man es in Spanien tun. Es kam zu einer historisch nahezu einmaligen Solidaritätsbekundung mit einem bedrohten Volk: Aus ganz Europa und auch Amerika strömten mehr als 40 000 junge Frei-willige herbei, die Internationalen Brigaden wurden gebildet, die den Inbegriff des revolutionären Romantizismus des 20. Jahr-hunderts verkörperten. Für sie war Spanien Jerusalem, das ge-meinsame Leid des Schützengrabens würde die internationale

Volksfront fester schmieden, als Resolutionen es jemals könnten. Auf künstlerischer, aber auch propagandistischer Ebene hatte dieser Krieg eine seltsame, neue Perspektive: nie zuvor wurde so viel geschrieben, fotografiert, gefilmt und somit dokumentiert wie im Spanischen Bürgerkrieg. Zahlreiche Künstler zog es zu den Internationalen Brigaden, aus der internationalen Szene André Malraux, George Orwell, Ernest Hemingway, Antoine de Saint-Exupéry, Stephen Spender, Joris Ivens, Ilja Ehrenburg, Michail Kolzow, von den Schriftstellern mit KPD-Buch Ludwig Renn, Egon Erwin Kisch, Anna Seghers, Arthur Koestler, Gustav Regler, Bodo Uhse, Theo Balk, Otto Katz, Erich Weinert, Hans Marchwitza und Willi Bredel. Die meisten von ihnen waren Anfang Juli 1937 in Valencia beim 2. Internationalen Schriftsteller-Kongreß zur Verteidigung der Kultur vertreten, der danach in Madrid und abschließend in Paris tagte. Nach Valencia gekommen waren u. v. a. aus Chile Pablo Neruda und aus Mexiko Octavio Paz, José Mancisidor, Silvestre Revueltas, Carlos Pellicer, Tina Modotti und Juan de la Cabada. Spanien war u. a. mit dem Vorsitzenden der Schriftstellerallianz, José Bergamín, sowie mit Wenceslao Roces, Constancia de la Mora und Margarita Nelken vertreten, alle vier sollte es 1939 nach Mexiko verschlagen.

Zwei Jahre später hatten sich die Hoffnungen der Spanischen Republik als Illusionen erwiesen. Ihre Niederlage im April 1939 hatte vor allem zwei Gründe: Zum einen bewahrte Großbritannien strikte Neutralität, da ihm ein autoritäres Spanien allemal lieber war als politische Experimente. Frankreichs Volksfront-Regierung unter León Blum fühlte sich alleine zu schwach, um militärisch zu intervenieren, so daß anfängliche Zusagen widerrufen werden mußten. Damit strafte man nicht nur die eigenen Bekenntnisse zu Demokratie und Freiheit Lügen, man arbeitete auch Hitler in die Hände, der die Effizienz seiner Luftwaffe und Logistik für den Ernstfall testen konnte. Zum anderen erhielt die Republik von der Sowjetunion militärische Hilfe, wofür diese als Gegenleistung absolute Linientreue erwartete, was bei den nichtkommunistischen Mitgliedern der Regierungskoalition auf erbitterten Widerstand stieß. Sehr bald schon verübte der sowjetische

Geheimdienst in Spanien Säuberungen und Attentate. Stalin wollte die Macht, aber keine soziale Revolution, da er fürchtete, dies würde die Westmächte an Hitlers Seite bringen. Die mexikanischen Waffenlieferungen waren engagierte außenpolitische Zeichen internationaler Solidarität, doch sehr oft konnten sie abgefangen werden. In George Orwells *Hommage to Catalonia* läßt sich nachlesen, daß so mancher Kämpfer der Internationalen Brigaden die »guten mexikanischen Kugeln« für zuletzt aufgehoben hatte – sie waren paradoxerweise vielfach österreichische Qualitätsarbeit.

Seit Oktober 1936 hatte Münzenberg sich unter zahlreichen Ausflüchten geweigert, nach Moskau zum Rapport zu reisen, der für ihn nicht Gutes verhießen hätte. Sukzessive war er von Walter Ulbricht entmachtet worden, so daß er im Herbst 1937 mit der Partei brach. Mitte Oktober 1938 gründete er mit Arthur Koestler die Zeitschrift *Die Zukunft* und bewegte sich im Umkreis der Deutschen Freiheitspartei von Otto Klepper. Auf dieser Basis suchte er die Einheit der Hitler-Gegner jenseits der KPD. Nur die wenigsten von Münzenbergs unmittelbaren Mitstreitern konnten diesen Schritt mitvollziehen, kaum einer hat sich dazu geäußert. Die Aktivitäten der deutschen Schriftsteller in Paris waren sichtlich paralysiert, die Zeichen der Zeit standen auf Krieg. Im März 1938 erfolgte der »Anschluß« Österreichs an Deutschland, in der Konferenz von München im September wurden Hitler die Sudetengebiete zugestanden. Der britische Premierminister Chamberlain verkündete »Peace for our Times«, doch schon im März 1939 besetzte die Wehrmacht die restliche Tschechoslowakei. Ende August 1939 wurde das Unvorstellbare verkündet – der Hitler-Stalin-Pakt. Zeitgenossen mochten noch glauben, daß Stalin nach dem von den Westmächten ausgeschlagenen Bündnis Zeit gewinnen mußte, um die Sowjetunion gegen Hitlers Angriff zu rüsten, daß er den Versuch der Westmächte vereitelt hätte, Hitlers Aggression gen Osten zu treiben. Heute jedoch scheint es erwiesen, daß Stalin insgeheim Hitlers Durchschlagskraft und Erfolg bewunderte und ihn für den einzig ebenbürtigen Partner hielt, so daß er die Rüstung vernachlässigte und durch politische Säuberungen die Armeeführung praktisch köpfte. So kam es zu den katastrophalen Verlusten in den ersten Kriegsmonaten.

Der Kurswechsel kam ohne jede Vorwarnung und wirkte wie die Schubumkehr bei einem startenden Flugzeug, nur am System hatte sich nichts geändert: erneut wurden die nationalen und sicherheitspolitischen Interessen der Sowjetunion als neue Linie der KI propagiert. Sowjetische Zeitungen druckten plötzlich Nazi-Parolen, deutsche Antifaschisten wurden an die Gestapo ausgeliefert, zügig wurde begonnen, Osteuropa aufzuteilen und die Bevölkerung umzusiedeln. Unter den Kommunisten Westeuropas herrschte größte Verwirrung: Frankreichs KP übernahm den Kurs zähneknirschend und wurde daraufhin verboten sowie beschuldigt, sich zu einem Verbündeten Hitlers gewandelt zu haben. Der britische KP-Chef Harry Pollit widersetzte sich Moskau und wurde abgesetzt, die Italiener Umberto Terracini und Camila Rovera wurden aus ihrer Partei ausgeschlossen, obwohl sie sich seit Jahren in der Verbannung befanden. In den USA grassierte ab diesem Zeitpunkt in der Behördensprache der Begriff »Communazis«, Kommunisten und Nazis wurden generell gleichgesetzt, ihr Aufenthalt im Lande wurde de facto verboten. Für die deutschen Kommunisten, die dort an einer neuen Auslandsbasis für ihr West-Exil arbeiteten, war dies ein vernichtender Rückschlag, erst jetzt kam Mexiko als Standpunkt zweiter Wahl ins Spiel. Die Glaubwürdigkeit der kommunistischen Parteien in aller Welt erlitt einen historisch gesehen vernichtenden Schlag: Stalin hatte Hitler den Rücken freigehalten, um den Krieg gen Westen zu treiben.[3]

Nach dem Einmarsch der Wehrmacht in Polen am 1. September 1939 erklärten England und Frankreich Deutschland den Krieg. Schon im April war die Wehrpflicht in Frankreich auf die Asylanten ausgedehnt worden. Am 4. September erschienen in ganz Frankreich Anschläge mit der Anweisung »An alle feindlichen Ausländer zwischen 17 und 48 Jahren«, also Deutsche und Österreicher, sich mit Waschsachen, Wolldecke und kleiner Eßration bei Polizei oder Militär einzufinden, welche sie in Sammellager im ganzen Land internierte. Frankreichs Regierung unter Edouard Daladier berief sich auf Interessen nationaler Sicherheit und sah vor allem in den Kommunisten potentielle Verbündete der Nazis – man sperrte sie in gemeinsame Lager. Dies war die tiefste persönliche Demütigung, denn von Deutschland unter Hitler hatte man sich nichts mehr erwartet, aber dies in Frankreich zu erleben, dem klassischen Land des Asyls, war der nächste Keulenschlag. Die Alternative zum Lager hieß Fremdenlegion oder Arbeitsbataillon in der Sahara, die Lebenserwartung war in beiden Fällen nicht sehr hoch. Um die Absurdität auf die Spitze zu treiben, wurden deutsche Kommunisten aus Moskau angewiesen, nach Deutschland zurückzukehren, sofern ihnen dort nicht die Todestrafe drohte. Wer dem in blindem Gehorsam folgte, wurde spätestens beim Versuch verhaftet, sich am innerdeutschen Widerstand zu beteiligen. Andererseits soll es einen Befehl gegeben haben, sich von Marseille über Mexiko nach Wladiwostok durchzuschlagen, was aber ebenfalls von akutem Realitätsverlust zeugt.

Zu Beginn des Jahres 1939 waren an etwa 60 Orten in den südfranzösischen Pyrenäen Auffanglager für die geschlagenen spanischen Republikaner errichtet worden. Anfangs waren diese nur mit Stacheldraht umzäuntes Ödland. Nach der sukzessiven Ausweisung der Spanier wurden jetzt die »feindlichen Ausländer« zu Tausenden interniert, in Saint Cyprien, Rieucroix, Argèles, Récébédou, Noé – doch die berüchtigtsten waren die Straflager Le Vernet und Gurs. Diese waren für die »politisch Verdächtigen« aller Nationen reserviert. Die Sterblichkeitsrate lag bei 6 %, die Ursachen waren Unterernährung, Erschöpfung, Typhus und Ruhr. Prügelstrafe und andere Züchtigungen waren an der Tagesordnung, im gefürchteten Kerkerloch wimmelte es von Ungeziefer. Die primitiven Baracken waren nicht isoliert und faßten bis zu 60 Menschen, die Winter waren bitterkalt, die Sommer heiß und staubig, im Frühling ließen Sturzregen die Lagerinsassen in metertiefem Morast versinken. Politische Betätigung war strikt untersagt, doch um der Depression zu entkommen, organisierten die Häftlinge verschiedene Kulturprogramme.[4]

Monatelang war zwischen Frankreich und Deutschland kein Schuß gefallen, gleich einer unheilvollen Wolke hing der »drôle du guerre« über dem Land, doch mit deren Entladung im Sturm auf Sedan am 10. Mai 1940 wurde aus dem »Sitzkrieg« sehr schnell ein »Blitzkrieg«. Frankreich hätte länger widerstehen können, doch der Rechtsextremismus hatte in Militär, Verwaltung und Industrie gewichtige Vertreter, die sich mit Hitler arrangieren wollten. Nach dem Waffenstillstand am 22. Juni wurde Frankreich in drei Zonen geteilt: Zur verbotenen Zone wurden Elsaß-Lothringen und die Nord-Départments erklärt; die besetzte Zone umfaßte alle Gebiete nördlich der Loire und die komplette Atlantikküste; der Süden blieb unbesetzt, in Vichy regierte Pierre Laval, Staatsoberhaupt wurde am 10. Juli Marschall Pétain.

Unmittelbar nach Beginn der deutschen Offensive waren die Internierungen ausgeweitet worden. Gleichzeitig bewegte sich ein unübersehbarer Troß von fünf Millionen Flüchtlingen –Belgier, Holländer, Nordfranzosen – gen Süden. Für die Exilanten der Lager in der besetzten Zone gab es keine Anweisungen. Manche Kommandanten öffneten kurz vor Eintreffen der Wehrmacht die Tore, wodurch die Insassen sich dem Flüchtlingsstrom anschließen konnten, andere übergaben ihre Lager geordnet den Okkupanten. In Artikel 19 des Waffenstillstandsabkommens hatte sich Frankreich verpflichtet, Deutsche an ihr Heimatland auszuliefern. Die gefürchteten Massenauslieferungen blieben zu diesem Zeitpunkt noch aus, unter den wenigen exemplarisch Ausgelieferten befanden sich der Industrielle Fritz Thyssen sowie die SPD-Abgeordneten Rudolf Breitscheid und Rudolf Hilferding. Von der Panik unter den Exilanten angesteckt, nahmen sich Walter Benjamin, Ernst Weiss, Walter Hasenclever und Carl Einstein das Leben. Willi Münzenberg entkam Mitte Juni 1940 aus dem Lager Chambaran bei Lyon und blieb für seine ehemaligen Mitkämpfer lange Zeit verschollen. Erst Jahre später klärte sich sein Schicksal: Sein Leichnam war im Herbst 1940 in einem Wald erhängt aufgefunden worden. Ob es Selbstmord oder ein Mord der Gestapo oder des NKWD war, blieb bis heute ungeklärt.

Wer sich der Fluchtwelle gen Süden anschließen konnte, hatte ein Ziel vor Augen: den Hafen von Marseille oder Lissabon und von dort hinaus aus Europa! Szenen der Hoffnungslosigkeit spielten sich vor den Konsulaten der Übersee-Staaten ab, denn unzählige Anträge wurden abgelehnt. Neben französischen Ausweis-Papieren, dem einen oder anderen Transit-Visum, benötigte man z. B. für die Einreise in die USA zwei Affidavits (Bürgschaften amerikanischer Staatsbürger), einen Arbeitsvertrag, eine amerikanische Quotennummer und eine Vorladung zum amerikanischen Konsul in Marseille. Wer dort die obligatorische Frage nach in Deutschland lebenden Angehörigen bejahte, hatte damit seinen negativen Bescheid und mitunter deren Todesurteil unterzeichnet, da die USA befürchteten, daß deutsche Exilanten somit erpreßbar wären. Nur wer in Übersee schon Freunde hatte, konnte auf deren erfolgreiche Intervention hoffen. Um Teile des Flüchtlingsstromes zu kanalisieren, waren in Marseille und Umgebung zahlreiche Hilfsorganisationen tätig. Für die jüdischen Flüchtlinge bemühten sich die HICEM, die JOINT u. a. Organisationen mit Unterstützung aus den USA. Um die deutschen Intellektuellen war vor allem das Emergency Rescue Committee (ERC) mit Varian Fry vor Ort besorgt. Er ermöglichte die abenteuerliche Flucht von Lion und Marta Feuchtwanger, Heinrich und Golo Mann sowie von Franz und Alma Werfel über die Pyrenäen. Die Journalisten Johannes und Lisa Fittko gingen als ortskundige Führer an die hundertmal denselben Weg. Der ehemalige SAP-Sekretär Max Diamant arbeitete bis Herbst 1941 für das ERC und ermöglichte die Flucht von Paul Westheim und Franz Pfemfert nach Mexiko. Das ERC unterstützte Kommunisten wie Anna Seghers und Bruno Frei karitativ, doch ein US-Visum blieb ihnen verwehrt. Um die Kommunisten kümmerte sich das Unitarian Service Committee und sein Vertreter in Marseille, Noël Field, der sehr eng mit hochrangigen Mitgliedern der illegalen KPD-Leitung zusammenarbeitete. Seine Kontaktleute für die Beschaffung der Visa waren in Marseille Lex Ende, Willi Kreikemeyer und Leo Zuckermann und in Mexiko André Simone, Bodo Uhse und Rudolf Feistmann. Außerdem war Noël

Field Vertreter des der KPdUSA und der League of American Writers (LAW) nahestehenden Joint Anti-Fascist Refugee Committee (JARC) um dessen Gründer Edward K. Barsky. (1949 wurde Noël Field in Prag als angeblicher Spion verhaftet, wodurch all jene, die einmal mit ihm in Kontakt standen, ebenfalls der Kollaboration mit dem Klassenfeind beschuldigt werden konnten. Edward K. Barsky wiederum wurde im April 1946 ins Visier des House of Un-American Activities genommen und am Jahresende mit zehn anderen Mitgliedern des JARC zu einer zweijährigen Haftstrafe verurteilt.)[5]

Der Weg von Marseille in die USA war deutschen Kommunisten also versperrt, zumeist auch der nach Südamerika. Einzig Mexiko hatte keine politische Einwanderungsklausel, dafür aber eine ethnische. Bis heute ist es Ziel der mexikanischen Einwanderungspolitik, das mestizische Element in der Bevölkerung zu stärken, wodurch der Zuzug von Europäern sehr erschwert wird. In konsequenter Fortsetzung seiner Außenpolitik erklärte sich Präsident Cárdenas schon im Januar 1939 bereit, spanische Flüchtlinge aufzunehmen. Daraufhin kam es in der rechtskonservativen Presse des Landes zu einem gewaltigen Proteststurm, welcher in weiterer Folge Demonstrationen und Straßenschlachten hervorrief, da von dieser Seite eine Überflutung des Landes mit kommunistisch-terroristischen Drahtziehern befürchtet wurde. Diese Argumentation erhielt durch die Ermordung Trotzkis weiteren Auftrieb. All dies hatte zur Folge, daß die Regierung mit der Erteilung von Asyl weit weniger großzügig verfahren konnte als geplant und zudem jegliche Publizität vermied. So wurde in den Kriegsjahren bis zu 40 000 Spaniern Asyl gewährt, aber nur maximal 3 000 aus dem deutschsprachigen Raum. Dies lag jedoch nicht an Präsident Cárdenas, sondern an Innenminister Silvestre Barba Gonzalez, einem Vertreter der konservativen Fraktion innerhalb der PRM. Beharrlich intervenierte die B'nai B'rith bei Cárdenas, verstärkt Visa für jüdische Flüchtlinge zur Verfügung zu stellen. Nach der Konferenz von Evian unterschrieb Cárdenas sogar ein Dekret, wonach im Bundesstaat Tabasco eine urbar zu machende Landfläche jüdischen

Flüchtlingen zur Ansiedelung übergeben werde.[6] Doch auch dieses Projekt wurde von der Presse vereitelt. Es gab jedoch die Möglichkeit, bei Deponierung von 1 500 Pesos auf einer mexikanischen Bank als »Investor« ins Land zu kommen. Auch andere Wege der Bestechung dürften im Inneninisterium Erfolg gehabt haben, denn nur dessen ausdrückliche Zustimmung ermöglichte ab 1940 für Staatenlose – den Großteil der deutschen Flüchtlinge – die Einreise.

Für die politischen Flüchtlinge zu intervenieren, verstand insbesondere Vicente Lombardo Toledano, unterstützt von seiner Schwägerin, der renommierten Anwältin Carmen Otero y Gama. In Marseille wiederum war es der mexikanische Konsul Gilberto Bosques, der zahlreiche Flüchtlinge weit über seine Kompetenzen hinaus unterstützte. Gegenüber antifaschistischen Intellektuellen aus Deutschland erwies sich Mexiko generös, so wurden Visa für Lion Feuchtwanger, Alfred Döblin, Bert Brecht, Franz Werfel sowie für André Gide ausgestellt, diese jedoch bevorzugten ein anderes Exil, zumeist in den USA. Andererseits wurden zahlreiche Journalisten und politische Publizisten bzw. Angehörige anderer Berufe unter dem Etikett »Schriftsteller« oder einfach nur »Freiheitskämpfer« ins Land gelassen. (Auch für Rudolf Leonhard und Erich Mielke sollten Visa besorgt werden, hätte letzterer es geschafft, wäre seine Karriere in der DDR anders verlaufen.) Aufgrund ihrer aktiven Flüchtlingshilfe wurden Gilberto Bosques und die komplette mexikanische Botschaft in Marseille Ende 1942 inhaftiert und in Bad Godesberg interniert. Groß war der Empfang für Lebensretter Bosques im April 1944 unter den Exilanten, nachdem das Botschaftspersonal gegen in Mexiko inhaftierte deutsche Agenten ausgetauscht worden war.

Im Juni 1940 waren an die 100 000 spanische Flüchtlinge in Frankreich interniert, denen die Auslieferung an Franco drohte. Um dem zuvorzukommen, richtete Cárdenas ein Schreiben an die Regierungen in Deutschland und Italien mit dem Angebot, alle diese Flüchtlinge aufzunehmen. In der Nähe von Marseille kaufte Mexiko zwei Güter, das Château La Reynarde und das

Château Montgrand, um jeweils einige hundert Spanier auf die Abreise vorzubereiten. Doch abgesehen von innenpolitischen Schwierigkeiten hatte Mexiko keine Handelsflotte für den Transport solcher Menschenmassen. Das Manöver diente eher dem Zeitgewinn, andererseits wurde den geretteten Spaniern in Mexiko umgehend die Staatsbürgerschaft verliehen. Zwar bezog Cárdenas im Schreiben explizit auch die Nichtspanier in die Hilfsmaßnahmen mit ein, doch der dem Präsidentschaftswechsel vorausgehende Machtkampf führte zu einer restriktiven Phase bei der Visa-Erteilung. Mit dem Amtsantritt von Manuel Ávila Camacho sah es zeitweilig nach einem völligen Visa-Stop aus, erst durch den Kriegseintritt der Sowjetunion im Juni 1941 wurde wieder großzügiger agiert.[7]

Das größte Problem war jedoch die Kommunikation über den Ozean und die Erstellung der Listen. Bereits im Mai 1939 waren die Schriftsteller Bodo Uhse und Ludwig Renn in den USA eingetroffen, um am Schriftstellerkongreß der LAW teilzunehmen. Nach dem Hitler-Stalin-Pakt wurde Renn nach Mexiko abgeschoben, Uhse folgte im März 1940. Besonders letzterer entwickelte sich dort zu einer wichtigen Drehscheibe in Sachen Intervention und Information, anfangs über die Xavier Mina und ihren Sekretär Vittorio Vidali, der jedoch diktatorisch über die Namen auf den Einreiselisten verfügen wollte. Auch nach seiner Diskreditierung durch den Trotzki-Mord versuchte Vidali, Uhses Namenslisten einzuziehen. Über die Vermittlung von Margarita Nelken gelang Uhse eine Audienz bei Präsident Cárdenas, doch erst die Vermittlung von Otto und Leo Katz an Vicente Lombardo Toledano dürfte im Innenministerium den Ausschlag für die positive Erledigung der von Uhse eingereichten Namenslisten gegeben haben. Über andere Kanäle suchten u. a. Heinrich Gutmann, Gustav Regler und Samuel S. Kalmar bei den Behörden zu intervenieren. In New York war es F. C. Weiskopf, der bis zum Kriegsende die Interessen seiner Freunde in Mexiko vertrat. Im Frühjahr 1942 ging das letzte Schiff von Marseille Richtung Mexiko, wer nach den NS-Gesetzen als Jude galt und sich noch in Frankreich aufhielt, war so gut wie verloren. Im

Sommer 1942 begannen die Massendeportationen der Juden in die Vernichtungslager Osteuropas.

1 Duhnke 1972, Gross 1967, Kantorowicz 1978, Betz 1986
2 Langkau-Alex 1995, Weber 1993
3 Azcarate 1986
4 Eggers 1992, Fabian/Coulmas 1978, Schramm 1977
5 Pohle 1986, Kießling 1996 und 1998
6 Patka/Kloyber/DÖW 1999
7 Walter 1984, Senkman 1994, Avni 1989, Wollny 1989

Alfons Goldschmidt – Wegbereiter des Exils

Einer der wichtigsten Erbauer von kulturellen Brücken zwischen Deutschland und Mexiko im 20. Jahrhundert war Professor Alfons Goldschmidt, Wirtschaftswissenschaftler und Experte für Lateinamerika.[1] Sein Lebensweg (1879 – 1940) war zu Beginn noch vorprogrammiert und beschaulich, zur akademischen gesellte sich eine journalistische Karriere in ökonomischen Fachzeitschriften. Es war die Oktoberrevolution, die den nicht mehr ganz jungen Mann in ihren Bann zog. Schon Anfang der zwanziger Jahre war er als liberaler Wirtschaftsjournalist für das Verlagshaus Ullstein in die Sowjetunion gereist und hatte mit dem Buch *Moskau 1920*, das in 13 Sprachen übersetzt wurde, einen großen Erfolg erzielt. Als Willi Münzenberg 1921 das Hilfskomitee für die Hungernden in Rußland organisierte, gehörte Goldschmidt neben Albert Einstein, den Malern Heinrich Vogeler und Käthe Kollwitz, dem Schauspieler Alexander Moissi und dem Schriftsteller Leonhard Frank zu den aktivsten Proponenten. Ebenso unterzeichnete Goldschmidt den Gründungsaufruf der aus einem Hilfskomitee hervorgegangenen IAH. In den Folgejahren war er in deren Ausschuß für Finanzen tätig, 1929 avancierte er zum Reichsvorsitzenden der Deutschen Sektion.

1923 wurde Goldschmidt an die Universität im argentinischen Córdoba eingeladen, bis die dortige Presse ihn als »jüdischen Agenten des Bolschewismus« attackierte und er des Landes verwiesen wurde. Glücklicherweise lebte José Vasconcelos zu dieser Zeit ebenfalls in Córdoba und lud ihn ein, an der UNAM als Professor für Politische Ökonomie tätig zu werden, was Goldschmidt unverzüglich annahm. Dort gehörten zu seinen Lieblingsschülern Vicente Lombardo Toledano und Jesús Silva Herzog. In diesen weckte Goldschmidt die Sympathie für den Marxismus und die Liebe zur deutschsprachigen Kultur, wodurch beide in den vierziger Jahren zu den wichtigsten Mentoren der Exilanten in Mexiko wurden. Außerdem fand Goldschmidt den Kontakt zu Diego Rivera, der zu dieser Zeit in der UNAM und im Erziehungsministerium seine ersten Monumentalfresken schuf. Im Sommer 1924 kamen Alexander Moissi und Johanna Terwin zu Besuch und konnten Goldschmidt zur Publikation des ersten mexikanischen Lehrbuches für marxistische Ökonomie gratulieren. Doch bedingt durch den Präsidentenwechsel 1924 endete das erste Engagement des Professors in Mexiko ähnlich jenem in Argentinien. Nach Deutschland zurückgekehrt, sollte er an keiner öffentlichen Universität mehr einen Lehrstuhl finden. Einzig die Marxistische Arbeiterschule war begierig auf seine Vorlesungen, zusammen mit Hermann Duncker und Karl August Wittfogel gab er 1930 das Lehrbuch *Politische Ökonomie* heraus. Von seinem Wohnsitz in Berlin-Grunewald aus unternahm der nunmehr freie Schriftsteller Reisen durch ganz Europa, die Sowjetunion und 1928 durch die USA. Bereits 1925 hatte er seine Erlebnisse und Studien im Buch *Mexiko* verarbeitet, welches dem durch die Bücher von B. Traven ausgelösten Mexiko-Boom eine kulturgeschichtliche Facette verlieh. Zahlreiche Reporter schwärmten aus, um das Interesse der Leser an Abenteuergeschichten aus dem »Land der Sombreros« zu stillen. Goldschmidts Buch ist von anderer Qualität. In bildhafter, doch immer klar verständlicher Sprache wird das Leben der Indios dargestellt, ohne in eurozentrischen Hochmut zu verfallen. Jenseits von sensationsheischenden, die reine Exotik besingenden Reiseberichten ist der Autor bemüht, eine Gesamtschau des Landes, von Klima und Vegetation bis zu Geschichte und Mentalität seiner Bewohner zu gewährleisten. Ebenfalls 1925 verfaßte Goldschmidt Texte für Hugo Brehmes opulenten Fotoband *Mexiko. Baukunst, Landschaft, Volksleben*. Kurz danach begleitete er ein Ufa-Filmteam nach Mexiko, welches dort einen Dokumtentarfilm drehte. Auch hier gab es Schwierigkeiten mit den Verantwortlichen, die lieber »nackte Wilde« als Ethnografie zeigen wollten. Doch Goldschmidt setzte sich durch und erzielte bei der Uraufführung von *Auf den Spuren der Azteken* in Berlin einen großen Erfolg. 1927 erschien in der Universum-Bücherei ein gleichnamiges Buch, das aber nicht das Buch zum Film war, sondern eine weitere kulturhistorische Studie. Der Film selber gilt seit dem Zweiten Weltkrieg als verloren.

Zu Goldschmidts engsten Freunden und Verbündeten in Mexiko gehörte Diego Rivera: Dieser war 1922 in die KPM eingetreten und gehörte schon ein Jahr später zu ihren Führungskadern. 1925 veröffentlichte Goldschmidt in der AIZ mit *Brief aus Mexiko* eine erste Hommage an das künstlerische Werk Riveras. Beide fanden sich auch in der Liga gegen Imperialismus, in dieser Vorfeldorganisation der IAH war u. a. Jawaharlal Nehru ein gern gesehener Gast. Auf Goldschmidts Initiative hin schickte Mexiko José Vansconceslos und den Kubaner Julio Antonio Mella im Februar 1927 nach Brüssel zum Kongreß gegen koloniale Unterdrückung und Imperialismus, auch Ernst Toller gehörte zu den Teilnehmern. Dem Führungsgremium der dort gegründeten Antiimperialistischen Liga Amerikas gehörten Rivera, Mella und Hernán Laborde an, Goldschmidt fungierte als mexikanischer Delegierter in Europa. Als Rivera 1927 auf dem Weg nach Moskau Berlin besuchte, lernte er dort u. a. Willi Münzenberg, Egon Erwin Kisch, Johannes R. Becher, Käthe Kollwitz und Erwin Piscator kennen. Der Besuch diente auch der Finalisierung des 1928 von Goldschmidt im Neuen Deutschen Verlag herausgegebenen Bildbandes *Das Werk des Malers Diego Rivera*, die Fotos darin stammen teilweise von Tina Modotti. Im selben Jahr war Goldschmidt wieder in Mexiko, diesmal um die Gründung eines Lateinamerika-Institutes zu bewerben. Unterstützt wurde er dabei von Fritz Bach, der zur selben Zeit in der AIZ Reportagen über Mexiko und Nicaraguas neuen Helden Augusto César Sandino veröffentlichte. Trotz zahlreicher Sympathie-Erklärungen machte das Projekt weder in Lateinamerika noch in Berlin Fortschritte. *Die dritte Eroberung Amerikas*, 1929 in der Universum-Bücherei erschienen, bleibt die letzte Publikation Goldschmidts in der Weimarer Republik. Zur selben Zeit wurde Diego Rivera aus der KPM ausgeschlossen und als »Opportunist« diffamiert. Dies dürfte das Ende seines Kontaktes zu Goldschmidt bedeutet haben, wobei aber zu bedenken ist, daß Goldschmidts Korrespondenzen nach 1933 verschollen sind.

Alfons und Lene Goldschmidt 1938 in den Schwimmenden Gärten von Xochimilco

Das Erstarken des Nationalsozialismus zu Beginn der dreißiger Jahre hatte das Leben für Goldschmidt in Berlin immer gefährlicher und unerträglicher gemacht. Morddrohungen erreichten ihn, waren doch seine Werke das völlige Gegenteil zu den Rassen-Theoremen der Nazis. Die finanzielle Misere zwang ihn, das Haus in Berlin aufzugeben. Hinzu kam ein durch Diabetes mellitus ausgelöster körperlicher Zusammenbruch. Auf Einladung Wilhelm Piecks unterrichtete Goldschmidt 1932 ein halbes Jahr am Internationalen Agrarinstitut in Moskau, doch erneut zog es ihn auf den amerikanischen Kontinent. Die Schriftstellerin Ella Winter, Sekretärin des American Committee Against Fascist Oppression in Germany hatte Goldschmidt auf Empfehlung von Albert Einstein zu einer Vortragsreihe in die USA eingeladen. Auf der Reise dorthin lernten er und seine Frau Lina den aus Österreich stammenden amerikanischen Architekten Paul Wiencr und dessen Frau Alma kennen. Diese waren von Goldschmidts antifaschistischem Engagement zutiefst beeindruckt und erklärten sich bereit, ihm eine kleine Pension zu zahlen, damit er seine Arbeit fortsetzen konnte. Einen weiteren Sponsor fand er nach seiner Ankunft in Erich Cohn, einem Nudel- und Matzesfabrikanten, der auch George Grosz unterstützte. Von September 1933 bis zum Frühjahr 1934 bereiste Goldschmidt die USA und hielt Vorträge zu folgenden Themen: *Deutschland heute; Die Wirtschaftstheorie und -praxis der Nazis; Die Situation des Judentums in Deutschland; Der Nationalsozialismus an den Universitäten.* Außerdem schrieb er einige wenige Kommentare für die *New York Times* und versuchte, in Hollywood Filmkonzepte über Heinrich Heine und das Thema Erziehung zu plazieren, was aber nicht gelang. Im Februar 1934 erschien mit einem Vorwort von Albert Einstein versehen die Broschüre *Wither Israel? (Wohin gehst du, Israel?)*. Ein weiterer Schicksalsschlag stellte sich ein, als im Juni 1934 Lina Goldschmidt an unheilbarer Tuberkulose erkrankte und bald darauf starb. Goldschmidts Situation hatte sich neuerlich persönlich und finanziell zugespitzt, er sah sich gezwungen, sogar Teile der aus Berlin geretteten Bibliothek zu veräußern. Trotz der Warnungen vieler Freunde gründete er das Social Economic Laboratory, das gegen Honorar seinen »Star« zu Vorträgen vermittelte, die von Künstlern und Intellektuellen organisiert wurden, darunter von den Schriftstellern Lillian Hellman, Albert Maltz und Elmer Rice. Diesmal waren seine Themen: *Der kommende Krieg; Probleme der Weltwirtschaft; Ist Hitler Sozialist?; Was ist Planwirtschaft?; Was ist Geld?; Die Theorie vom totalen Staat; Faschismus und Nazismus; Faschismus an europäischen Universitäten; Das Rassenproblem in Deutschland, Mexiko und in der Sowjetunion; Die Geschichte des Pogroms; Die Indios in Mexiko vom Reich der Azteken bis heute; Soziale und ökonomische Fragen Lateinamerikas.* Die Essenz dieser Vorträge wurde in der Broschüre *On Economics you are Wrong (Sie verstehen nichts von ökonomischen Problemen)* publiziert. Das Institut erhielt die Lizenz zur Weiterbildung von Grundschullehrern, doch Studenten oder Aufträge von Universitäten blieben aus, die Arbeit stagnierte.

Im Sommer 1936 ging es ein letztes Mal nach Europa, zuerst zum von Münzenberg initiierten Weltkongreß gegen Krieg und Faschismus in Brüssel, danach einmal mehr nach Moskau. Dort jedoch warteten weitere Desillusionierungen: immer mehr altgediente Funktionäre der KI verschwanden in den Kellern der Geheimpolizei, im Lager der Exilanten grassierte die nackte Angst. Goldschmidts Tochter Irene war mit einem Russen verheiratet, der ebenfalls verhaftet worden war. In seiner Not wandte sich Goldschmidt an Wilhelm Pieck, doch auch dieser konnte ihm nur zur schnellen Abreise raten. 1938 wurde Goldschmidt von Johannes R. Becher eingeladen, wieder für die *Internationale Literatur* zu schreiben, die Honorare kamen Irene zugute.

Zurück in den USA setzte Goldschmidt die Arbeit an seinem Institut und die vor der Reise begonnene enge Zusammenarbeit mit Kurt Rosenfeld fort. Gemeinsam gründeten sie im Januar 1937 die Wochenzeitung *Deutsches Volksecho*, die sich mit Chefredakteur Stefan Heym als Stimme einer zu bildenden Deutschen Volksfront verstand. Nach dem Hitler-Stalin-Pakt hatte sie kein Publikum mehr und wurde eingestellt. Die dahinter stehende Gruppe, die sich als New Yorker Zweigstelle des eigentlichen

Komitees um Heinrich Mann in Paris verstand, hatte Goldschmidt zusammen mit Toni Sender und Julius Lips gegründet. Außerdem war Goldschmidt in diesen Jahren Vorstandsmitglied im SDS (Sektion New York) und Mitglied der Non Sectarian Anti-Nazi League to Champion Human Rights, deren prominenteste Mitglieder Samuel Untermeyer und der New Yorker Bürgermeister Fiorello H. La Guardia waren. Mit dem Spanischen Bürgerkrieg öffnete sich eine neue Wunde, die es zu versorgen galt: Goldschmidt war Mitbegründer und Sekretär des Deutsch-Amerikanischen Hilfsfonds zur Unterstützung des spanischen Freiheitskampfes, an dem sich auch Ernst Toller, Albert Einstein und Kurt Rosenfeld beteiligten. Als ihn die Nachricht vom Novemberpogrom 1938 erreichte, schickte Goldschmidt einen erschütterten Brief an Rabbi Steven S. Wise. Politisch klammerte er sich an das Konzept der kollektiven Sicherheit des sowjetischen Außenministers Maxim Litwinow, in Washington sprach er bei Botschafter Konstantin Umanskij vor. Doch der im Westen überaus beliebte gebürtige Jude Maxim Litwinow wurde im Mai 1939 als Außenminister abberufen und durch Molotow ersetzt, was einen Meilenstein auf dem Weg zum Hitler-Stalin-Pakt bildete. Nach dessen Bruch durch Hitler wurde Litwinow Ende 1941 wieder aus der Versenkung geholt und als Botschafter nach Washington entsandt. Zu dieser Zeit konnten Goldschmidts Konzepte wieder aus der Schublade geholt werden, in den USA von Kurt Rosenfeld, in Mexiko von Paul Merker. Dies sollte der Autor jedoch nicht mehr erleben.

In all den Jahren in den USA hatte Goldschmidt seine Kontakte nach Mexiko nie vernachlässigt. Sein Schüler Jesús Silva Herzog besuchte ihn Anfang 1938 und bot ihm neuerlich eine UNAM-Professur an, schließlich war die neue Regierung unter Cárdenas mehr als bestrebt, renommierte Wissenschaftler ins Land zu holen. Lombardo Toledano wiederum versuchte, Goldschmidt an die Universidad Obrera zu lotsen. Soviel Ehrerbietung war nicht leicht zu widerstehen, die endgültige Abreise mit seiner jungen Begleiterin Leni Weitzenkorn, die er im Umfeld Albert Einsteins kennengelernt hatte, verzögerte sich jedoch bis

Ende 1938. Es folgte ein letztes, überaus erfolgreiches Jahr in Mexiko an den genannten Institutionen. Zudem verfaßte Goldschmidt sozusagen als Morgengabe die Broschüre *Tierra y Liberdad*, eine Studie über die Bauern von der Zeit der Azteken bis zur Gegenwart, deren Drucklegung erst posthum erfolgte, ungedruckt blieb das Buch *Hitler. Karriere eines Subalternen*. Völlig unerwartet verstarb Alfons Goldschmidt am 20. Januar 1940 in Cuernavaca an Herzversagen. In seinem letzten Jahr in Mexiko war er für die LPCA ein Träger höchster Reputation gewesen. Die letzte Ruhestätte von Alfons Goldschmidt befindet sich auf dem Panthéon Civil de Dolores in der Hauptstadt. Zu seinem zweiten Todestag versammelten sich im November 1942 etliche seiner Freunde, um den von Hannes Meyer gestalteten Grabstein einzuweihen. Trauerreden hielten Professor Silva Herzog für die Universidad Obrera, Egon Erwin Kisch für den HHK, Ludwig Renn für die BFD und Oskar F. Isaak für die Menorah. Auf dem Stein steht auf Spanisch zu lesen: »Alfons Goldschmidt. 1879 – 1940. Deutscher Schriftsteller. Professor der ökonomischen Wissenschaften. Humanist. Er arbeitete für das mexikanische Volk und kämpfte für die Freiheit des deutschen Volkes«.

1 Kießling 1985 und 1990

Der Kreis um Leo Trotzki und Diego Rivera –
Otto Rühle und André Breton

Alfons Goldschmidt nahm 1939 seine Kontakte zu Diego Rivera mit großer Wahrscheinlichkeit nicht wieder auf. Auch für Mexikos bekanntesten Künstler und Intellektuellen brachten die späten dreißiger Jahren krisenhafte Situationen, die mit seinem Auftreten für Leo Trotzki verbunden waren. Dieser war 1929 auf das Betreiben Stalins hin aus der KPdSU ausgeschlossen und aus der Sowjetunion verbannt worden. Etliche Jahre verbrachte er auf der türkischen Insel Prinkipo, 1933 übersiedelte er nach Frankreich, wo er im verborgenen lebte und gleichzeitig seine Anhänger in der Vierten Internationale organisierte. 1935 ausgewiesen, ging die Odyssee weiter nach Norwegen, das sich daraufhin schweren wirtschaftlichen Repressionen seitens der Sowjetunion ausgesetzt sah. Diego Rivera war 1936 in die Vierte Internationale eingetreten. Persönlich begab er sich zu Cárdenas, woraufhin dieser die Einladung an Trotzki aussprach mit der Auflage, daß dieser sich aus der mexikanischen Politik herauszuhalten habe. Somit trafen Leo Trotzki und seine Frau Natalja Sedowa Anfang Januar 1937 mit dem Schiff aus Oslo kommend in Tampico ein. Frida Kahlo holte sie ab, war ihnen Freundin und Dolmetscherin und brachte sie in ihrem Blauen Haus im Vorort Coyoacan unter. Dort empfingen sie Mitte 1938 auch den Parade-Surrealisten André Breton, dem das französische Außenministerium die Reise finanziert hatte, um für einige Monate an der UNAM Vorlesungen zu halten, was aber auf den Widerstand der KPM stieß. Breton und Trotzki verfaßten das Manifest *Für eine freie revolutionäre Kunst* und gründeten die *Féderation internationale de l'art révolutionaire indépendant*. Das Echo blieb gering, erst in den fünfziger Jahren bekam das Manifest eine zentrale Bedeutung für die surrealistische Bewegung. Die Zusammenarbeit von Trotzki und Breton war nicht immer spannungsfrei: So entwendete Breton bei einem gemeinsamen Spaziergang aus einer Kapelle kleine Votivtäfelchen, da er sie zu surrealistischen

Pretiosen erklärte. Trotzki empörte sich darüber, da er ungeachtet seiner revolutionären Natur den religiösen Ort respektierte. Ende 1938 hatten sich auch die Patriarchen Rivera und Trotzki gründlich zerstritten. Symptomatisch ist die Anekdote, wonach Rivera am Totengedenktag Anfang November 1938 Trotzki nicht ohne Bosheit einen Totenschädel aus rosarotem Zuckerguß verehrte, auf dessen Stirn in weißen Lettern der Name Stalins prangte. Kaum war Rivera gegangen, ließ Trotzki angeekelt das Objekt entsorgen. Anfang 1939 verließ Trotzki das Blaue Haus und zog zwei Ecken weiter in die Avenida Viena. Auf einer Pressekonferenz erklärte er seinen Bruch mit Rivera, gleichzeitig versuchte er über Frida Kahlo zu kitten – doch Rivera trat aus der Vierten Internationale aus. Nach der Ermordung Trotzkis erinnerte sich die Polizei an die vergangenen Differenzen und zählte Rivera und die Kahlo einige Zeit zum Kreis der Verdächtigen, bis sich die Unhaltbarkeit dieses Gedankens herausstellte. Schon 1940 ersuchte Rivera um die Wiederaufnahme in die KPM, worauf diese ihn allerdings bis 1954, vier Jahre vor seinem Tod, warten ließ.

Zu den wenigen deutschen Exilanten, die Leo Trotzki bald nach seiner Ankunft 1937 begrüßt hatten, gehörten Otto Rühle (1874 – 1943) und seine Frau Alice Rühle-Gerstel (1894 – 1943). Der Pädagoge und rätekommunistische Politker Otto Rühle war ebenfalls ein alter Kämpfer, seine Arbeit konzentrierte sich auf die Kinder- und Schulproblematik.[1] Im Jahr 1911 veröffentlichte Rühle die bahnbrechende soziologische Untersuchung *Das proletarische Kind* und wurde Mitglied des saarländischen Landtags. 1912 erfolgte die Berufung nach Berlin in den Reichstag, er sollte zwar bis zum November 1918 bleiben, doch schon 1914 gab es schrille Töne. Otto Rühle hatte sich am linken Flügel der SPD positioniert und verurteilte die Burgfriedenpolitik. Im März 1915 verweigerte er neben Karl Liebknecht die Zustimmung zu weiteren Kriegskrediten. In konsequenter Fortsetzung wurde Rühle nach dem Krieg zu einem bedeutenden und radikalen Mitbegründer von Spartakusbund und KPD, befand sich dabei aber sogar in Opposition zu Rosa Luxemburg. 1919 wurde er mit anderen aus der Partei ausgeschlossen. Es folgten weitere

Leo Trotzki 1939 im Gespräch mit Alice und Otto Rühle. Foto aus LIFE

Kraftakte und Zerwürfnisse, 1920 polemisierte er als Delegierter der rätekommunistischen KAPD beim 2. KI-Kongreß in Moskau gegen Lenin, daß der Kommunismus in einem Land ohne entsprechende ökonomische Basis zum Scheitern verurteilt wäre, und verließ unter Protest den Kongreß. 1923 beendete er seine politischen Aktivitäten, kehrte in die SPD zurück und widmete sich fortan seinen Studien. In der *Aktion* von Franz Pfemfert formulierte Rühle syndikalistische Theorien, 1927 erschien das Buch *Karl Marx. Leben und Werk*. Bert Brecht bezeichnete es als »klare Darstellung einer großen Lehre«, Hermann Duncker geißelte es in der *Linkskurve*, dem Theorieblatt der KPD, als lästerlich. Seine erste Reise ins spätere Exil-Land unternahm Rühle 1930 in Zusammenhang mit Recherchen für ein Buch mit dem Titel *Imperialismus in Mexiko*, das dann in Deutschland nicht mehr erscheinen konnte. Unter dem Pseudonym Carl Steuermann erschien 1932 *Der Mensch auf der Flucht*, in dem das Abdriften verschiedener sozialer Gruppen in den Faschismus beleuchtet wird. Da Rühle sich über den Nationalsozialismus weit weniger Illusionen machte als die Kommunisten, übersiedelte er schon 1932 nach Prag, in die Heimatstadt seiner Frau. Die aus großbürgerlichem Haus stammende Alice Gerstel hatte Germanistik und Philosophie studiert, 1918 ging sie nach München, um die Individualpsychologie Alfred Adlers kennenzulernen.[2] 1921 erfolgte die Promotion über Friedrich Schlegel, unmittelbar danach die Hochzeit mit Otto Rühle. Hiermit begann eine symbiotische Lebensgemeinschaft, die sich für die Arbeit beider als überaus fruchtbar erwies. Gemeinsam entwickelten sie ihre Synthese aus Individualpsychologie und Marxismus, welche zur Grundlage ihrer Erziehungstheorie und Sozialwissenschaft wurde. Beider Ziel war die Entwicklung einer »Erziehung zum Selbstbewußtsein«, das sie in zahllosen Vorträgen und Artikeln konkretisierten. Alice Rühle-Gerstel publizierte in den Zeitschriften *Individual Psychology* sowie *Literarische Welt* und arbeitete für den Hörfunk. An wissenschaftlichen Schriften legte sie 1924 *Freud und Adler* vor, 1927 *Der Weg zum Wir* und 1932 *Das Frauenproblem der Gegenwart*, welches 1972 unter dem Titel

Die Frau und der Kapitalismus in der Studentenbewegung für Furore sorgte. Ihre Mitgift investierte sie in einen gemeinsam mit ihrem Mann gegründeten Verlag, der vor allem die Zeitschriften für sozialistische Erziehung *Am andern Ufer* und *Das proletarische Kind* herausgab. Obwohl Alice Rühle keiner Partei angehörte, kam es Anfang der dreißiger Jahre mit Alfred Adler zu Differenzen. Letzterer distanzierte sich in weiterer Folge vom linken Individualpsychologen-Kreis um die Rühles und Manès Sperber. Dieser wiederum hatte versucht, die Individualpsychologie als offiziellen Standpunkt der KPD in Fragen dieser Art zu positionieren, was auf zahlreiche Widerstände gestoßen war.

Nach der Machtübernahme Hitlers wurde die umfangreiche Bibliothek der Rühles von der SA gestohlen und vernichtet. Im Prager Exil erging es ihnen anfangs noch recht gut, die geübte Journalistin fand Arbeit beim *Prager Tagblatt*, wo sie unter Pseudonym eine Kinderbeilage redigierte, und bei der von Willy Haas verlegten Zeitschrift *Die Welt im Wort*. Für die Behörden stellte Alice Rühle-Gerstel jedoch ein besonderes Ärgernis dar, da sie nach ihrer Heirat die tschechoslowakische Staatsangehörigkeit verloren hatte und nun die für deutsche Exilanten geltenden Arbeitsbeschränkungen umging.

Mitte 1935 hatte Otto Rühle auf Vermittlung von Fritz Bach, der inzwischen als Wirtschaftswissenschaftler in Mexiko lebte, den Kontakt zum mexikanischen Erziehungsministerium aufgenommen. Bach war wirtschaftspolitischer Berater von Präsident Cárdenas und mit dem Aufbau eines staatlichen Sozialversicherungssystems vertraut. Cárdenas hatte in seiner neuen Verfassung das Prinzip der »Educacion Socialista« verankert, ein Erziehungsmonopol des Staates, um den Einfluß der Kirchen auf die Massen der Landbevölkerung zu mindern. Die über Jahrhunderte gewachsene Religiosität eben dieser Schichten sah sich zutiefst provoziert, zahlreiche Lehrer auf dem Land wurden von den Todesschwadronen der Großgrundbesitzer und anderer Cárdenas-Gegner ermordet. Bereits Ende der dreißiger Jahre mußte die Regierung Cárdenas allzu utopistische Elemente ihrer Politik wieder revidieren, 1945 wurde der entsprechende Paragraph endgültig aus der Verfassung gestrichen. All das konnten die Rühles Ende 1935 bei ihrer Ankunft in Mexiko nicht ahnen, statt dessen stürzten sie sich mit Enthusiasmus in ihre neuen Aufgaben. Otto Rühle studierte eingehend statistisches Material zum Stand der Volkserziehung und verfaßte erste Programme zur Behebung der Schwierigkeiten beim Unterricht an Grund- bzw. Landschulen sowie in Kindergärten. Eine erste detaillierte Untersuchung erschien im April 1936 in *El Maestro Rural*, der offiziellen Zeitschrift des Ministeriums. Rühle, der über Jahrzehnte hinweg seine Thesenpapiere wider den autoritären Staat erarbeitet hatte, sah sich hier in einer gänzlich neuen Situation, die ihn zweifellos beflügelte. Er entwarf Richtlinien für gezielte Forschungsprojekte und schlug dem Ministerium die Errichtung eines angegliederten Instituts vor. Sein spezielles Interesse galt dem Modell der »Arbeitsschule«, doch seine Untersuchungen nahmen immer theoretischeren Charakter an, so daß der Adressat – das Ministerium, aber vor allem die Arbeiterbewegung selbst – bald nicht mehr folgen konnte. Zudem befand sich auch die mexikanische Macho-Gesellschaft am Vorabend des Weltkrieges und antiautoritäre Ideen konnten mangels entsprechender prägender Erfahrungen kaum Anklang finden. Währenddessen versuchte die polyglotte Alice Rühle-Gerstel als Übersetzerin Fuß zu fassen, gelegentlich gelang es auch, in amerikanischen Handels-Zeitschriften wie *Baker's Weekly, American Perfumer* oder *Boot and Shoe Recorder* belanglose Fachartikel zu lancieren. Über Trotzki dürften die Rühles auch in Kontakt mit Diego Rivera gekommen sein. Dieser malte ein Porträt von Otto Rühle, welcher – inspiriert durch die mexikanische Landschaft und das Werk Riveras – selbst begann, Zeichnungen und Aquarelle anzufertigen.

Trotzki nützte den relativen politischen Handlungsspielraum, um die aus Moskau gegen ihn gerichteten Angriffe zu widerlegen. So trat erstmals im März 1937 in New York eine Untersuchungskommission zusammen, die nach dem Muster eines Gegenprozesses die im Zuge der Moskauer Prozesse gegen Trotzki gerichteten Anschuldigungen widerlegen sollte. Den Vorsitz führte der US-amerikanische Philosoph John Dewey, weitere Mitglieder waren Schriftsteller und Journalisten wie Carleton Beals, Benjamin Stolberg und Suzanne Lafollete, oder etwa John F. Finerty, der ehemalige Verteidiger von Sacco und Vanzetti. Otto Rühle war gleich nach Trotzkis Ankunft in Mexiko in der Öffentlichkeit als dessen Verteidiger aufgetreten. Es war ihm eine Ehrensache, nun auch der Kommission anzugehören, die immer wieder in Mexiko tagte. Dies bedeutete jedoch nicht, daß Rühle und Trotzki immer einer Meinung gewesen wären. In ihren tagebuchartigen Eintragungen *Kein Gedicht für Trotzki* beschreibt Alice Rühle-Gerstel die Zerwürfnisse der beiden Männer und ihre Angst, daß es zu einem Bruch kommen könnte, denn es verband sie ein gemeinsames Schicksal und als europäische, hochkarätige Intellektuelle waren sie einander als Gesprächspartner unersetzbar. Einmal kam es soweit, daß Rühle Trotzki als ebenso autoritär wie Stalin bezeichnete und seinen Hut nahm. Noch bevor er zu Hause ankam, hatte Trotzki dort schon angerufen, um die Wogen zu glätten.

Ende 1938 jedoch sah sich Otto Rühle mit seiner Kündigung im Ministerium konfrontiert. Aus reiner Schlamperei hatte sie sich noch verzögert, doch Anfang Januar 1939 war es dann soweit. Als »Entschädigung« seitens der Regierung wurde dem Ehepaar genau zum selben Zeitpunkt die mexikanische Staatsbürgerschaft verliehen, doch der soziale Abstieg und ein Leben an der Armutsgrenze waren besiegelt. Mit dem Straßenverkauf von Aquarellen, mit Erstellung von Kreuzworträtseln und kleinen Übersetzungsarbeiten konnte gerade das Notwendigste angeschafft werden. Rühle fühlte sich als Opfer einer Intrige und führte die Entlassung auf stalinistische Umtriebe zurück, doch dafür fehlt der objektive Beweis, denn deren Einfluß war genau zu dieser Zeit im Schwinden. Der Hitler-Stalin-Pakt und die Ermordung Trotzkis setzten weitere Tiefschläge, ebenso die erfolglosen Versuche, neuerlich ins Berufsleben einzusteigen. 1939 erschien in Philadelphia Rühles *The living thoughts of Karl Marx*, doch die Erstellung einer *Enzyklopädie der Arbeiterbewegung*, für das sich auf Vermittlung von Erich Fromm das Institut für Sozialforschung um Max Horkheimer und Friedrich Pollock interessierte, kam über den Projektstatus nicht hinaus. Rühles Schriften *Brauner und roter Faschismus* sowie *Weltfaschismus – Weltkrieg – Weltrevolution*, beide geschrieben 1939/40, fanden erst 1971 einen Verleger in der BRD.

Die American Guild for Cultural Freedom, eine von Hubertus Prinz zu Löwenstein initiierte Hilfsorganisation für exilierte Schriftsteller, deren Vorstand u. a. Thomas Mann, Sigmund Freud und Lion Feuchtwanger angehörten, hatte 1938 einen mit 4 500 Dollar dotierten Preis für den besten unveröffentlichten Exil-Roman ausgeschrieben. Dies war für Alice Rühle-Gerstel der Anlaß, *Der Umbruch oder Hanna und die Freiheit* zu verfassen. Es ist die aus autobiographischen Motiven zusammengesetzte Geschichte einer jungen Frau, die im Prag der dreißiger Jahre um ihre persönliche und politische Positionierung ringt. Das Buch ist hervorragend geschrieben, wie auch Gutachter Richard A. Bermann befand, der jedoch in einer Flut von eingesandten Manuskripten erstickte. Auch ein Verlag wollte sich nicht finden, was nicht zuletzt daran lag, daß die antistalinistische Tendenz im Buch wesentlich ausgeprägter ist als die antinationalsozialistische. Georges Duhamel stand Anfang 1940 kurz davor, in Frankreich einen Verleger für das Buch zu interessieren, doch der Einmarsch der Wehrmacht machte dies zunichte.

Die selbstgewählte Isolation des Ehepaares wurde immer beklemmender. Zudem warnten die Rühles viele Neuankömmlinge vor der 1941 gegründeten BFD und verurteilten auch jene, die nicht aus politischen, sondern aus Gründen der gemeinsamen Kulturpflege daran teilnahmen. Zu ihren wenigen Freunden gehörten Max Diamant, der österreichische Sozialdemokrat Stephen S. Kalmar sowie ein Gefährte vergangener Wege – Franz Pfemfert. Auch diesen hatte das Exil nach Mexiko verschlagen, wo er gleichfalls sehr zurückgezogen lebte und nicht einmal Spanisch lernte. Er entsagte kategorisch jeder politischen Tätigkeit und arbeitete bis zu seinem Tod im Jahre 1952 ausschließlich in seinem Fotostudio Dorit.

Schon seit Jahren litt Otto Rühle an Herzschwäche, die konsultierten Ärzt rieten ihm, die auf über 2 000 Meter gelegene

Hauptstadt zu verlassen, doch der Patient wollte das Flair der Großstadt nicht missen. Schreckliche Szenen spielten sich am 24. Juni 1943 ab: Otto Rühle verstarb an einem Herzschlag, eine Stunde danach stürzte sich Alice Rühle-Gerstel aus dem Fenster. Sie hatte schon Jahre zuvor ihren Freitod angekündigt für den Fall, daß ihrem Mann etwas zustoßen sollte, doch aufgrund ihres lebenstüchtigen Naturells hatte das niemand ernst genommen. Bei ihrem Begräbnis versammelte sich die antikommunistische Linke des Exils, es sprachen Victor Serge und Marceau Pivert, vom polnisch-jüdischen Bund Jacobo Abrams, von der POUM Julian Gorkin, außerdem Dr. Fritz Fränkel, einst Mitbegründer der KPD, und Franz Pfemfert. Man sang gemeinsam die *Internationale* und *Unsterbliche Opfer*.

1 Pohle 1994
2 Herbst/Klemm 1984

Ernst Toller, Heinrich Gutmann und die *Liga pro Cultura Alemana*

Als einer der ersten Exilanten war Heinrich (später: Enrique) Gutmann 1933 nach Mexiko gelangt, zusammen mit seinem Vater, dem Romancier und langjährigen SDS-Vorsitzenden Paul Gutmann (1873 – 1953), der im Exil aber nichts mehr veröffentlichte.[1] In Berlin hatte Heinrich Gutmann er als Journalist und Fotograf für das Boulevardblatt *Tempo* aus dem Verlagshaus Ullstein gearbeitet. Durch Heirat schnell in Mexiko naturalisiert, suchte er mit sensationell aufgemachten Artikeln zu schnellem Geld und Ansehen zu gelangen: Tatsächlich identifizierte er als einer der ersten den geheimnisumwitterten B. Traven als Ret Marut. Gutmann fand Anschluß an linksintellektuelle Künstlerkreise, vor allem zur Liga de Escritores y Artistas Revolucionarios (LEAR), die als mexikanische Sektion der kommunistischen Internationalen Vereinigung Revolutionärer Schriftsteller (IVRS) gegründet worden war. Sie entwickelte sich nach der Auflösung der IVRS 1935 unter Einfluß des »Cárdenismo« zu einem breiten Meinungsforum sozialrevolutionärer Ideen und Theorien. Nicht zuletzt dank der kleinen Hochstapelei, in Berlin langjähriger Redakteur des sozialdemokratischen *Vorwärts* gewesen zu sein, avancierte Heinrich Gutmann zum Fotografie-Ressortleiter der LEAR-Zeitschrift *Frente a Frente*. Auch organisatorisch wurde er für die LEAR tätig, so im Sommer 1936 bei einer Ausstellung des konstruktivistischen Malers Josef Albers, ehemals Bauhaus Dessau, der jetzt in den USA lebte. Mit dem Unterstaatssekretär im Erziehungsministerium, Luis Chávez Orozco, verband ihn eine persönliche Freundschaft, die er dazu nutzte, der unter NS-Kuratel gestellten deutschen Oberrealschule bürokratische Hindernisse in den Weg zu legen. Entscheidender waren seine Kontakte zu Vicente Lombardo Toledano, der ihn protegierte, und zu Präsident Cárdenas. Dieser gewährte im Februar 1937 Gutmann und Joseph Freeman von *New Masses*, der Zeitschrift der KPdUSA, ein ausführliches

Interview, welches als Broschüre veröffentlicht wurde. Bald darauf erfolgte mit Editorial Masas eine erfolgreiche Verlagsgründung, welcher kleine Romane und politische Broschüren produzierte. Erwähnenswert bleiben eine um Beiträge von Joseph Freeman und Luis Chávez Orozco erweiterte Cárdenas-Huldigung und die Übersetzung der Polemiken von Romain Rolland, Lion Feuchtwanger und Egon Erwin Kisch gegen André Gides Buch *Retour de l'URSS*, zuzüglich eines Beitrages von José Mancisidor. So bemerkenswert diese steile Karriere in einem fremden Land auch ist, das größte Verdienst Heinrich Gutmanns liegt in seinem unermüdlichen Antichambrieren für die Erteilung weiterer Einreise-Visa und in seiner Tatkraft, die wenigen hereinkommenden Exilanten zu organisieren.

Laut unterschiedlichen Quellen wurde die Liga pro Cultura Alemana (LPCA) entweder gleich nach Beginn des Spanischen Bürgerkriegs oder erst 1938 gegründet, entscheidend bleibt ihre erste und triumphalste Manifestation im Palacio de Bellas Artes am 7. November 1937. Den Anlaß bot der 20. Jahrestag der Oktoberrevolution, organisiert von CTM, PNR, KPM und anderen Vereinigungen. Das Präsidium bildeten Vicente Lombardo Toledano, Valentín S. Campa und der deutschstämmige Eduardo Huebner, ein Vertreter der Sozialistischen Partei Chiles. Der »Stargast« des Abends war Ernst Toller. Durch Übersetzungen seiner Bücher gehörte dieser neben Thomas Mann und Stefan Zweig zu den in Lateinamerika bekanntesten Autoren deutscher Sprache. Seit Oktober 1936 lebte Toller in den USA, die LEAR hatte ihn für zwei Monate nach Mexiko eingeladen. Die Manuskripte seiner Reden sind nicht erhaltengeblieben, doch eindeutig belegt ist sein Streben, die Bildung einer deutschen Volksfront in Mexiko als Teilorganisation des eigentlichen Volksfront-Ausschusses in Paris voranzutreiben. Diese Absicht äußerte Heinrich Gutmann am 25. Februar 1938 beim 1. Nationalen Kongreß der CTM. Da es für diesen hohen Anspruch aber in Mexiko keine entsprechenden Persönlichkeiten gab, nahm die LPCA den Charakter eines antifaschistischen, überparteilichen Kulturbundes an. Gutmanns wichtigste Mitstreiter der ersten

Stunde waren: der jüdische Deutsch-Mexikaner Erwin Friedeberg, der u.a. für den mexikanischen Geheimdienst das Dossier erstellt hatte, das zur Ausweisung des deutschen Presseattachés Arthur Dietrich führte; der kommunistische Journalist Alfredo Miller (Alfred Fortmüller), der lange in den USA gelebt hatte und seit 1937 in Mexiko war. Schon 1929 eingewandert war der österreichische Zahnarzt Mauricio Luft, der sich erfolglos bemüht hatte, seinen Cousin Joseph Roth zum Nachfolgen zu bewegen. Den bayrischen Architekten Joseph Zaunboss hatte es schon nach dem Ersten Weltkrieg nach Mexiko verschlagen, wo er vor 1933 in der Vereinigung deutscher Republikaner organisiert war, ebenso die Kaufleute Karl Mackelday und Karl Markmann. Mitte 1938 hatte Lombardo Toledano den Wirtschaftsfachmann und Linguisten Ottmar Lendle aus dem schwedischen Exil nach Mexiko geholt. Der sozialdemokratische, literaturbegeisterte Schneidermeister Paul Elle aus Jena war in jungen Jahren auf der Flucht vor Bismarcks eiserner Faust nach Mexiko emigriert und war nun so etwas wie der »Alterspräsident« der Exilanten. Im April 1938 hatte sich ein mexikanisches Unterstützungskomitee gebildet, dem u.a. Gilberto Bosques, José Mancisidor, Silvestre Revueltas und Alejandro Carillo angehörten.

Ihre Hauptaufgabe sah die LPCA in der Aufklärung über die derzeitigen Zustände in Deutschland und in der Vermittlung eines humanistischen Deutschland-Bildes.

Den Beginn der Vortragsreihe *La verdada cultura alemana* bestritt am 23. April 1938 Vicente Lombardo Toledano nach einleitenden Worten Paul Elles mit einem für ihn ungewöhnlichen Thema – er sprach über Goethe. Im Mai und Juni folgten u.a. Vorträge von Rafael Sánchez de Ocaña über Heinrich Heine und von Luis Sandi über verbotene Musik. An einem Abend für die verbrannte Literatur sprachen Ermilio Abreu Gómez und José Mancisidor. Alle diese Vorträge wurden von einem Vertreter der LPCA eingeleitet, mit Musik untermalt und in voller Länge live im Regierungsradio übertragen. Im Sommer wurden die Vorträge in der Broschüre *La verdada cultura alemana* in einer Auflage von 5 000 Stück publiziert. Ende 1938 und Mitte 1939 trat die LPCA mit insgesamt 20 Vorträgen zum Thema *El Nazismo* erneut an die Öffentlichkeit. Der große Publikumserfolg konnte nicht darüber hinwegtäuschen, daß die komplex behandelten Themen nur eine kleine Schicht der mexikanischen Bevölkerung erreichten. Daher wurde immer wieder zu einem weiteren künstlerisch-politischen Mittel gegriffen – der Plakataktion. Die Grafiker-Sektion der zerfallenden LEAR hatte sich zum Künstler-Kollektiv Taller de Grafica Popular (TGP) mit Leopoldo Méndez als Leiter zusammengefunden.[2] Im Juli 1938 wurde aus einer uralten Druckerpresse der Zyklus *El Nazismo* gezogen, den man zwecks Überraschungseffekt über Nacht affichierte. So sahen sich am Morgen des 10. Oktober 1938 die Bewohner der Hauptstadt an allen Straßenecken mit der Frage konfrontiert: »Mexikaner, wißt ihr, daß ihr eine Rasse zweiter Klasse seid?« – Das Rechtsamt der NSDAP-AO in Mexiko hatte einen Deutschen schriftlich aufgefordert, die rein spanische Abstammung seiner Frau ab dem Jahr 1800 zu dokumentieren. Sollte eine »indianische Blutbeimischung« bestehen, so könnte sie nicht als »arisch« angesehen werden. Ein Faksimile dieses Dokuments untermauerte die verfängliche Frage. Damit hatte die LPCA die Propaganda der deutschen Botschaft ins Mark getroffen, die alle Nachrichten aus Deutschland zu verharmlosen trachtete und die deutsche Kultur für sich beanspruchte. Wütend beteuerte die *Deutsche Zeitung in Mexiko*, daß man zwar auf »Geblütsreinheit« achte, aber andere »Rassen« deswegen nicht geringschätze. Botschafter Rüdt von Collenberg versuchte immer wieder, bei höchsten Regierungsstellen gegen die Aktivitäten der LPCA zu protestieren. So forderte er eine strafrechtliche Verfolgung Lombardo Toledanos wegen »Führerbeleidigung«. Zwar wurde ihm immer wieder die kalte Schulter gezeigt, doch sein Druckmittel waren die deutsch-mexikanischen Handelsbeziehungen, was ab 1938 Wirkung zeigte. Auch die japanische Botschaft intervenierte gegen Veranstaltungen, die sich kritisch mit ihrem Militärregime auseinandersetzten.

So fulminant die LPCA ihr engagiertes Programm begonnen

hatte, so schnell verebbte es bedingt durch die Lähmung des gesamten kulturellen und politischen Lebens nach Hitler-Stalin-Pakt und Kriegsbeginn. Ohne die Unterstützung von mexikanischer Seite blieben öffentliches Auftreten und Echo verwehrt. Statt dessen verlagerte die LPCA ihre Tätigkeit von der politisch-kulturellen Manifestation hin zur verstärkten Flüchtlingshilfe. Bis Kriegsbeginn hatte die LPCA etwa 20 aktive Mitglieder. Vermehrt strömten kommunistische Emigranten nach Mexiko, die der LPCA beitraten und das politische Gewicht verschoben, unter ihnen Ludwig Renn, Bodo Uhse, Hannes Meyer, Gertrude Düby und Egon Erwin Kisch. In der nichtkommunistischen Fraktion waren neben Gutmann vor allem Erwin Friedeberg, Gustav Regler und Franz Feuchtwanger aktiv. Letzterer war in der Weimarer Republik im illegalen Militär-Apparat der KPD unter Hans Kippenberger tätig gewesen, hatte schon vor dem Reichstagsbrand im Untergrund gelebt und wurde Ende 1934 aus der Partei ausgeschlossen. In Mexiko entwickelte er sich zu einem bedeutenden Kenner und Sammler präcortesianischer Kunst.

Nach seiner Ankunft in Mexiko im September 1939 reklamierte Ludwig Renn, auf seinen »internationalen Ruf als Schriftsteller und Spanienkämpfer« pochend, den Vorsitz der LPCA für sich. Dies führte naturgemäß zu erheblichen Konflikten mit Heinrich Gutmann. Renn setzte sich durch und wurde als neuer Generalsekretär installiert, doch schon im April 1940 übersiedelte er an die Universität in Morelia, wodurch Gutmann seine alte Position wiedererrang. Wenn man in Renns Buch *In Mexiko* liest, Gutmann hätte von Emigranten zur Visumsbeschaffung hohe Geldsummen erpreßt, so klingt dies eher wie nachträgliche Verleumdung mit der Absicht, die eigentlichen Ursachen des Konflikts zu verschleiern. Abgesehen von der persönlichen Eitelkeit der Protagonisten ging es um grundsätzliche Fragen: Gutmann stand für den Volksfront-Gedanken und die Verständigung mit den Westalliierten. Aus diesem Kreis war die Sowjetunion mit dem Hitler-Stalin-Pakt ausgeschert, was von Renn und Uhse verteidigt wurde. Gemeinsam legten sie die Grundsatzerklärung

Zu diesem Kriege vor, um wortreich zu erklären, warum man nicht auf Seiten der Alliierten gegen Hitler kämpfen könne. Dabei beriefen sie sich auf die Antikriegshaltung von 1918, was zwar ehrenhaft, als Strategie für das Jahr 1940 aber völlig untauglich war. Damit gerieten Uhse und Renn zunehmend in die Defensive, Renns Übersiedlung nach Morelia könnte durchaus diesen Hintergrund gehabt haben, er dürfte aus der LPCA ausgeschieden sein. Uhse blieb bis zum Sommer 1942 mit dem Erstarken von Gutmann und Friedeberg konfrontiert. Trotz all dieser Konflikte ist es bemerkenswert, daß die LPCA zu diesem Zeitpunkt das einzige Exil-Bündnis war, in dem Kommunisten, Sozialdemokraten und Vertreter bürgerlicher Gruppen überhaupt noch zusammensaßen und diskutierten. Der Angriff von Hitler-Deutschland auf die Sowjetunion am 22. Juni 1941 schuf eine völlig neue Situation. Nun wollten auch die kommunistischen Intellektuellen in Mexiko wieder zurück in die Anti-Hitler-Koalition, wollten wieder Avantgarde der Einheits-Politik sein, ohne ein Wort der Selbstkritik über den vollzogenen Zick-Zack-Kurs – das hätte Moskau als Verrat ausgelegt.

Zur entscheidenden Schwächung der LPCA kam es Mitte 1942 im Zuge der Polemik um Gustav Regler, über die noch berichtet wird. Einige ihrer Mitglieder gründeten 1943 die Liga Antinazi de habla alemaña. 1944 wurde mit der Vereinigung deutscher und österreichischer Sozialisten in Mexiko ein neues, kurzlebiges Forum unabhängiger Sozialisten geschaffen, das in seiner Zeitschrift *Sozialistische Tribüne* 1945 der Neu-Verteilung Europas nach den Interessen der Großmächte zu widersprechen suchte. An weiteren bedeutenden Exilanten lebten in Mexiko der ehemalige preußische Justizminister Otto Klepper und der Industrielle Dr. Philipp Berlin, welche die konservativen *Deutschen Blätter* aus Chile zu propagieren suchten. Auch Babette Gross, Witwe von Willi Münzenberg, hatte es nach Mexiko verschlagen, doch sie machte einen weiten Bogen um ihre ehemaligen Genossen.

1 Pohle 1986 und 1994/96
2 Prignitz 1981, Kießling 1989

Otto Katz alias André Simone – Gründungsphase mit Richtungsstreit

Die Zahl der Exilanten aus dem deutschsprachigen Raum pendelte sich bei 3000 ein, darunter an die 100 Kommunisten. Die Errichtung der von diesen dominierten Exilkultur wäre nicht ohne die tatkräftige Unterstützung von Mitgliedern der sich schon seit 1933 vollziehenden jüdischen Massenemigration und der in Mexiko ansässigen jüdischen Gemeinde möglich gewesen. Die Zahl der Juden in Mexiko war von Mitte der dreißiger bis Mitte der vierziger Jahre von 20000 auf 25000 angewachsen, die Zahl der deutschsprachigen von 100 auf etwa 1600. Für die überwältigende Mehrheit war Mexiko nicht Exil, sondern Endstation ihrer Odyssee. Der Großteil der in Mexiko lebenden Juden hatte osteuropäische Wurzeln, viele von ihnen waren schon um 1905 auf der Flucht vor Pogromen ausgewandert, untereinander sprachen sie jiddisch. Die politischen Aktivisten waren in drei Lager gespalten: in Zionisten um Avner Aliphas, Bundisten um Tuvie Maizel und Kommunisten um Boris Rosen.[1] Die Zionisten waren lange in der Minderheit, doch zu beiden anderen Fraktionen hin offen, so daß sie während des Krieges zur bestimmenden Kraft wuchsen. Die Bundisten waren zahlreich, doch kaum organisiert, dennoch konfrontierten sie bei jeder Gelegenheit ihre kommunistischen Brüder mit der tatsächlichen Situation ihres Volkes in der Sowjetunion. Die Kommunisten wurden in der Zeit vor Cárdenas noch verfolgt, als tatkräftige Antifaschisten fanden sie in den dreißiger Jahren zunehmend Anerkennung, bis der Hitler-Stalin-Pakt dies wieder ruinierte. Dennoch hatten gemeinsame Aktionen zur Flüchtlingshilfe die politischen Kontrahenten auf emotionaler Ebene einander näher gebracht. Mit dem Einmarsch der Wehrmacht in der Sowjetunion stieg das Ansehen der Kommunisten wieder, doch Ende Februar 1943 zerstörte die Bekanntgabe der Hinrichtung zweier »Spione« in der Sowjetunion, der hochangesehenen Bundisten-Führer Viktor Alter und Henryk Erlich, das Gesprächsklima endgültig, es soll sogar zu Gewalttätigkeiten gekommen sein. Gegen eine Trauerfeier des Comité Central Israelita (CCI) protestierten auch Bruno Frei, Leo Katz und Leo Zuckermann, nicht wissend, daß Alter und Erlich die eigentlichen Gründungsväter des JAFK waren, doch hiervon später.

Das CCI wurde 1938 von Shimshon Feldman zur Bündelung der Kräfte angesichts des weltweit ansteigenden Antisemitismus gegründet. Mexikanische Faschisten wie die Sinarquisten veröffentlichten Zeitungen, die nur allzu deutlich dem *Stürmer* nachempfunden waren. Dem entgegen stand ein vielseitiges Spektrum an Zeitungen und Zeitschriften, von denen als die wichtigsten die jiddische Tageszeitung *Der Weg* und die vom Österreicher Helmuth Leipen herausgegebene Zeitschrift *Revista Israelita* zu erwähnen sind. Die kommunistische *Fraivelt* schaffte 1941 nicht zuletzt durch die Mitarbeit von Leo Katz und die inhaltliche Öffnung zu zionistischen Positionen den Sprung von der Monats- zur Wochenzeitschrift. Da die mexikanische Regierung bei aller Großzügigkeit für die spanischen Flüchtlinge der jüdischen Immigration keine offiziellen Hilfsleistungen anbot, wurden diese um so emsiger von den kontroversen jüdischen Gruppierungen aufgebracht. Sie alle waren zutiefst bestürzt, als mit Beginn des Zweiten Weltkriegs ihre ehemalige Heimat in Osteuropa der Verwüstung preisgegeben war. Zahlreiche aus Europa eingetroffene jüdische Passagiere von Flüchtlingsschiffen wurden wegen ungültiger Papiere wieder zurückgeschickt, umso herzlicher wurden die Angekommenen von Empfangskomitees begrüßt, wobei man nicht nach ihrer Weltanschauung fragte. Sie wurden für die ersten Nächte einquartiert und bei Behördengängen und Arbeitssuche bzw. Geschäftsgründungen unterstützt. Unaufhörlich fragten die zuvor eingetroffenen Juden nach ihren in Europa zurückgebliebenen Verwandten, auch wenn den Neuankömmlingen die Namen gänzlich unbekannt waren. Hierbei wurden Freundschaften geschlossen, die auch politische Kontroversen überdauerten.

1938 war im Rahmen der CCI auch ein Comité pro Refugiados gegründet worden, hinzu kam ein nach seinem Gründer Richard Warschauer benanntes Komitee, beide wirkten karitativ, nicht politisch. Ebenfalls 1938 hatte sich die Menorah – Vereinigung deutschsprechender Juden – zusammengefunden. Als ihr Sekretär fungierte der Jurist Dr. Paul Drucker, als Kassierer Ernesto Meyer. Die Villa des Wiener Dirigenten Ernst Römer diente in dieser Zeit als bescheidener, aber ambitionierter literarisch-musikalischer Salon. Die Menorah organisierte Zusammenkünfte anläßlich der jüdischen Feiertage sowie ein beachtliches Kulturprogramm, bestehend aus Konzerten und Theateraufführungen, Vorträgen und Lesungen. So wurden im Mai 1942 Goethes *Scherz, List und Rache* und im Februar 1944 die Kinderoper *Hänsel und Gretel* nach Engelbert Humperdinck aufgeführt. Zu den kulturell Aktivsten gehörten u. a. Paul Westheim, Paul Mayer und Charles Rooner. Etliche deutsche Kommunisten mit jüdischen Wurzeln wurden Mitglieder der Menorah, darunter Bruno Frei und Leo Zuckermann, um ein weiteres Forum zu gewinnen. Ein Höhepunkt waren Mitte Oktober 1942 die Vorträge von Rabbi Steven S. Wise aus New York, dem Präsidenten des American Jewish Congress, und dem zionistischen Funktionär Nachum Goldmann. Im August 1943 konstituierte sich die zionistisch orientierte Hatikwah, die nach der Gründung Israels mit ihrer erstgenannten Schwester-Organisation zur Menorah-Hatikwah fusionierte.[2]

Die Besonderheit des Exils in Mexiko waren seine Internationalität und seine sich gegenseitig befruchtende Multikulturalität, wobei die scharfen politischen Fronten nicht übersehen werden dürfen. Im Laufe der Jahre 1939 bis 1941 wurde das Spektrum internationaler Exil-Organisationen in Mexiko immer bunter. Die größte und wichtigste wurde die von Mexiko für die spanischen Republikaner ins Leben gerufene Federación de Organismos de Ayuda a los Republicanos Espanoles (FOARE), die auch befugt war, die Hilfsgelder der im Barsky-Komitee zusammengefaßten US-amerikanischen Freunde zu verteilen, dies waren im Halbjahr mitunter bis zu 40 000 US-Dollar. Mitte 1943 wurde der Internationalität der Exilanten Rechnung getragen und der Name geändert: Das Kürzel FOARE blieb, nur das »Republicanos Espanoles« wurde in »Refugiados Europeos« umgewandelt,

Ludwig Renn in den Vorstand gewählt. Etliche Deutsche und Österreicher sollten ebenfalls in den Genuß der Zuschüsse des Barsky-Komitees gelangen, doch noch fehlte es an einem Verteilungssystem. Deshalb gründeten sie im August 1942 die Sozialversicherung deutschsprachiger politischer Emigranten. Leitender Funktionär war Leo Zuckermann, Präsident der Gewerkschafter Albert Gromulat, von den Österreichern waren der Sozialdemokrat Philipp Müller und die Kommunisten Josef Foscht und Marcel Rubin im Vorstand. Kleine Gruppen von Flüchtlingen aus europäischen Ländern begannen nun ebenfalls, sich zu organisieren. Zumeist stand eine linkssozialistisch bis kommunistisch orientierte Mehrheit einer Minderheit aus bürgerlich-konservativen Mitgliedern gegenüber. Eine Ausnahme bildete der Sekretär der General Charles de Gaulle nahestehenden Francia Libre, der Mexikanist und spätere Informationsminister Jacques Soustelle. Kontakt zu ihren deutschen Genossen hielt die Schriftstellerin Simone Tèry. Nicht organisiert waren die französischen Schriftsteller Jules Romains, Jean Malaquais und Benjamin Péret sowie der Ethnologe Paul Rivert. Eine eindeutig kommunistische Ausrichtung hatte die italienische Bewegung mit einem Freiheitshelden vergangener Tage als Schutzpatron: Die Leitung der Aleanza Internazionale »Giuseppe Garibaldi« per la libertà d'Italia setzte sich aus Mario Montagnana, Vittorio Vidali alias Carlos Contreras und Tina Modotti sowie dem Schweizer Hannes Meyer zusammen. Präsident war der ehemals römische Senator Francisco Frola, der für seine breitkrempigen Hüte und sein bühnenreifes Auftreten bekannt war. Daneben gab es noch kleinere italienische Gruppierungen, viele ihrer Mitglieder hatten schon vor dem spanischen Bürgerkrieg in Mexiko gelebt und waren nun ein zweites Mal hierher entkommen. An der Spitze der Hungaria Libre standen ebenfalls Kommunisten, der Schriftsteller Aladár Tamás und der Ökonom Laszlo Radvanyi, der Mann von Anna Seghers. Als einzig nennenswertes Mitglied der Asociación Yugoeslavia Libre ist Theodor Balk zu nennen. Im Vorstand der Asociación Checoeslovaco-Mexicana (ACM) waren Egon Erwin Kisch, André Simone und Lenka Reinerová vertreten. Später kamen noch Nationalkomitees von Polen, Norwegen und China hinzu. Manche der genannten Gruppen hatten kaum Mitglieder, doch es ging um die Schaffung von Gegenöffentlichkeit und um den permanenten Protest gegen die weltweite Aggression der Achsenmächte.

Die Kommunisten, Sozialdemokraten und Bürgerlichen aus Österreich hatten sich Ende 1941 zur Accion Republicana Austriaca de México (ARAM) zusammengefunden. Dies bewirkte nicht zuletzt auch eine weitere Schwächung der LPCA, da viele Mitglieder ihre Energie nun in die ARAM investierten. Als Sekretär bis zum Ende des Kriegs fungierte Josef Foscht, der zusammen mit dem vielfach engagierten Bruno Frei die monatlich erscheinende Zeitschrift *Austria Libre* herausgab. Präsident war der sozialdemokratische Buchhändler Rudolf Neuhaus, ein Anhänger des »großdeutschen« Kurses von Friedrich Adler, der deshalb Ende 1943 durch den ansässigen Kaufmann Franz Schallmoser ersetzt wurde. Zum intellektuellen Aushängeschild der ARAM entwickelte sich Leo Katz. Für die KPD-Mitglieder war die »österreichische Frage« zweitrangig, daher wandte sich Leo Katz erst nach der Moskauer Deklaration, in welcher die Wiedererstehung Österreichs verankert wurde, eindeutig der ARAM zu.[3] Ein folgenreiches Kuriosum bleibt, daß der aus Sereth (heute Rumänien) stammende Leo Katz und der aus Jestebnice (heute Tschechien) stammende Otto Katz, beide langjährige Mitglieder der KPD und der KI, die sich in den Jahren des Bürgerkriegs große Verdienste für die spanische Republik erworben hatten, Anfang 1941 daran gingen, eine Sektion der KPD in Mexiko zu gründen. Bevor jedoch auf die vorhergehenden und nachfolgenden Konflikte eingegangen werden kann, muß die Vorgeschichte von Otto Katz erzählt werden, denn dieser entwickelte sich unter seinem Nom de guerre André Simone zur eigentlichen »grauen Eminenz« der deutschsprachigen Kommunisten in Mexiko[4]: Otto Katz (1895 – 1952) gelangte um 1920 nach Berlin, wurde 1922 Mitglied der KPD und arbeitete in der Anzeigen-Abteilung der von Stefan Großmann herausgegebenen Zeitung *Montag-Morgen*. Über seinen engen Freund Egon Erwin Kisch dürfte er in den Kreis um Münzenberg gelangt sein, der als sein Entdecker und Mentor bezeichnet werden kann. 1927 avancierte Katz zum kaufmännischen Direktor der Piscator-Bühne, die in ihrem kurzen Bestehen mit einigen bahnbrechenden Produktionen Theatergeschichte schrieb. Doch der als Playboy Verschriene – sein Leben lang erzählte er von seiner Affäre mit Marlene Dietrich, als diese noch ein kleines Nummern-Girl war – hatte eine zu lockere Hand fürs Geld. Nach dem Konkurs der Piscator-Bühne wechselte Katz in die Direktion der von Münzenberg initiierten Universum-Bücherei, doch die Steuerbehörden wollten ihm 1930 wegen des Desasters bei Piscator den Prozeß machen. Münzenberg verhalf zur Flucht nach Moskau, wo Katz bei der Meschrobpom-Filmgesellschaft unterkam, die in diesen Jahren zahlreiche deutsche Künstler mit Angeboten lockte, die dann selten realisiert wurden. Im August 1932 forderte Münzenberg ihn an, damit er für den Friedenskongreß in Amsterdam das Pressebüro leite. Hier kamen alle seine Fähigkeiten zum Tragen: Katz arbeitete zielgerichtet und effizient, war elegant, eloquent und polyglott, mit allen Talenten eines Diplomaten gesegnet und dafür prädestiniert, sogenannte »fellow travellers« des Kommunismus zu umgarnen. Seine linke Gesichtshälfte zierte ein leuchtender Schmiß, was hierbei nicht unvorteilhaft war. Versucht man das Wesen von Otto Katz zu ergründen, so läßt sich festhalten, daß er seine Leidenschaft für das Theater und den Kommunismus verbinden und auch hier die »große Rolle« spielen wollte. Immer verstand er es, die Aufmerksamkeit auf sich zu lenken. Kam bei einer Abendgesellschaft ein neuer Gast, so stürzte er sich mit großem Hallo auf ihn, zog ihn geheimnisvoll tuschelnd in eine Ecke des Raumes, so daß der Eindruck entstehen mußte, hier würden Staatsgeheimnisse ausgetauscht – auch wenn Katz sich nur nach dem Ergehen von Frau und Kindern erkundigte. Bis heute halten sich hartnäckig Gerüchte, wonach Katz Mitarbeiter oder zumindest Informant des sowjetischen Geheimdienstes gewesen sein soll, Beweise wurden bislang keine vorgelegt. Prinzipiell mußte jeder Kommunist auf Anforderung seiner vorgesetzten Parteistelle schriftliche Berichte über sein politisches Handeln und Treffen mit Genossen und insbesondere Nicht-Genossen erstellen, die dann weitergereicht wurden – bis nach Moskau zum Geheimdienst.

Nachdem Münzenberg 1933 seine Zelte in Paris aufzuschlagen genötigt war, beorderte er umgehend Katz als Adjutanten an seine Seite. Auf die anonyme Herausgabe des *Braunbuch über Reichstagsbrand und Hitlerterror* und der Organisation des Gegenprozesses in London erschienen ebenfalls anonym seine Bücher *Braunbuch II, Weißbuch über die Erschießungen des 30. Juni 1934* (beide 1934) und *Das braune Netz* (1936). Unter dem Decknamen Rudolf Breda reiste er 1936 zusammen mit dem katholischen Hubertus Prinz zu Löwenstein in die USA, wo sie zusammen mit Fritz Lang und Dorothy Parker die Hollywood-Anti-Nazi-League gründeten, der auch Charles Chaplin, Edward G. Robinson, Boris Karloff und Marlene Dietrich angehörten, welche Benefizbankette organisierte. Während des Spanischen Bürgerkriegs leitete Otto Katz in Paris die offizielle Nachrichtenagentur der spanischen Republik. Nach dem Parteiaustritt Willi Münzenbergs distanzierte Otto Katz sich scharf von diesem, dennoch fiel er für einige Zeit in Ungnade, da rettete er sich durch die Flucht nach vorn, und es gelang das Unmögliche: Otto Katz nutzte seine Kontakte zu Erika und Klaus Mann, um deren Vater, den »Zauberer«, ein erstes und einziges Mal in die Niederungen der aktiven Politik zu entführen. Tatsächlich leitete Thomas Mann kurz vor seine Abreise in die USA Mitte September 1938 eine Sitzung, bei der ein letzter Versuch unternommen wurde, im Volksfront-Ausschuß zu einer Einigung zu kommen, jedoch erfolglos. Im April 1939 reiste Katz erneut nach Hollywood, um den Klingelbeutel für den »antifaschistischen Widerstand in Europa« zu füllen, und im August desselben Jahres, als alles aus Europa hinausdrängte, fuhr er dorthin zurück, um das Geld der Parteiführung in Marseille abzuliefern, womit diese über die Illegalität in den Kriegsjahren kam. Zahlreichen Genossen in den französischen Lagern schickte Katz Decken und Essenspakete, bis er im Dezember 1939 selbst verhaftet wurde, schließlich soll es der französische Kolonialminister George

Mandel gewesen sein, der für ihn intervenierte. Erneut in den USA, wurden Otto und Ilse Katz in Ellis Island interniert, doch Lilian Hellman stellte die Kaution. Einmal angekommen, gelang ein durchschlagender Erfolg: Als andere Journalisten noch an ihren Büchern über die unerwartet schnelle Niederlage Frankreichs schrieben, hatte ein gewisser André Simone, über dessen Identität gerätselt wurde, das seine bereits in den Bestseller-Listen. Der Titel war bei Emile Zola entlehnt und lautete *J'Accuse. The Men who betrayed France.* Wortreich bis demagogisch wird darin die Bereitschaft der reaktionären Kräfte in Verwaltung und Politik der Grande Nation angeklagt, sich mit Hitler gegen die Linke des eigenen Landes verbündet zu haben, wobei ein Faktum aber indirekt gerechtfertigt wird: der Hitler-Stalin-Pakt. Eine »Fünfte Kolonne« sei für Hitlers Vormarsch verantwortlich, Stalin tue gut daran, nicht auf Seiten dieser Alliierten zu kämpfen.

Bald zog es Katz alias André Simone wieder nach Hollywood, diesmal zusammen mit Paul Willert, der sich Jahre später fatalerweise als tatsächlicher Agent des britischen Geheimdienstes entpuppte. Zwar war Simone durch seinen Buch-Erfolg auf längere Sicht finanziell versorgt, doch auch er wurde trotz einflußreicher Freunde aus den USA ausgewiesen. Die Publikation des schnell geschriebenen Nachfolge-Buches *Men of Europe* erlebte er schon von Mexiko aus. Dort angekommen, sollte er einen weiteren Höhepunkt seiner Karriere erlangen und ihn Jahre später mit dem Leben bezahlen – André Simone wurde im Dezember 1952 in Prag als Mitangeklagter im antisemitisch motivierten Slánský-Prozeß wegen angeblichen Hochverrates hingerichtet. In Berlin unterzogen daraufhin Beamte der Staatssicherheit Mexiko-Heimkehrer wie Paul Merker, Alexander Abusch, Erich Jungmann und Georg Stibi inquisitorischen Verhören, wobei vor allem die Frage im Raum stand: Wie kam es zur Gründung der KPD-Sektion in Mexiko und welche Rolle spielten dabei Mitglieder nichtkommunistischer, jüdischer Organisationen? Die Frage läßt sich historisch nicht endgültig beantworten, daher kann nur versucht werden, den Verlauf der Ereignisse von Ende

1940 bis Mitte 1942 zu rekonstruieren: Nachdem es den deutschen Kommunisten nicht gelungen war, eine Operationsbasis in den USA zu gründen, sollte es in Mexiko glücken. André Simone gelang es sehr schnell, Heinrich Gutmann in der Gunst von Vicente Lombardo Toledano auszustechen und zu dessen persönlichem Freund und außenpolitischem Berater zu avancieren, überdies zum wöchentlichen Kommentator in der Gewerkschaftspresse, der Tageszeitung *El Popular* und dem Monatsmagazin *El Futuro*. Außerdem gestaltete Simone jedes Jahr zahlreiche Vortragsreihen an Lombardo Toledanos Universidad Obrera. Hier und bei *El Popular* fanden auch Paul Merker, Alexander Abusch, Erich Jungmann, Laszlo Radvanyi und Bruno Frei Beschäftigung, außerdem Vittorio Vidali, Margarita Nelken und Simone Tèry. Simone avancierte sogar zum außenpolitischen Berater von Lombardo Toledano und begleitete diesen im Sommer 1943 nach Kuba bei einem Besuch des dortigen Diktators Fulgencio Batista, der damals aus taktischen Gründen mit der Sowjetunion liebäugelte. Kurz zuvor war *La Batalla de Rusia* erschienen, in reportagenhafter Form wird der opferreiche Abwehrkampf der Roten Armee dargestellt, die erste Auflage war schnell verkauft. Außerdem verfaßte Simone mit *Vicente Lombardo Toledano. Un Hombre de America* eine Hommage an seinen Förderer. Er plante sogar, eine Stalin-Biographie zu verfassen, um seine absolute Loyalität unter Beweis zu stellen. Unterstützt wurde er bei alldem von seiner Frau Ilse, die der preußischen Offiziersfamilie Klagemann entstammte, sie war zugleich seine Sekretärin und verwaltete ein umfangreiches Archiv von Zeitungsausschnitten. Außerdem verfaßte sie einige Artikel im FD und wurde in den zweiten Vorstand des HHK gewählt.

Doch zurück zur Situation Anfang 1941: Vicente Lombardo Toledano war einer der raren Politiker Mexikos, die dem Antisemitismus öffentlich und offensiv entgegentraten und zu allen jüdischen Fraktionen beste Beziehungen unterhielten, sogar zu den Bundisten. Leo Katz wiederum hatte im Auftrag der KI für die Spanische Republik Waffen gekauft und genoß großes Ansehen unter den nach Mexiko geflüchteten spanischen Politikern und innerhalb der KPM. Außerdem konnte Leo Katz dank seiner profunden Kenntnisse der Bibel und des Jiddischen auch rasch Kontakte zur ansässigen Gemeinde aufbauen. Um Gisela und Egon Erwin Kisch, Anna Seghers, Bodo Uhse, Gertrude Düby und Rudolf Feistmann, Bronja und Leo Katz, André Simone und seine Frau Ilse, Lydia und Leo Zuckermann sowie Henny und Rudolf Zuckermann bildete sich ein intellektueller Freundeskreis, dem von den jüdischen Emigranten Paul Mayer, Paul Westheim, Grete Katz, Rudolf Lindau, Ernesto Meyer, Paul Feibelmann und Kurt Stavenhagen mit ihren Familien angehörten, Treffpunkt war die Villa von Ernst Römer.

Ob André Simone und Leo Katz von einer übergeordneten Parteiinstanz den Auftrag bekommen hatten, eine KPD-Sektion zu gründen, ist ungewiß. Nach dem Statut der KI mußten sich alle nicht in ihrem Heimatland wohnenden Kommunisten der dortigen KP anschließen. Den Spaniern in Mexiko wurde jedoch aufgrund ihrer Quantität das Recht zugesprochen, selbständig tätig zu werden. Der neue KPM-Chef Dionisio Encina unterstützte die Forderung der deutschen Kommunisten, es den Spaniern gleichzutun. Abgesegnet wurde dies von Blas Roca, dem kubanischen KI-Vertreter für Mittelamerika und die Karibik. Heftiger Widerstand kam jedoch von der oppositionellen ZK-Fraktion der KPM um Miguel Angel Velasco, den Chef der Partei-Presse, in Verbindung mit Vittorio Vidali, der als Vorsitzender der Ausländer-Abteilung der KPM einen großen Machtverlust hinnehmen mußte. Mit Vidali im Bunde waren Mario Montagnana und Hannes Meyer. Mit dieser italienischen KI-Gruppe hatte es ja schon anläßlich der Visa-Beschaffung Konflikte gegeben. Ohne es zu beabsichtigen, wurden die deutschen Kommunisten somit in die Fraktionskämpfe der KPM hineingezogen – es sei denn, sie hatten sich für ihre Interessen rechtzeitig konkurrierende Verbündete innerhalb der KPM gesichert. Jedenfalls kam es im Frühjahr 1941 zur Bildung einer Gruppenleitung, bestehend aus den Alt-Österreichern André Simone als Sekretär sowie Leo Katz, Bruno Frei und dem Bayern Rudolf Feistmann. Zu diesem Zeitpunkt gab es nur ein Dutzend Mitglieder, darunter mit Egon

Otto Katz alias André Simone in Mexiko

Erwin Kisch und Anna Seghers zwei hochrenommierte Schriftsteller und Integrationsfiguren. Als KPD-Gruppe konnte man
aber nicht antifaschistisch tätig werden, es mußten Bundesgenossen aus anderen Lagern gefunden werden. Laut einem FBI-
Bericht soll André Simone schon im Februar 1941, versehen mit
einem persönlichen Empfehlungsschreiben von Eleanor Roosevelt, im Haus von Kurt Stavenhagen die Unterstützung von »15
der reichsten deutschen Juden in Mexiko« erhalten haben. Im
März 1941 gaben André Simone als Sekretär und Ludwig Renn
als Präsident dem US-Botschafter die Gründung der Bewegung
»Freies Deutschland« (BFD) bekannt, sie war somit weltweit der
erste Zusammenschluß dieses Namens. Wenige Tage später fand
ein von Pablo Neruda einberufenes Ehrenbankett statt, an dem
auch Vittorio Vidali und Anna Seghers teilnahmen. Mit dem 22.
Juni 1941, dem Tag des Überfalls der Wehrmacht auf die (verbündete) Sowjetunion, begannen neue Wochen der Sorge um
deren Bestand, aber auch der Hoffnung auf ihre verstärkte Anerkennung. Noch am selben Tag trafen sich André Simone, Leo
Katz, Simone Tèry, Mario Montagnana, Miguel A. Velasco und
Alfredo Miller, um publizistische und bündnispolitische Aktionen zu beraten. Simone sprach daraufhin auf Veranstaltungen der
Acción Democratica Internacional, einer Art Dachverband der
Exil-Organisationen, der aber bald wieder zerfiel. Die Hinwendung zu den ansässigen Komitees der Alliierten Frankreich und
England war nicht unumstritten, doch es war die Politik Simones,
alle Möglichkeiten auszuschöpfen, worin ihn Gerhart Eisler in
einem Brief aus New York unterstützte. Einen erfolgreichen Auftritt absolvierte Simone bei der CTAL-Versammlung am 14. Juli
1941. Im September 1941 stellte er in seiner Wohnung Vicente
Lombardo Toledano die Mitglieder der Gruppe vor und hielt eine
Präsentationsrede. Er und Kisch gestalteten Kultur-Abende im
Hotel Reforma vor amerikanischen Touristen, um Geld zu sammeln. Im November 1941 war es schließlich soweit, die erste
Nummer der Zeitschrift *Freies Deutschland* (FD) konnte erscheinen. Als eigentliche Initiatoren können André Simone und Bodo
Uhse genannt werden. Gleichzeitig erfolgte die Gründung des

Rudolf Feistmann aus Fürth

Heinrich Heine Klubs (HHK), ein halbes Jahr danach die des Verlages El Libro Libre (ELL). Die entscheidenden Leistungen des Exils in Mexiko waren initiiert.

Sich auf den Lorbeeren auszuruhen, dazu blieb keine Zeit: Vor Moskau tobte die Abwehrschlacht gegen die Wehrmacht, wodurch der Kommunismus weltweit in seiner physischen Existenz bedroht war. Äußerst schwierig war es, von Mexiko aus nachzuvollziehen, wie diese Schlacht verlief. Hinzu kamen die schweren Differenzen der BFD mit Gustav Regler und der LPCA und ein erheblicher Image-Verlust in der Öffentlichkeit. Doch nicht genug damit, auch intern brodelten massive Interessenskonflikte. Im Dezember war das portugiesische Schiff Serpá Pinto mit Hunderten deutscher Flüchtlinge nach Mexiko gekommen, unter ihnen die ranghohen KPD-Funktionäre Georg Stibi, Otto Börner und Alexander Abusch. Zur Bildung einer zweiten »Engeren Parteileitung« der KPD-Gruppe kam es Anfang Januar 1942: Leo Katz blieb »Pol.leiter«, Otto Börner wurde »Org.leiter«, außerdem waren Simone, Feistmann, Abusch und Stibi vertreten. Letzterer hatte schon vor 1933 in der Sowjetunion gelebt und für die deutschen Sendungen von Radio Moskau gearbeitet, weshalb er in Spanien zum Freiheitssender 29,8 abkommandiert war. Zur gleichen Zeit arbeitete seine Frau Henny in Moskau als KI-Sekretärin von Walter Ulbricht. Es scheint erwiesen, daß die Stibis 1939 in Paris an Parteisäuberungen mitgewirkt hatten, die sie nun in Mexiko fortsetzten. Georg Stibi vertrat den Moskauer Standpunkt, wonach auch die deutsche Generalität in ein künftiges Anti-Hitler-Bündnis einzubeziehen wäre, was zu diesem Zeitpunkt innerhalb der Gruppe auf massiven Widerstand stieß. Da Simone und Leo Katz das Feld nicht kampflos räumen wollten, wurden sie von Stibi böswillig diffamiert, Agenten westlicher Geheimdienste zu sein. Vidali, Meyer und Montagnana beteiligten sich an der Kampagne gegen André Simone und Leo Katz, so daß beide unter massivem Druck im April 1942 ihre Funktionen niederlegten, bald auch Feistmann. Offiziell hieß es, sie würden sich ihren schriftstellerischen Aufgaben widmen. Stibi hatte sich als Sekretär der BFD zum Leiter aufgeschwungen, doch nur bis Ende 1942. Mit dem letzten Schiff aus Europa kam im Juni Paul Merker. Er war Mitglied des letzten Politbüros der KPD von 1939 und davon als einziger im Westexil. Als ranghöchster Funktionär übernahm er die Führung der BFD, rehabilitierte André Simone und Leo Katz gegen die Verleumdungen und verließ sich auf deren Rat sowie ihre Kontakte zum Gastland und zur jüdischen Emigration. Die dritte engere Gruppenleitung umfaßte Merker, Stibi, Börner, Abusch und Erich Jungmann. Die Spannungen nahmen kein Ende, im Januar 1943 wurden Stibi und Börner von Merker aus der Partei ausgeschlossen, Ende 1943 kam es zum endgültigen Abbruch der Beziehungen zur Gruppe Vidali-Meyer-Montagnana und innerhalb der KPM zum Ausschluß der Velasco-Fraktion. Neben Merker bildeten bis Kriegsende Erich Jungmann und Alexander Abusch die Gruppenleitung, doch ihre tatsächlichen Vermittler nach außen waren die fließend Spanisch sprechenden Intellektuellen André Simone, Leo Katz und Leo Zuckermann.[5]

Doch noch einmal zurück zur Situation Anfang 1942: Es ist unmöglich, über das Mexiko dieser Jahre zu schreiben, ohne an Tina Modotti zu denken, die am 5. Januar 1942 von einem Abend mit Vidali im Haus von Hannes Meyer kommend in einem Taxi an einem Herzanfall starb.[6] Um sie rankt sich der Mythos einer schönen, starken, unabhängigen Frau und Künstlerin, der immer wieder durch Vorwürfe bezüglich ihrer kommunistischen Tätigkeit beeinträchtigt wird. Sie war nach einer kurzen Hollywood-Karriere Anfang der zwanziger Jahre mit dem Fotografen Edward Weston nach Mexiko gekommen, wo sie sich 1924 der noch sehr kleinen KPM anschloß und mit Diego Rivera und anderen Muralisten für die Parteizeitung *El Machete* arbeitete. Von hier aus gingen in den Folgejahren ihre Fotos um die Welt. 1925 reiste sie als amerikanische Delegierte nach Amsterdam zum Gründungskongreß der Internationalen Roten Hilfe, die ihr weiteres Leben bestimmen sollte. Inzwischen hatte der Maler Xavier Guerrero ihr Herz erobert, doch bald darauf wurde er nach Moskau auf die Parteihochschule abkommandiert. 1927 war der gebürtige Italiener Vittorio Vidali auf der Bildfläche erschienen, der bald zum

Vertreter Stalins in Mexiko wurde. Tina Modottis große Liebe war nun der junge, charismatische, aus Kuba geflüchtete Revolutionär Julio Antonio Mella, der im Januar 1929 an ihrer Seite an einer Straßenecke von Mexiko-Stadt erschossen wurde. Anfang 1930 mußten Modotti und Vidali Mexiko wegen staatlicher Repressionen Richtung Moskau verlassen. Eine Ausstellung von Modotti-Fotos im Berliner Studio von Lotte Jacobi wurde auch von Egon Erwin Kisch besucht. Im Februar 1934 reisten Vidali und Modotti in das Wien des Bürgerkriegs, im März 1936 organisierten sie die Kampagne für Olga Benario, jene jüdische Kommunistin, die von Brasilien an die Gestapo ausgeliefert wurde. Ihre nächste Station war naturgemäß der Spanische Bürgerkrieg. Vidali wurde als Kommandant des 5. Bataillons zum Verteidiger Madrids. Im April 1939 ging es zurück nach Mexiko. Modotti soll den Hitler-Stalin-Pakt empört abgelehnt haben, Vidali wurde nach der Ermordung Trotzkis als eigentlicher Drahtzieher für mehrere Monate inhaftiert, doch es konnten keine stichhaltigen Beweise erbracht werden. Nach Modottis Tod gellte es wieder durch die Medien, Vidali habe eine neue Schandtat vollbracht, Dokumente sprechen aber von einem natürlichen Tod. Aufgrund der beschriebenen Spannungen zwischen den deutschen und italienischen Kommunisten boykottierten erstere das Begräbnis Tina Modottis. Die Individualisten Anna Seghers und Egon Erwin Kisch durchbrachen das Gebot und verfaßten Beiträge für eine Gedenkbroschüre.

1 Cimet 1997, Beller 1969, Italiander 1971
2 Pohle 1986
3 Kloyber 1987, Patka/Kloyber/DÖW 1999
4 Patka 1998
5 Pohle 1986, Kießling 1998
6 Barckhausen 1996

Kosmogonien des Dschungels – Gustav Regler und Wolfgang Paalen

Das Leben von Gustav Regler (1898 – 1963)[1] war geprägt von der Suche nach reinem Glauben und absoluter Wahrheit, was ihn zum Protagonisten unterschiedlicher Ideologien werden ließ, die er jeweils lautstark vertrat. Nach Besuch des erzbischöflichen Seminars in Trier suchte Regler ab 1916 im Ersten Weltkrieg seine Empfindsamkeit und Unsicherheit durch Bravourtaten zu überwinden, was ihm eine schwere Gasvergiftung und das Eiserne Kreuz einbrachte. Unter geschickter Umgehung der Militärbürokratie kam es zur Immatrikulation an der Universität Heidelberg, wo er dem Vorstand eines Bundes deutschnationaler Studenten angehörte. 1919 kämpfte er als Freiwilliger im der SPD nahestehenden »Regiment Reichstag« gegen die Spartakisten, doch angeekelt von der Barbarei der Noske-Truppen stellte er sich der Räteregierung in München zur Verfügung. Nach deren Untergang gelang die Flucht zurück nach Heidelberg, wo die Studien 1923 mit einer Dissertation über *Die Ironie im Werke Goethes* beendet wurden. Die Ehe mit einer Industriellentochter aus Leipzig, mit der er einen Sohn hatte, dauerte nur drei Jahre, auch das Leben als Juniorchef war bald zu eintönig geworden. *Der Zug der Hirten* thematisiert die Geburt des jüdischen Volkes und wurde, vom Werk André Gides inspiriert, 1928/29 in Paris geschrieben. Etwa zur gleichen Zeit erhielt Gustav Regler sein KPD-Buch, wohl beeinflußt vom Maler Heinrich Vogeler, dem Vater seiner Seelengefährtin Marie Luise »Mieke« Vogeler. Diese hatte ihre Jugend in der Kommune Barkenhoff ihrer Eltern verbracht, wo jugendbewegt-anarchistisch-grüne Theorien geboren wurden. Sie absolvierte eine Goldschmiedlehre, studierte an einer Kunstgewerbeschule und war zeit ihres Lebens mit Malerei, Schmuckobjekten und Gedichten vielseitig kreativ. Das junge Paar, die Heirat erfolgte erst 1940 in New York, übersiedelte nach Berlin. Dort wurde Regler Organisationsleiter der Künstlerzelle am Breitenbachplatz, mit *Wasser, Brot und blaue Bohnen* stellte sich der literarische Durchbruch ein. Die Abrechnung mit der katholischen Vergangenheit in *Der verlorene Sohn* erschien 1933, es folgten *Im Kreuzfeuer. Ein Saar-Roman* (1934) und *Die Saat* (1936). Im Exil in Paris war Regler eine zentrale Figur von Münzenbergs Aktivitäten. Neben Anna Seghers und Friedrich Wolf galt er als begabtestes Talent unter den Schriftstellern der KPD, weshalb diese ihn vielfach förderte. Seine engsten Freunde waren zu dieser Zeit Egon Erwin Kisch, Bodo Uhse und Anna Seghers, in vielen antifaschistischen Kundgebungen standen sie Schulter an Schulter. Reglers Mitarbeit am von Otto Katz herausgegebenen *Braunbuch* wurde bereits erwähnt, 1934 ging er zum Schriftstellerkongreß nach Moskau, Ende des Jahres entbrannte der Propagandakampf um die Saarland-Abstimmung, die dann im Januar 1935 für die KPD desaströs endete. Der Schriftstellerkongreß in Paris im Juni 1935 sah den Autor als anerkannten Redner, in Moskau soll er an der deutschen Ausgabe der Prozeßberichte mitgearbeitet haben. Als einer der ersten ging Regler in den Spanischen Bürgerkrieg und diente als Politischer Kommissar bei der 12. Brigade, bis im Juni 1937 ein Granatsplitter seinen Körper durchbohrte, was, zurück in Paris, eine lange Zeit der Rekonvaleszenz zur Folge hatte. 1938 folgte eine Reise in die USA, um Geld für den spanischen Sanitätsdienst zu sammeln. Die zweite schwere Kriegsverletzung, das Wüten von Stalins Agenten in Spanien, der Pakt mit Hitler und schließlich die Ermordung Trotzkis bedeuteten ihm entscheidende Wendepunkte. Über Monate und Jahre hinweg dauerte die Entwicklung zum erbitterten Feind von KPD und KI. Im Oktober 1939 nach Le Vernet eingeliefert, wurde Regler nach einem halben Jahr durch Interventionen von Ernest Hemingway, Eleanor Roosevelt, George Mandel und Sir Arthur Willert wieder entlassen. Nach New York entkommen, nahm Regler seine intensiven Diskussionen mit Kisch wieder auf, der versuchte, ihn wie sich selbst von der Weitsichtigkeit Stalins zu überzeugen. Im September 1940 erschien die erweiterte Fassung von *Das große Beispiel* unter dem Titel *The Great Crusade*. Wie in allen Büchern finden sich auch hier starke autobiographische Züge, so wird u. a. die psychologische Verunsicherung der freiwilligen Kämpfer durch die Moskauer Prozesse und anschließende Verdrängung sowie Verräterhysterie beschrieben. Bald danach wurde auch Regler als Kommunist aus den USA ausgewiesen. Die zwischen 9. Juni und 29. Dezember 1940 entstandenen tagebuchartigen Reflexionen wurden als *Sohn aus Niemandsland* posthum ediert. Sie bilden das Dokument einer ideologischen Selbsterforschung. Protokolle von Gesprächen mit Kisch, Hemingway, Pablo Neruda u. a. finden sich neben eingeklebten Zeitungsausschnitten, es wechseln die Sprachen Deutsch, Englisch, Französisch und Spanisch sowie Telegrammstil mit legendarischer Stilisierung. Konsequent zieht sich durch die Generalabrechnung mit der Vergangenheit die religiöse Terminologie.

Trotz der politischen Kehrtwende verkehrte Regler in Mexiko anfangs viel mit Kisch, Seghers, Uhse, Hannes Meyer und anderen Genossen aus den gemeinsamen Tagen in Berlin, Paris und Spanien. Doch Regler stemmte sich gegen deren Majorisierungsversuche der LPCA, die Auseinandersetzungen verschärften sich durch die Gründung der BFD, im FD sah Regler nur die Fortsetzung der verhaßten Sowjet-Propaganda. Hinzu kam eine im Herbst 1941 in der mexikanischen Presse eröffnete Kampagne der KPM gegen Victor Serge, Julián Gorkin und Marceau Pivert. Serge hatte drei Jahre in sowjetischen Gefängnissen verbracht und war mit knapper Not nach der Intervention von André Gide und Romain Rolland entkommen. Gorkin war schon während des Spanischen Bürgerkriegs als Führer der POUM vom NKWD verfolgt worden, seinen Genossen Andrés Nin hatte dieser schon ermordet. Pivert war ein französischer Linkssozialist. Die drei begründeten das Centro Cultural Ibero-Mexicano und sammelten anarchosyndikalistische und andere sozialistische Kreise um sich, was für die KPM eine gefährliche Herausforderung darstellte. Außerdem wollten sie das Attentat auf Trotzki objektiv klären. Die KPM eröffnete ein mediales Trommelfeuer mit Attributen wie Falangisten, Nazi-Agenten, Mitglieder der »Fünften Kolonne« Hitlers, mit einem Wort: Trotzkisten. Dies jedoch war keiner von ihnen, einzig Serge hatte um 1927 der linken

Gustav und Mieke Regler 1941 in Mexiko-Stadt

Opposition um Trotzki angehört, bis auch er sich von ihm abwandte. Regler fand hier neue Gefährten, der Anlaß zur Entladung seiner aufgestauten Aggressionen sollte kommen: Im Publikum erlebte er im Juli 1941 André Simones Auftritt vor den versammelten Gewerkschaften. Noch in derselben Nacht verfaßte Regler ein haßerfülltes Pamphlet, bei dem sogar Mordgelüste aufblitzen. Simone wird darin vorgeworfen, ein verschlagener Demagoge im Dienste seines Herrn im Kreml zu sein, sein Publikum zu verachten und deshalb auch dessen Rache zu fürchten, seine Ziele durch geschickt gesteuerte Konversation, Verleumdungen, Intrigen und Bestechung zu verfolgen, sogar seinen Freunden zu mißtrauen, sie notfalls zu verraten. Etwa zu Weihnachten 1941 erschien die erste Nummer der von Serge und Gorkin gegründeten Zeitschrift *Análisis*, in welcher der mit »El observador d'Artagnan« gezeichnete Angriff Reglers auf Simone erfolgte. Die Attacke anonym zu reiten, war in höchstem Maße ungeschickt, denn Regler begab sich damit selbst ins Zwielicht, und die Gruppe um Simone durchschaute sehr schnell das Pseudonym. Nicht zuletzt deswegen, weil Anfang Januar 1942 in der angesehenen New Yorker Zeitschrift *The New Republic* ein gezeichneter Leserbrief Reglers erschien, in welchem er sich an der Diskussion um die eventuelle Bildung einer deutschen Exilregierung beteiligte. Simone wird darin nur am Rande erwähnt, jedoch als »zynische rote Goebbels-Kopie« bezeichnet, worüber sich etwa Hubertus Prinz zu Löwenstein in einem Brief an Kurt Rosenfeld entsetzt äußerte.

Nach ihrem Abfall vom Kommunismus haben Manès Sperber mit *Zur Analyse der Tyrannis* und Arthur Koestler mit *Sonnenfinsternis* Schlüsseltexte zur Erfassung der Ereignisse dieser Jahre geschaffen, sie entlarven das System. Sie gehörten mit Regler zu einer Generation, die nicht schon in den Schützengräben des Ersten Weltkriegs, sondern erst zehn Jahre später angesichts des aufsteigenden Faschismus Kommunisten geworden waren, weshalb ihnen die Loslösung viel leichter fiel. Auch wenn Regler im Kern seiner Polemik nicht unrecht hat, bei ihm verkommt die Angelegenheit zur Schlammschlacht gegen den ehemaligen

Vorgesetzten. Über seine eigene Rolle als dessen williges Werkzeug verliert er kein Wort, neben der Entrüstung dürfte auch der Neid auf den Erfolgreicheren eine Rolle gespielt haben. Im FD vom Januar 1942 ätzte Kisch, daß Regler sich von seinen Büchern dadurch unterscheide, daß letztere nicht verkäuflich seien. Als nächstes kam es zu einer Koproduktion zwischen der KPD-Gruppe und Lombardo Toledano, schließlich wurde indirekt auch dessen Ansehen durch Regler untergraben, war er es doch, der Simone bei der fraglichen Versammlung eingeladen und vorgestellt hatte. Anfang Februar 1942 erschien in *El Popular* eine von Rudolf Feistmann, Georg Stibi, Paul Krautter und Paul Hartmann unterzeichnete Erklärung, wonach Regler sie und andere Kommunisten in Le Vernet beim französischen Geheimdienst verraten hätte. Auch andere mexikanische Zeitungen erweiterten daraufhin ihre Kampagne gegen Serge, Pivert und Gorkin um den Namen Regler. Im FD erschien im Februar 1942 der Artikel *Ein Held unserer Zeit* von Kisch, in dem er die Verleumdungen übernimmt und erweitert. Ob er sie glaubte, bleibt dahingestellt, doch Kisch hatte seinem Freund Regler bis zuletzt die Treue gehalten. Noch in Paris hatte er Arthur Koestler gegenüber Alexander Abusch und dessen Vorwurf der ideologischen Verfehlungen verteidigt. Nun mußte Kisch sich der eigenen Gruppe gegenüber deklarieren. Seine Verbitterung gegen Regler und sein Mitwissen um Simone trieben den großen Literaten dazu, eine schäbige Attacke mit einer ebensolchen zu vergelten und der politischen Intrige die Trommel zu schlagen. Sie bleibt der moralische Tiefpunkt seines an Höhepunkten reichen Lebens. Es dürfte eine letzte, vermutlich lautstarke Begegnung zwischen Kisch und Regler gegeben haben, beider enttäuschte Liebe zueinander war ins Gegenteil umgeschlagen, was sich in verstreuten Äußerungen bis nach dem Krieg fortsetzte. Doch die Affäre sollte noch weiter eskalieren und sich fast zu einem diplomatischen Konflikt ausweiten: Zuerst gaben Arthur Koestler und Paul Willert eine Ehrenerklärung für Regler ab, kurz darauf bekräftigte ein Redaktionsmitglied des Magazins *The Nation* den Angriff gegen André Simone, was mit einem defensiven Leserbrief beantwortet wurde, unterzeichnet von Kisch, Seghers, Renn, Pablo Neruda, sowie Lombardo Toledano und sieben seiner Parlaments-Abgeordneten. Anfang Februar 1942 traf bei Ávila Camacho eine Petition ein, das Leben der attentatgefährdeten Reglers zu schützen. Unterzeichnet war diese von 222 prominenten Liberalen, Sozialisten und Gewerkschaftern aus den USA, darunter Thomas Mann, André Breton, Dorothy Thompson, Varian Fry und John Dos Passos. Der Schuß gegen Regler war also gehörig nach hinten losgegangen, das Ansehen der BFD in den USA äußerst ramponiert. In Mexiko jedoch distanzierte sich der Vorstand der LPCA von seinem Mitglied Regler, der daraufhin mit einer Gruppe von Vertrauten den Austritt verkündete. Im Mai 1942 gaben Regler, Serge, Gorkin und Pivert die dokumentarische Broschüre *La GPU prepara un nuevo crimen* heraus, in dem sie die Ereignisse der vergangenen Monate darstellten. Mit dem selbstverfaßten Flugblatt *Regler über jenen Regler* erschien eine weitere Rechtfertigungsschrift. Während dieser sich danach völlig aus der Politik zurückzog, bildeten Serge, Gorkin und Pivert die Bewegung Socialismo y Libertad, welche sich ab Juni 1943 mit der Herausgabe der Zeitschrift *Mundo* konsolidierte. Nach Überwindung der krisenhaften Monate fand Regler Anschluß an den Freundeskreis der in Mexiko lebenden Surrealisten, was auch seinem Werk eine neue Richtung verleihen sollte. Eine intensive Auseinandersetzung mit Archäologie und präcortesianischer Geschichte Mexikos, mit Botanik, Geologie und Landeskunde kennzeichnet seinen weiteren Weg. Es war eine Absage an jede Form der »realistischen Kunst« und Hingabe an eine vom Kosmos des Dschungels inspirierte Sprachsuche.

André Breton lebte seit Ende 1939 wieder in New York; von seiner Faszination erfaßt oder von Varian Frys Fluchthilfe in Marseille gerettet, waren in Mexiko zahlreiche Mitglieder aus seinem Gefolge geblieben, so die Dichter Benjamin Péret und César Moro, außerdem etliche Maler, darunter Leonora Carrington und Gordon Onslow-Ford, der Mexikaner ungarisch-deutscher Abstammung Gunther Gerzso, der Katalane Esteban Francés sowie die Österreicher Wolfgang Paalen und seine Frau Alice

Rahon.[2] Vor allem zu letzteren fand Gustav Regler engen Kontakt. Wolfgang Paalen (1905 – 1959) hatte schon im Alter von 20 Jahren seine erste Ausstellung in der Berliner Sezession eröffnet, im selben Jahr übersiedelte er nach Paris, wo sein eigentlicher Aufstieg mit weiteren vielbeachteten Ausstellungen begann; zum großen Durchbruch wurde jene 1936 in der Galerie Pierre, an deren Eröffnung u. a. Pablo Picasso, Wassily Kandinsky, Max Ernst, Man Ray, Joan Miró, Hans Arp und André Breton teilnahmen, im selben Jahr waren Paalens Bilder im New Yorker Museum of Modern Art zu sehen. Das Jahr 1938 brachte den Höhepunkt und zugleich das Ende seiner künstlerischen Präsenz in Europa. Im Rahmen der Exposition Internationale du Surréalisme widmete deren Organisator André Breton dem österreichischen Künstler eine Einzelausstellung in der Galerie Renou et Colle und äußerte sich im dazugehörigen Katalog euphorisch. Paalen war ein Multistilist und suchte immer wieder, neue theoretische, technische und thematische Einflüsse zu verarbeiten. Im Mai 1939 schiffte er sich nach New York ein, begleitet von seiner Frau, der Malerin Alice Rahon, und einer Freundin, der Schweizer Industriellentochter und Fotografin Eva Sulzer. Eine Studienreise zu indigenen Stämmen führte sie von Alaska aus die kalifornische Küste hinunter. Einer Einladung von Diego Rivera und Frida Kahlo folgend, ging es weiter nach Mexiko, wo sie 1940 die Exposición Internacional del Surrealismo organisierte, hierbei wurden Werke von etwa 50 Künstlern neben altmexikanischen Objekten wie Totems, Masken und Keramiken gezeigt. Paalen selbst wurde als Repräsentant Österreichs angeführt, das bereits von der Landkarte verschwunden war. Vom Kriegsausbruch überrascht, beschloß das Trio Paalen-Rahon-Sulzer in Mexiko zu bleiben, zumal sich hier die internationale Künstlergruppe im Umfeld des Surrealismus etabliert hatte. Diese hielt strikten Abstand zum organisierten Kulturleben des Exils um HHK und BFD, das sie als stalinistisch bezeichneten, bei wechselseitigen Störaktionen kam es mitunter zu Handgreiflichkeiten. Die wenigen Berührungspunkte dürften Paul Westheim und der Sammler Kurt Stavenhagen gewesen sein. Künstlerisch orientierten sich die Surrealisten viel enger an Mexikos Einflüssen als an der Kultur ihrer Herkunftsländer. 1942 überwarf sich Paalen für einige Jahre mit André Breton, da er dessen Konzeption des Surrealismus nicht mehr folgen konnte. Um die eigene Position zu formulieren, gab Paalen im selben Jahr die Zeitschrift *DYN* (von griech.: to dynaton, das Mögliche) heraus, unterstützt von Gordon Onslow-Ford und Eva Sulzer kamen bis 1946 sechs Nummern heraus. Gemeinsam suchten sie einen neuen »potentiellen« Begriff der Wirklichkeit zu erlangen, der sich von allen »Ismen« distanzierte und am »Primitiven« orientierte. Neben Werken altmexikanischer Künstler wurden Arbeiten von Georges Braque und Henry Moore reproduziert, zu den literarischen Mitarbeitern gehörten Henry Miller und Anaïs Nin, aber auch Gustav Regler. In den fünfziger und sechziger Jahren übte DYN in den USA einen gewaltigen Einfluß auf die Kunstszene um Jackson Pollock aus. Das Leitmotiv der Zeitschrift lautet: »All tolitarian tyrannies banished modern art. They are right. For as a vital stimulus to imagination, modern art is an invaluable weapon in the struggle for freedom.« Paalen gab seinen in Mexiko geschaffenen Werken Titel wie *Kosmogonien* und *Unbegrenzter Raum* und bezeichnete sie als »Totemic Style«. Dies erhebt Regler in seiner 1946 in New York erschienen Monographie *Paalen* dann zum »Cosmic Style«, aufgrund diverser Mystifikationen war Paalen aber nicht sehr glücklich über das Buch. Außerhalb von Mexiko-Stadt hatte sich Paalen ein Haus mit Atelier eingerichtet, 1947 kam es zur Scheidung der Ehe. Mit einem mexikanischen Paß folgten neue Wanderjahre durch die USA und Europa, doch da er dort keine neue künstlerische Heimat finden konnte, ging er 1954 zurück. Die Heirat mit Isabel Marín aus dem Clan um Diego Rivera 1957 ließ auf ein Zur-Ruhe-Kommen schließen, doch Ende September 1959 setzte Paalen seinem Leben von eigener Hand ein Ende. Nach dem Krieg zerfiel die surrealistische Gruppe, auch wenn 1946 mit Luis Buñuel ein Regisseur von Weltruf als Neuankömmling begrüßt werden konnte, u. a. von seinem Freund Max Aub, dieser in Spanien aufgewachsene Schriftsteller deutsch-französisch-jüdischer Her-

Wolfgang Paalen im Dschungel

kunft schuf den sechsbändigen Romanzyklus *Laberinto Mágico* (Magisches Labyrinth) und andere bedeutende Werke über den Spanischen Bürgerkrieg.

Zurück zu Gustav Regler und den Jahren des Zweiten Weltkriegs: Einen weiteren Freund hatte er im Fotografen Walter Reuter gefunden, der in den zwanziger Jahren für die AIZ gearbeitet hatte, nach dem Spanischen Bürgerkrieg in der Sahara interniert wurde und nun in Mexiko mit seinen Dokumentarfotos und später auch -filmen erfolgreich war.[3] Der neue Freundeskreis konnte Regler ein Gefühl von Geborgenheit vermitteln und dem Werk eine neue Richtung verleihen, doch öffentliche Aufmerksamkeit oder gar Erfolg blieben ihm versagt. 1943 erschienen im Privatdruck die zweisprachigen Gedichtbände *The Bottomless Pit – Der Brunnen des Abgrunds* und *The Hour 13*, ersterer mit Zeichnungen von Mieke Vogeler-Regler, letzterer mit solchen von Alice Rahon. In freien Strophen wird mit der Desillusionierung gerungen und eine pessimistische Weltsicht vermittelt. Auch die Hinwendung zur Nicht-Muttersprache Englisch verweist auf die Suche nach neuen Ufern. Drohend nahte der nächste Schicksalsschlag: Mieke Regler war an Krebs erkrankt, beider ungenügendes Einkommen verhinderte adäquate ärztliche Betreuung. Als das Ende absehbar war, gestalteten ihre Freunde um ihr Krankenzimmer eine Ausstellung ihrer Bilder. An einem Gartenfest nahmen an die vierzig Freunde teil, drei Tage danach verschied sie. Der Abwurf der Atombomben über Hiroshima und Nagasaki war das letzte Ereignis von welthistorischer Bedeutung, dessen Kunde sie vernahm. An ihrem Totenbett standen Victor Serge, Alice Rahon und Gustav Regler. Letztere beide verfaßten die Texte zur Gedenkschrift *Marieluise Vogeler-Regler 1901 – 1945*, die aber nicht von Tod, sondern in lyrischen Worten vom Übergang in einen animistisch inspirierten Seinszustand sprechen. Doch etwa zur selben Zeit erfuhr Regler, daß sein Sohn aus erster Ehe 1942 in München an Diphtherie gestorben war. Inzwischen Besitzer eines mexikanischen Passes, suchte Regler eine neue Bindung, bereits im Januar 1946 heiratete er die US-amerikanische Staatsbürgerin Margaret »Peggy« Paul.

Zusammen investierten sie in ein Turmhaus im Tal Atongo, um die dazugehörige Farm zu revitalisieren und ein Gästehaus zu errichten. Das Landgut umfaßte an die 6 Hektar Boden, mit Mais, Erdnüssen und Bananen bepflanzt, hinzu kamen eine Blumen- und Pferdezucht. Es war dies der äußerliche Rückzug in die mythenumwobene mexikanische Erde, wie sie sich im Werk widerspiegelt. Im Mai 1948 wurde eine kleine Feier mit den Ehrengästen Paul Westheim und Paul Gutmann veranstaltet, bei der Regler seine zuvor in Deutschland erschienenen Bücher präsentierte: In *Amimitl oder Die Geburt eines Schrecklichen* wird die Wanderung der Azteken im 12. Jahrhundert unserer Zeitrechnung als Kampf zwischen männlichem und weiblichem Prinzip gedeutet. Der Oberpriester Amimitl hat durch Mitnahme eines Götterbildes den Stamm gezwungen, ihm auf seiner Wanderung in ein verheißenes Land zu folgen, die ihn darin hindern wollende Oberpriesterin und ihr Gefolge werden durchtrieben entmachtet und gedemütigt. Das Buch endet mit der Entstehung des Menschenopfers durch Herausschneiden des Herzens. Vielfach wurde dem Autor jedoch vorgeworfen, mit dem Erbe der indigenen Mythen zu freizügig und unwissenschaftlich umgegangen zu sein. Das Buch erregte nach seinem Erscheinen ausgerechnet im Saarland Aufsehen, insofern, als Kulturminister Emil Straus es wegen moralischer Verwerflichkeit verbieten lassen wollte.

Ebenfalls aus der Auseinandersetzung mit der neuen Heimat entstand *Vulkanisches Land*, das in erweiterten Fassungen unter dem Titel *Verwunschenes Land Mexiko* und in den Übersetzungen *Terre bénie – Terre maudite* und *A Land bewitched – Mexico in the Shadow of the Centuries* erschien. Die Hommage ist einerseits minutiöse Darstellung der Probleme eines Schwellenstaates, andererseits will und kann sie kein umfassendes Mexiko-Bild vermitteln und bleibt selektiv-fragmentarisch. Indigen-Archaisches wird als wahrhaft eingeboren gegen die Zivilisation verteidigt. In einer Liebesgeschichte scheint Regler einmal mehr seinen inneren Zwiespalt, den Kampf zwischen der Suche nach Glauben und nach Unabhängigkeit zu versinnbilichen. Schlußpunkt seiner politischen Apologien ist die Autobiographie *Das Ohr des Malchus* (1958), die literarisch als der Höhepunkt seines Werkes bezeichnet werden kann und viel über seine Gemütslage aussagt, die aber aufgrund von Selbststilisierungen wenig historisch Verwertbares enthält. Regler wurde 1958 mit dem Kunstpreis des Saarlandes ausgezeichnet, er starb während einer Reise im Januar 1963 in Neu-Delhi und wurde an seinem Geburtsort beigesetzt.

1 Schock 1984, Grund/Schock/Scholdt 1985, Walter 1987, Diwersy, Pohle 1986, Patka 1997
2 Kloyber 1993 und 1994, Hielscher 1992, Kröhnke 1985
3 Cremer/Ketzscher/Kerbs 1990

Zeitschrift und Bewegung »Freies Deutschland«

Die Gründung der Zeitschrift *Freies Deutschland* (FD) und danach des Verlages El Libro Libre im November 1941 bleibt bei allen politischen Fehleinschätzungen im Gleichklang mit Moskau eine heroische Tat von Schriftstellern und Publizisten – Menschen, die ohne zu schreiben nicht leben konnten und daher auch unter widrigsten materiellen Bedingungen ihrem Grundbedürfnis nachkommen mußten. Das Geld für die erste Nummer wurde teilweise bei Lesungen von Kisch, Seghers und Simone eingenommen. Hinzu kamen Spenden und höchstwahrscheinlich auch Kredite von Mitgliedern der jüdischen Emigration. Die Hindernisse waren mannigfaltig: Korrekturfahnen mußten per Straßenbahn quer durch die Stadt gebracht werden, mexikanische Setzer und Drucker verstanden kein Wort Deutsch, daher auch die große Anzahl an Druckfehlern. Der Vertrieb wurde zu Beginn von den Autoren selbst besorgt. Außer an den betagten Heinrich Mann wurden keine Honorare gezahlt, statt dessen bat man immer wieder um Spenden. Von den ersten Nummern erschienen nur einige hundert Exemplare, ab Mitte 1942 dürfte die Auflage bei 4000 Stück gelegen haben. Etwa zur selben Zeit erfolgte die Steigerung von 32 auf 36 Seiten, einzelne Sondernummern hatten bis zu 80. Wie weit das FD Verbreitung fand, ist ungewiß, nach eigenen Angaben waren es bis zu 800 Adressen außerhalb Mexikos, im Impressum werden Buchhandlungen in Lateinamerika, Südafrika, Shanghai, Australien, Schweden, Palästina, Großbritannien, China, Indien und der Sowjetunion angeführt.[1]

Erster Chefredakteur wurde Bruno Frei, die Redaktion war noch ein Provisorium, bestehend aus der KPD-Gruppenleitung und den Schriftstellern Seghers, Kisch und Uhse. Frei wurde schon bei der dritten Nummer im Januar 1942 von Alexander Abusch abgelöst, was er nach geharnischtem Protest akzeptieren mußte. Schließlich war diese Übernahme nur durch Abuschs höhere Position in der Parteihierarchie legitimiert. Frei wurde daraufhin Chefredakteur des wöchentlich erscheinenden, parallel zum FD bis Mitte 1943 herausgegebenen, vierseitigen Informationsblattes *Alemania Libre*, das u. a. an mexikanische Behörden verschickt wurde. Außerdem avancierte Bruno Frei zusammen mit Josef Foscht zum Chefredakteur von *Austria Libre*, ähnlich Leo Katz schrieb er weiterhin im FD, politisch betätigten sie sich aber in der ARAM. Es sollte jedoch nicht die letzte Zurücksetzung gegenüber Abusch bleiben. Dieser (1902 – 1982) war Mitglied der KPD seit ihrer Gründung. Da er sich als drittklassiger expressionistischer Poet erwies, wechselte er ab 1921 zu verschiedenen kommunistischen Lokalzeitungen in Bayern, Thüringen, im Ruhrgebiet, ab 1926 nach Berlin zur *Roten Fahne*. Obwohl davor nicht im Münzenberg-Kreis beheimatet, kam er Ende 1933 gerade noch rechtzeitig nach Paris, um mit Otto Katz an der Herausgabe des *Braunbuches* und mit Bruno Frei an der des *Gegen-Angriffs* beteiligt zu werden. Als Chefredakteur der hektographierten *Roten Fahne* des Exils bewegte er sich in enger Tuchfühlung zur Parteispitze und verfaßte auch Beiträge für andere kommunistische Exilzeitungen. Nach der Internierung von Franz Dahlem und Paul Merker gehörte Abusch 1939 bis 1941 der letzten illegalen Leitung der KPD an, auch er kam nach Le Vernet. In Mexiko war er André Simone in einer Mischung aus Freundschaft und bewunderndem Neid verbunden, diesem dürfte Abuschs Übernahme des FD nicht unrecht gewesen sein. Die Redaktion nahm konkrete Formen an, zu Frei und Uhse kamen Kurt Stern und Rudolf Feistmann hinzu. Letzterer schied im Sommer 1943 aus, um die Leitung der DP zu übernehmen. Nach außen trat als »gerente« (nomineller Lizenzträger) nur Antonio Castro Leal in Erscheinung, der ehemalige Rektor der UNAM. Das Geschäftliche erledigte Albert Callam; den kulturellen Teil redigierte Bodo Uhse; Erich Jungmann und Rudolf Feistmann oblag die Werbung unter den Auslandsdeutschen, bis die DP dies übernahm; Ludwig Renn verfaßte Berichte zur militärischen Lage; die Entwicklung in Südosteuropa beobachteten Leo Katz und Theo Balk; Bruno Frei schrieb über kulturpolitische und österreichische Themen; die »große Weltpolitik« hatten André

Simone und Alexander Abusch für sich reserviert; Paul Merker gab die politischen Richtlinien vor. Als gelegentliche Korrespondeten fungierten Jürgen Kuczynski in London sowie Albert Norden, Alfred Kantorowicz und Albert Schreiner in den USA. Aus Moskau kamen keine Originalbeiträge. Zwar finden sich im Nachlaß von Wilhelm Pieck zahlreiche Exzerpte seiner Mitarbeiter von FD-Artikeln, doch weder Pieck noch irgendein anderer KPD-Politiker in Moskau beantwortete die zuletzt schon flehentlichen Briefe Merkers, sich bezüglich seiner politischen Arbeit zu äußern. Daher blieb dem FD nichts anderes übrig, als auf Radiomitschriften und gedruckte Quellen wie die hin und wieder aus Moskau eintreffende *Internationale Literatur* zurückzugreifen. Zwar kommentierte die FD-Redaktion auch Zeitschriften wie *Aufbau, German-American, Neue Volkszeitung, New Masses, Atlantic Monthly, Books Abroad* sowie US-amerikanische Tageszeitungen, doch die wesentlichen Informationsquellen blieben die mexikanische Tagespresse, die offiziellen Bulletins der Sowjetbotschaft sowie Radio Moskau und die BBC.

Ab der Übernahme durch Abusch zierte ein V-Zeichen das Titelblatt, womit den Westalliierten Bereitschaft zur Zusammenarbeit bis Unterordnung signalisiert wurde. Taktisches Ziel des FD war es, auf amerikanischem Boden eine Fortsetzung des Pariser vorbereitenden Volksfrontausschusses zu bilden, mehr noch, eine deutsche Auslandsvertretung, wenn nicht sogar eine Exilregierung vorzubereiten. Daher wurde schon im ersten Heft ausführlich ein diesbezüglicher Artikel des amerikanischen Journalisten Dan Gillmore zitiert, der sich Heinrich und Thomas Mann sowie Ludwig Renn in diese fiktive Regierung wünschte. Schon hier zeigt sich der maßlose Optimismus, zugleich aber auch die maßlose Überschätzung der eigenen Bedeutung, denn die Entscheidungsgewaltigen in Washington ließen das FD zwar minutiös von ihren Geheimdiensten überwachen, doch das war die einzige Art von Aufmerksamkeit.

Pathetisch wurde in Bruno Freis Leitartikel der ersten Nummer aufgerufen, alle Kräfte gegen Hitler zu mobilisieren. Doch statt einer tatsächlichen Analyse, welche die Mitschuld Moskaus impliziert hätte, flüchtet sich der Autor in den historischen Analogieschluß und bezeichnet Hitlers Krieg als neuen »Hunnenzug«. Gleichzeitig bleiben die verwendeten Begriffe »freie deutsche Volksrepublik« und »starke deutsche Demokratie«, denen sich kaum ein Exilant hätte entziehen können, unkonkret und inhaltsleer. Schon bald sah sich das FD von anderen Exilorganisationen ausgegrenzt, etwa durch die von Albert Grzesinski gegründete und sozialdemokratisch orientierte Association of Free Germans, der u.a. Georg Bernhard, Alfred Polgar, Hermann Kesten und Carl Misch angehörten. Diese lehnte die Zusammenarbeit mit Nazis und Kommunisten gleichermaßen ab und fand deshalb und aufgrund ihrer Lokalisierung in New York weit größeren Zuspruch in Kreisen der bürgerlichen Emigration. Auch mit der dort angesiedelten und vom Sozialdemokraten Friedrich Stampfer geleiteten *Neuen Volkszeitung* kreuzte das FD oftmals die publizistischen Klingen. Auch der in New York erscheinende *Aufbau* war dem FD eher ablehnend gesinnt. Gegenüber sogenannten »Helfern des Nazismus« wie Otto Strasser und Guido Zernatto verschloß sich die BFD prinzipiell. Mit der in Buenos Aires situierten linkssozialistischen Bewegung mit Namen Das andere Deutschland, geleitet vom SAP-Politiker August Siemsen, wurde erfolglos über ein Bündnis verhandelt. Die Folge davon war die Gründung von Zweigstellen der BFD in anderen lateinamerikanischen Staaten, also eine weitere Aufsplitterung des Exilanten-Spektrums. Hervorzuheben ist der Kontakt der BFD zur Schwesterorganisation in Cuba, da dieses in nachbarlicher Nähe lag und mit dem Maler Gert Caden einen ehemaligen Mitarbeiter des Militär-Apparats der KPD als führenden Funktionär hatte. Zwar wurden zu Beginn im FD freundliche Zuschriften aus den USA von Thomas Mann, Lion Feuchtwanger, Ferdinand Bruckner, Bruno Frank, Oskar Maria Graf, William Dieterle und Albert Bassermann abgedruckt, doch als permanente Mitarbeiter konnten sie nicht gewonnen werden. Aufgrund der Prominenz ihrer Autoren übernahm das FD Artikel in Übersetzung aus anderen Zeitschriften, doch deutsche Exil-Autoren in anderen amerikanischen Ländern kamen nicht bleibend zu Wort, ebensowenig lateinamerikanische Autoren. Die eigentliche Redaktion in Mexiko blieb unter sich. Insgesamt zwischen 60 und 80 Artikel schrieben Paul Merker, Ludwig Renn und Alexander Abusch, danach folgte eine mittlere Gruppe mit zwischen 30 und 50, bestehend aus Egon Erwin Kisch, F. C. Weiskopf, Erich Jungmann, Paul Mayer, Anna Seghers und André Simone, in der zwischen 10 und 30 sind Theodor Balk, Heinrich Mann, Lion Feuchtwanger, Ferdinand Bruckner, Alfred Kantorowicz, Leo Katz, J. R. Becher, Paul Westheim, Thomas Mann, Albert Norden, Jürgen Kuczynski und Oskar Maria Graf vertreten. Weniger als zehn Artikel wurden von Berthold Viertel, Ernst Bloch, Balder Olden, Leo Zuckermann, Kurt Rosenfeld, Hubertus Prinz zu Löwenstein, Albert Bassermann, Bruno Frank, Theodor Plievier, Paul Tillich, Günther Anders, Paul Zech, Erich Arendt, Vicente Lombardo Toledano und Pablo Neruda gedruckt.

Als großer Erfolg wurde der Zusammenschluß der Länderkomitees beim Gründungskongreß des Lateinamerikanischen Komitees der Freien Deutschen (LAK) am 8. und 9. Mai 1943 gefeiert. Als nominelle Mitglieder des Ehrenpräsidiums konnten Heinrich Mann (USA), Balder Olden (Argentinien), Kurt Rosenfeld (USA), Hubertus Prinz zu Löwenstein (USA) und Karl von Lustig-Prean (Brasilien) gewonnen werden, als einziges KPD-Mitglied Anna Seghers. Auch wenn alle Gremien überparteilich besetzt waren, die deutschen Kommunisten in Mexiko saßen in den entscheidenden Positionen, Ludwig Renn fungierte als amtierender Präsident, Paul Merker und Henriette Begun als Sekretäre. Doch anläßlich des Kongresses distanzierten sich die amerikanische und die britische Regierung von den Bündnis-Avancen der BFD bzw. von ihrem selbsterhobenen Anspruch, für das deutsche Exil zu sprechen. Der Tod Kurt Rosenfelds Ende 1943 und der etwa gleichzeitig erfolgte Rücktritt von Löwenstein und Lustig-Prean ließen das Kartenhaus LAK zusammenstürzen, obwohl es formell weiterexistierte.

Inzwischen waren aber auch die deutschen Genossen in Moskau aktiv geworden und hatten im Juli 1943 das Nationalkomitee »Freies Deutschland« (NKFD) gegründet, die operative Leitung lag bei Walter Ulbricht, im September wurde die Gründung des Bundes Deutscher Offiziere verkündet. Dazu gab es bereits eine eigene Zeitung, die ebenfalls *Freies Deutschland* hieß – doch die Umrandung des Titelblattes war in schwarz-weiß-rot gehalten. Das LAK beeilte sich, telegraphisch eine Übereinstimmung der Prinzipien der beiden Organisationen in Mexiko und Moskau zu deklarieren. Doch im dortigen *Freien Deutschland* fand sich bald darauf eine redigierte Fassung, in der von Unterordnung die Rede war. Als die Nummer über die sowjetische Botschaft nach Mexiko gelangte, wurde sie von Merker konfisziert. Er dürfte das Menetekel erkannt haben, doch der Sommer 1943 gab genügend Anlaß zum Feiern, da sich die BFD nach dem LAK-Kongreß in Mexiko entscheidend konsolidierte. Der Bildhauer Heinrich Hofmann-Isenburg hatte sein Atelier gestiftet, das als Haus der Freien Deutschen am 15. August 1943 eingeweiht wurde. Hierher übersiedelten die Büros von BFD und die Redaktion von FD, ebenso die der zu diesem Zeitpunkt erstmals erscheinenden *Demokratischen Post* (DP). Diese war als Lokalblatt konzipiert und sollte nicht zuletzt unter den Auslandsdeutschen wirken, die dem Blatt aber sehr bald den Namen »Demokratische Pest« gaben, lediglich von der bürgerlichen Emigration finden sich etliche Artikel. Geleitet wurde die DP von Rudolf Feistmann und Hans Marum, sie beinhaltete Rezensionen der Aktivitäten von HHK, BFD und ARAM, Artikel über mexikanische Kulturgeschichte sowie unzählige Inserate der von Exilanten gegründeten Geschäfte. Die politischen Leitartikel schrieben Paul Merker, Erich Jungmann, Ludwig Renn und Walter Janka. Den Literaturteil gestaltete wie im FD zumeist Bodo Uhse.

Problematisch für den theoretischen Gehalt von FD und DP war von Anfang an die kritiklose Übernahme der 1935 von Georgi Dimitroff geäußerten Thesen zum Faschismus, wonach Hitler das Produkt der »Reichswehr und der Trustherren« sei. Daß es mit Generalität und Industrie mitunter erhebliche Spannungen gab, daß dieses »Kind« sich inzwischen abgenabelt und etwas qualitativ Neues erwütet hatte, wurde ignoriert. Das FD ist gekennzeichnet durch zahlreiche politische Fehleinschätzungen und die Unterordnung in allem, was die Interessen der Sowjetunion in diesem Krieg betraf. Man betrachtete mythisch verklärte Begriffe wie »Arbeiterklasse« und »Proletariat« als monolithische Größen und gesellschaftspolitische Realität, woran die gesamte Faschismusanalyse krankte. Außerdem wußten die deutschen Kommunisten in Mexiko, daß Moskau einmal Rechenschaft verlangen würde, und da wollten sie in Sachen Loyalität und Siegesgewißheit als Musterschüler dastehen. Andererseits mußte auf die Befindlichkeiten der West-Alliierten Rücksicht genommen werden. Vielfach kam man in Argumentationsnotstand, die Identität von deutschem Volk und dem NS-Regime zu verneinen, denn die immer wieder prognostizierte Erhebung bzw. Revolution des Volkes trat nicht ein, noch bei der Schlacht um Berlin starben an die 300 000 Rotarmisten. Das Attentat auf Hitler vom 20. Juli 1944 wurde im FD heruntergespielt, weil dieses von den verhaßten Offizieren unter Mithilfe von Bürgerlichen sowie einem Kontaktmann der Sozialdemokraten verübt wurde, jedoch kein einziger Kommunist involviert war. Laut FD waren jedoch hauptsächlich illegale KPD-Zellen der Motor des geeinten Widerstands. Dies wurde durch Korrespondenten- und Illegalenberichte, deren Authentizität weder damals noch heute überprüfbar war bzw. ist, immer wieder erhärtet. Tatsächlich jedoch blieben die Vorgänge in Deutschland und die Stimmung im Volk die große Unbekannte. Doch immer wieder war von Sabotage und Verbrüderung mit Zwangsarbeitern, von Antikriegsparolen auf Wänden und Toiletten die Rede, vielfach bildete der Wunsch hier den Vater des Gedankens. Ähnliches findet sich auch in der Zeitschrift der Österreicher, dem *Austria Libre*. Dieser revolutionäre Optimismus kam als Folge von geistigem Überlebenskampf und damit einhergehender Verdrängung der Realität und deren Ersetzung durch eingelernte Erklärungsmuster zustande. Besonders Abusch und Simone verfaßten Stalin-Huldigungen und rühmten dessen »weise Voraussicht« anläßlich der Moskauer Prozesse und des Paktes mit Hitler. Genüßlich wurden gleichlautende Meldungen westlicher Politiker zitiert, etwa Stafford Cripps oder Edouard Herriot, vor allem aber das Buch *Mission to Moscow* (1941) des ehemaligen US-Botschafters in Moskau, Joseph E. Davies. Dieser hatte die Moskauer Prozesse im Gerichtssaal erlebt und nannte sie als Grund dafür, daß es in der Sowjetunion keine »Fünfte Kolonne« Hitlers gebe. Das Buch war im Dezember 1941 erschienen, und sogar Thomas Mann nannte es »wichtig und eindrucksvoll«. Die USA hatten große Schwierigkeiten, ihren eigenen Bürgern das Bündnis mit Stalin zu erklären, daher wurde eine regelrechte »Good Uncle Joe«-Kampagne eröffnet. Das Verhältnis der Alliierten untereinander war also keineswegs so gut, wie das FD es darstellte. Lange Zeit bildete die Errichtung einer Zweiten Front gegen Hitlers Wehrmacht die zentrale Forderung des FD. Erst diese könne eine sich aufstauende Rebellion in Deutschland zum Ausbruch bringen, zudem würde sie den Krieg verkürzen und Menschenleben retten. Nun war dies zwar richtig, doch die Westalliierten bezogen hier einen ganz gegenteiligen Standpunkt: während in den Konzentrationslagern täglich Menschen ermordet und auf den Schlachtfeldern in der Sowjetunion Ressourcen für Jahrzehnte verschlissen wurden, suchten die USA und England ihren Beitrag zum Krieg so lange wie möglich hinauszuzögern, um die eigenen Verluste geringer zu halten.

In den Jahren 1942/43 klammerte sich das FD an die Atlantic-Charta, welche die Selbstbestimmung der Völker und die Unabänderlichkeit der Vorkriegsgrenzen beinhaltet. Merker selbst ereiferte sich gegen Industrie-Demontagen, da dies die Grundlagen einer kommenden deutschen Demokratie im Keime zerstören würde. In dieser Zeit entstanden die klarsichtigsten Analysen. Schon im Januar 1943 war jedoch auf der Konferenz von Casablanca die Forderung nach bedingungsloser Kapitulation Deutschlands verankert worden. Auf der Konferenz von Teheran im Dezember 1943 wurden Gebietsabtrennungen im Osten Deutschlands thematisiert. Mit etlichen Drehungen und Wendungen schwenkte das FD auch auf diesen neuen Kurs ein. Dies führte zum Bruch mit den Mitarbeitern Ernst Bloch und

Prinz zu Löwenstein. Eine Teilung Deutschlands wurde vom FD allerdings vehement abgelehnt. Eisern klammerte man sich an Stalins Diktum: »Die Hitler kommen und gehen, das deutsche Volk aber bleibt.« Ein großes Verdienst des FD ist ohne Zweifel die Ablehnung der damals in zahlreichen Medien grassierenden Antigermanismus- und Kollektivschuld-Thesen. Anfang 1945 kam es deswegen zwischen Merker und dem in London exilierten Genossen Wilhelm Koenen zu einer erbitterten Konfrontation im FD.[2]

Vor allem die Schriftsteller im FD verwiesen unablässig auf das andere, das geistige, das bessere Deutschland. Die logische Konsequenz daraus war, die in deutschem Namen begangenen Verbrechen am Judentum einzugestehen. Doch Anteilnahme am Schicksal des Judentums hatte in der KPD keine Tradition, noch weniger in Moskau. Credo in der »Judenfrage« war ein Artikel Stalins von 1913 zur Nationalitätenfrage, wonach sich eine Nation durch gemeinsame Sprache, Kultur, Ökonomie und Territorium definiere – dem Volk der Diaspora wurde dies nicht zuerkannt.[3] Somit wurden in der Sowjetunion die jüdischen Gemeinden aufgelöst, die Religionsausübung und die hebräische Sprache sowie die Drucklegung der Bibel verboten, der jüdisch-proletarische Bund infiltriert und in die Spaltung getrieben. Der Zionismus war in der Sprachregelung der Partei eine national-religiöse und somit eine dem Internationalismus entgegengesetzte Kraft. Andererseits standen in der Sowjetunion auf offenen Antisemitismus schwere Strafen, die auch exekutiert wurden – und das war weltweit einzigartig. Um die Assimilation der Juden an die sowjetische Gesellschaft voranzutreiben, kam es zu einer ideologisch motivierten Förderung von Presse, Literatur und Theater in jiddischer Sprache. Doch schon aufgrund der Sozialstruktur entstanden schwerwiegende Konflikte, denn nur eine Minderheit der Juden waren Arbeiter oder gar Bauern, ein Großteil lebte von Handwerk, Kleinhandel oder als Angestellte. Parteitreue Juden konnten in Wissenschaft, Diplomatie und Militär durchaus Karriere machen, denn es war Stalins Kalkül, ihre Talente zur Heranbildung einer russischen Elite sowie als

Aushängeschild im Westen zu nutzen. Ab 1924 versickerten Unmengen von US-Dollars in ein jüdisch-landwirtschaftliches Projekt in der Ukraine, doch nachdem die russische, ukrainische und tatarische Bevölkerung sich dem weiteren Zuzug von Juden widersetzte, wurde ab 1927 von der dafür gegründeten Organisation namens Gesard das Projekt Birobidshan weltweit propagiert. Das entlegene Gebiet in Sibirien wurde vom Kreml als jüdisches Siedlungsgebiet auserkoren, tatsächlich wollte man chinesischen Territorialansprüchen entgegentreten und die klimatisch unvorteilhafte Provinz urbar machen. Obwohl 1934 die Autonome Republik Birobidshan ausgerufen wurde, blieb das Projekt von Anfang an eine Totgeburt. Bei den Moskauer Prozessen 1936 bis 1939 waren mit Lev Kamenew und Grigorij Sinowjew an der Spitze fast zwei Drittel der Angeklagten verdiente Genossen jüdischer Herkunft. Für 1937 war ein Künstlerprozeß geplant, schon hier kamen Sergej Eisenstein und Solomon Michoëls erstmals ins Visier, doch Stalin brauchte sie noch. Der Hitler-Stalin-Pakt wirkte besonders für kommunistische Juden traumatisch, hatte das Nazireich doch ihrem Volk den Vernichtungskrieg erklärt. Im Jahr 1940 wurden in Moskau die jüdischen Künstler Isaak Babel, Wsewolod Meyerhold und Michail Kolzow erschossen. Auch in der Geschichte der KPD finden sich antisemitische Phasen, so hatte etwa Ruth Fischer 1923 unter völkischen Studenten Unterstützung gesucht. Ein Artikel der *Roten Fahne* nach dem Novemberpogrom 1938 blieb die einzige explizit projüdische Äußerung der Parteispitze. Während des Zweiten Weltkrieges wurde die Shoa in der Sowjetunion totgeschwiegen. Obwohl Juden in allen militärischen Einheiten reich dekoriert bis in die höchsten Ränge aufstiegen, wurden im Hinterland Gerüchte über die »Feigheit der Juden« gestreut. Ilja Ehrenburg wollte dem mit einem *Rotbuch* entgegentreten, was ihm untersagt wurde. Als 1945 in der *Prawda* ein erschütternder Artikel über Auschwitz und die ermordeten Insassen aller Nationen berichtete, erwähnte sie die Juden mit keinem Wort, denn die bildeten nach offizieller Lesart keine Nation.

Die offene Anteilnahme kommunistischer Mitglieder der BFD

jüdischer Herkunft am Schicksal ihrer aus »rassistischen« Gründen verfolgten, vertriebenen und vernichteten Leidensgenossen bleibt somit eine in der Geschichte der KPD einzigartige und anerkennenswerte Leistung. Die führenden Köpfe dabei waren Leo Katz, André Simone, Egon Erwin Kisch, Leo Zuckermann und Rudolf Feistmann, als Nicht-Kommunisten Paul Mayer, Paul Westheim und Ernst Römer, und als einziger Nicht-Jude Paul Merker. Von den etwa 100 KPD-Mitgliedern in Mexiko waren ca. 60 jüdischer Herkunft, man könnte von einem einzigartigen Fall sprechen, in dem eine Jüdische Sektion die Mehrheit stellte. Ihre Anteilnahme bewirkte auch den lokalen Erfolg der BFD, die an die 300 Mitglieder in der jüdischen Emigration werben konnte. Für diese war ihre Vertreibung ein endgültiger Bruch mit der Vergangenheit, hatte ihnen die Nazi-Propaganda doch jahrelang ihr Deutschtum abgesprochen. Sie plädierten für Assimilation im neuen Gastland oder Aufbruch in einen zu gründenden jüdischen Staat, Remigration war für sie kein Thema. Das erste FD-Heft trug auf der Titelseite Worte des Propheten Jesaja (14,16): »Wer Dich sieht, wird Dich schauen und betrachten und sagen: Ist dies der Mann, der die Welt zittern und die Königreiche beben machte?« Im Heft befindet sich Anna Seghers' anonymer Essay *Deutschland und wir.* Sie kritisiert die falsche Einschätzung des Nationalgefühls durch die Linke, da der Faschismus in diese Leerstelle vorstoßen konnte. Für die Entfaschisierung des deutschen Volkes sei daher die Einheit des sozialen und nationalen Bewußtseins zu erringen, und jeder deutsche Antifaschist werde bei diesem Prozeß mithelfen. Ohne sie explizit zu nennen, wurden die Juden hier als Deutsche und Antifaschisten angesprochen. Außerdem erschienen in dieser Nummer ein Artikel Bodo Uhses, betitelt *Der Pogrom geht weiter,* und ein aus dem Russischen übersetzter Situationsbericht *Leningrad und die Juden.* In den folgenden Nummern erschienen *Das Rätsel der jüdischen Indianer* (Nr. 2) von Kisch und *Antisemitismus als Barometer* (Nr. 3) von Leo Katz. Kontraproduktiv wirkten Versuche, den offenen Antisemitismus in Deutschland herunterzuspielen, wie in der angeblichen Zuschrift *Ist das deutsche Volk antisemitisch?*

(Nr. 2) und in Abuschs erstem Artikel *Der gelbe Stern und das deutsche Volk* (Nr. 3).

Doch zu einer offenen Diskussion fehlte noch der Mut.[4] Die erlösenden Signale kamen schließlich aus Moskau: Bereits im August 1941 hatten dort jüdische Organisationen bei einer öffentlichen Kundgebung zur Gründung eines Jüdisch-Antifaschistischen Komitees (JAFK) aufgerufen, die prominentesten Redner dabei waren der Starschauspieler und Theaterdirektor Solomon Michoëls, der Schriftsteller Ilja Ehrenburg, der Regisseur Sergej Eisenstein und der deutsche Schriftsteller Theodor Plievier. Im Dezember 1941 kam es zur Gründung des JAFK, führender Kopf war Solomon Losowskij, zu diesem Zeitpunkt Stellvertreter von Außenminister Molotow und Direktor des Sowjetischen Informationsbüros. Im Mai 1942 wurde das JAFK bei einer weiteren Großkundgebung der Öffentlichkeit präsentiert, Michoëls richtete einen leidenschaftlichen Appell an seine Brüder und Schwestern in aller Welt, den Kampf der Roten Armee finanziell zu unterstützen. Unter den darin direkt angesprochenen Ländern befand sich auch Mexiko. Als eigenes Flugblatt druckte das FD im Juni 1942 den Hilferuf des JAFK, in dem ausführlich und überaus pathetisch die Heldentaten der Juden in der Roten Armee gerühmt werden: »Unter dem heiligen sowjetischen Blute, welches für die Befreiung des Vaterlandes vergossen wurde, ist auch unser jüdisches Blut.« Im Oktober 1942 sah sich Merker als politischer Leiter zu der prinzipiellen Absichtserklärung *Hitlers Antisemitismus und wir* ermächtigt. Der Artikel beginnt mit Egon Erwin Kischs Paraphrase eines berühmten talmudischen Textes: »Wenn alle deutschen Flüsse Tinte und alle deutschen Wälder Federstiele wären, so würden sie nicht ausreichen, um die unzähligen Verbrechen zu beschreiben, die der Hitlerfaschismus gegen die jüdische Bevölkerung begangen hat.«[5] Merkers Kernthese ist klassisch kommunistisch, nur eine klassenlose Gesellschaft könne die »Judenfrage« zufriedenstellend lösen. Doch bezüglich der Gegenwart bekennt er sich zur Mitverantwortung des ganzen deutschen Volkes, das sich dem blinden Rassenantisemitismus nicht widersetzt hatte. Außerdem

Paul Merker, politischer Leiter des kommunistischen Exils in Mexiko

plädiert Merker für eine Remigration der Vertriebenen und unabhängig davon für materielle Wiedergutmachung. Als letzten und größten Tabubruch nennt er die Schaffung eines jüdischen Nationalstaates als aktuelles internationales Problem, das aber nur eine kommende Friedenskonferenz erörtern könne. In einer Nachschrift verteidigt er sich nur schwach gegen den Vorwurf, daß nach seinen Ideen auch jüdisches Großkapital restituiert werden müßte. Dies sollte Jahre später Teil der Anklageschrift gegen ihn werden. Außerdem entwickelte er den Gedanken, ein politischer Widerstandskämpfer sei schon durch Hitlers Ende entlohnt und könne daher keine materielle Entschädigung erwarten. Etliche Solidaritätsschreiben wurden an jüdische Organisationen geschickt, zwar blieb der Vorstand der umworbenen Menorah und CCI reserviert, doch immer mehr ihrer Mitglieder nahmen am kulturellen Leben des HHK teil und vice versa.

Wer war nun dieser Paul Merker (1894 – 1969)? Er entstammte einer protestantischen Arbeiterfamilie und schlug sich nach der Volksschule als Hausdiener, Kellner und Steward auf Luftschiffen durch. Der Erste Weltkrieg brachte ihn an die Front gegen Bulgarien und Frankreich, noch als Soldat schloß er sich der USPD an, wobei es zu einem langanhaltenden Konflikt mit Otto Rühle kam. 1920 der KPD beigetreten, engagierte sich Merker bald in der Gewerkschafts-Abteilung, deren Leitung er 1925 übernahm. Da er innerparteilich zur Gruppe um Ernst Thälmann gehörte und somit auch die Stalinisierung der Partei mittrug, avancierte er gleichzeitig zum Mitglied in ZK und Politbüro sowie zum Mitglied des preußischen Landtages. Bei Reisen in die Sowjetunion und Besuchen von Kongressen der Roten Gewerkschafts-Internationale hatte Paul Merker Mitte der zwanziger Jahre Solomon Losowskij kennengelernt, mit dem ihn bald eine enge Feundschaft verband. In seinem Auftrag ging er von 1931 bis 1933 als Berater von Earl Browder in die USA, innerparteilich war Merker in Ungnade gefallen. Nach dem Reichstagsbrand meldete er sich freiwillig zum subversiven Dienst in Deutschland, dank dieser Bewährung wurde er wieder zu höheren Diensten berufen. Nach der Teilnahme am 7. Kongreß der KI Mitte

1935 in Moskau gehörte Merker zusammen mit Walter Ulbricht und Franz Dahlem zur Leitung des Auslandssekretariates der KPD in Paris. Obwohl Merker sich stets als scharfer Gegner der Sozialdemokratie profiliert hatte, wurde er Ende 1938 nach dem Ausscheiden Ulbrichts aus dem Volksfront-Ausschuß dessen enthusiastischer Nachfolger, dies nicht zuletzt aufgrund seiner daraus resultierenden Freundschaft mit Heinrich Mann. Nach zwei Jahren in Le Vernet gelang die Flucht nach Marseille, von dort mit Hilfe von Gilberto Bosques, Noël Field und dem jüdischen HICEM über Casablanca nach Mexiko – auf dem letzten Schiff und unter Verwendung eines falschen Namens. Seine Freundschaft zu Earl Browder hätte phantastische Kontakte in die USA bedeuten können, doch dieser wurde nach dem Hitler-Stalin-Pakt unter einem Vorwand bis Mai 1942 inhaftiert. Nach seiner Freilassung entwickelte Browder eine aus seinem ideologischen Eigenweg resultierende Gesprächsbereitschaft zu einem großen Spektrum von Politikern, die ihn immer mehr vom klassischen Marxismus und von Stalins Alleinherrschaftsanspruch entfernten. Im Frühjahr 1945 wurde Browder aus der KPdUSA ausgeschlossen. In deren Zeitschrift *New Masses* konnten insbesondere Simone, Frei und Balk Artikel unterbringen. Mitte Mai 1943 wurde hier in einer einseitigen redaktionellen Anzeige die regelmäßige Mitarbeit der renommierten europäischen Autoren Alexander Abusch, Bruno Frei, Egon Erwin Kisch, Paul Merker, Ludwig Renn, André Simone und Bodo Uhse angekündigt – doch dazu kam es nicht, denn unmittelbar darauf hatte Stalin kommentarlos die KI aufgelöst, um die Zweifel der West-Alliierten an seiner Bündnistreue zu zerstreuen, galt die KI doch als Instrument der Weltrevolution. In jedem Fall löste dieser neuerliche Kurswechsel Stalins unter den altgedienten KI-Mitarbeitern in Mexiko uneingestandene Irritationen aus.

Das Eintreffen des sowjetischen Botschafters Konstantin Umanskij dürftn diese wieder zerstreut haben. Dieser hatte Ende 1942 mit dem NKWD-General Pavel Sudoplatov ein offizielles Dossier über die Judenvernichtung in Osteuropa erarbeitet, das dann von Außenminister Molotow auf die Hälfte zusammen-

Solomon Michoëls, Konstantin Umanskij und Egon Erwin Kisch am 19.
August 1943 auf dem Balkon der sowjetischen Botschaft während der Bene-
fizveranstaltung für das JAFK; weitere Ehrengäste waren Paul Merker,
André Simone und Leo Katz

gekürzt in der *Pravda* publiziert wurde. In Mexiko suchte er von Anfang an Kontakte zum ansässigen Judentum. Unmittelbar nach ihm trafen im August 1943 Solomon Michoëls und der jiddische Dichter Itzik Feffer in Mexiko ein, die für das JAFK auf einer Fundraising-Tour durch den amerikanischen Kontinent reisten. Groß war der Jubel bei einem glanzvollen, von 46 jüdischen Organisationen organisierten Festbankett – unter den Ehrengästen waren Umanskij, Kisch, Merker und Renn. Hierbei dürften auch die ersten direkten Kontakte zu zionistischen Gruppen geknüpft worden sein. Außerdem gab es einen Empfang in der sowjetischen Botschaft. Michoëls und Feffer waren im Sommer 1943 die Helden des Antifaschismus, bereits im Juli hatten sie Albert Einstein in Princeton besucht, das Medienecho war gewaltig. Außerdem führten sie mit Billigung des Kremls Gespräche mit zionistischen Funktionären wie Nachum Goldmann, Chaim Weizmann und Steven S. Wise, die allerdings unangenehme Fragen über die Sowjetunion stellten. In Hollywood trafen die beiden Delegierten auf Thomas Mann, Lion Feuchtwanger, Charles Chaplin, Upton Sinclair und Edward G. Robinson; Paul Robeson gab ein umjubeltes Benefizkonzert. Bereits Ende 1942 war in New York das Jewish Council for Russian War Relief ins Leben gerufen worden, das während des Krieges immerhin zehn Millionen Dollar für die Rote Armee sammelte. All das paßte wunderbar zum Programm der BFD, und Merkers Freund Losowskij ließ durch Michoëls seine Grüße überbringen. In Anbetracht der sonstigen Nachrichtenlosigkeit fühlte sich die BFD der Rückendeckung Moskaus versichert.

Die von Merker begonnene Diskussion wurde von Paul Mayer, dem Auslandsdeutschen Kurt Wolter und dem Juristen Leo Zuckermann fortgesetzt. Schon im April 1944 hatte Merker erneut Programmatisches zu Papier gebracht, das jedoch einen defensiven Charakter hatte. Er erklärt die BFD für nicht befugt, in der innerjüdischen Diskussion über die Gestaltung ihrer Zukunft Partei zu ergreifen, vielmehr müsse man Wut, Haß und Mißtrauen verstehen und achten. Es sei die Aufgabe der BFD, am Aufbau eines demokratischen Deutschlands mitzuwirken, das allen Bürgern Sicherheit und Achtung entgegenbringe. Außerdem müsse die BFD eine jüdische Staatsgründung als berechtigt anerkennen, demnach sei es kein Widerspruch, wenn BFD-Mitglieder jüdischer Herkunft bei zionistischen Organisationen tätig wären. Gemeinsames Ziel sei die Ausrottung des Antisemitismus und eine Wiedergutmachung der unermeßlichen Schäden.

Etliche Leserbriefe zu Merkers Erklärung wurden im Sommer 1944 im FD abgedruckt, und es fällt auf, daß sie sich kaum auf die zionistische Komponente beziehen, sondern auf den komplexen Bereich der Wiedergutmachung. Es kann durchaus sein, daß sie bewußt ausgewählt wurden, da die Zusammenarbeit mit Zionisten innerhalb der BFD nicht ganz unumstritten war. Als Antreiber fungierte vor allem Leo Zuckermann, der in einer staatsrechtlichen Abhandlung die Wiedergutmachung aus der Illegalität des Hitler-Regimes ableitete, weiter schrieb er über die Pressekonferenz Nachum Goldmanns in Mexiko. Leo Katz organisierte einen Vortrag des Rechtsanwaltes Emil von Hofmannsthal zum Thema *Rückerstattung des von den Nazis geraubten Eigentums*. Im Dezember 1944 berichtete Zuckermann über ein Referat Merkers vor der Ausschuß-Sitzung der BFD, welches wiederum Neuerungen enthielt. Der Gedanke einer Doppelstaatsbürgerschaft zwischen Deutschland und Birobidshan bzw. Israel tauchte auf, vor allem aber einer Transferierung der Zahlungen dorthin. Gleichzeitig wird davor gewarnt, daß Palästina nicht alle Exilanten aufnehmen könne, und daß man daher nicht alles auf diese eine Karte setzen solle. Es ist dies nur ein kleiner Auszug der zum Thema erschienenen Artikel. Es kam auch zu offenen Solidaritätsaktionen: So hielt das BFD-Büro im April 1944 zum ersten Jahrestag des Warschauer Gettoaufstandes sein Büro geschlossen und versandte Solidaritätsschreiben an die Menorah und das CCI. Mit letzterem zusammen gestaltete die BFD Mitte März 1945 eine Trauerveranstaltung für die ermordeten Juden. Bei all dem darf aber nicht übersehen werden, daß es gegen Ende des Kriegs zu Irritationen im Verhältnis zwischen BFD und Menorah kam, die aber stellvertretend im *Austria Libre* ausgetragen wurden.

Inzwischen war es ohne die durchaus erwünschte Anwesenheit von sowjetischen Juden Ende November 1944 in Atlantic City zur War Emergency Conference des Jüdischen Weltkongresses gekommen, wo man sich gegen Remigration aussprach und vehement die Gründung Israels forderte. Im diesbezüglichen Artikel von Erich Jungmann ist davon allerdings keine Rede, Merker äußerte sich zwar in seiner Stellungnahme bei einem BFD-Klubabend Ende Januar 1945 dazu, aber er sprach lediglich von Anerkennung, nicht von Unterstützung. Simone tat dies bei derselben Gelegenheit unter Berufung auf die Sowjetpolitik sehr wohl.

Simone war es auch, der Ende 1944 anonymer Chefredakteur der *Tribuna Israelita* (TI) wurde. Er verfaßte nicht nur das jeweilige Editorial, sondern auch einen Großteil der Kurzmeldungen und die Presseschau. Daher ist es nicht erstaunlich, daß die TI in Format, Druckqualität und Aufbau dem FD sehr ähnlich ist. Die TI schaffte den Spagat, zugleich prosowjetisch und prozionistisch zu sein, sie wurde von einer Teilorganisation der weltweit agierenden Kulturorganisation B'nai B'rith, der Loge Spinoza No. 1176 bzw. von ihrem Präsidenten José Benbassat herausgegeben. Leiter ihrer Kulturkommission war Dr. Adolfo Fastlicht, zugleich tragendes Mitglied der TI-Redaktion. Leo Katz, Egon Erwin Kisch, Paul Mayer und Rudolf Feistmann waren häufige Mitarbeiter, außerdem erschienen Beiträge von Nachum Goldmann, Steven S. Wise, Albert Einstein, Marc Chagall und Henry Morgenthau. Nach Simones Abreise im März 1946 übernahm Feistmann die Chefredaktion. Zum Tod von Umanskij brachten FD und DP nur sehr verhaltene Nachrufe, während die TI um einen großen Sohn des Weltjudentums trauerte. Unbeirrt engagierte sich Simone »für die Schaffung eines palästinensischen Staates unter voller Wahrung der Rechte der Araber«. Vicente Lombardo Toledano sprach sich im Februar 1945 auf dem Weltgewerkschaftskongreß in London ebenfalls vehement für die Gründung Israels aus, die spektakuläre Wende in der traditionell proarabischen Nahostpolitik der Sowjetunion erfolgte im Mai 1947, als der sowjetische UN-Botschafter Andrej Gromyko die

Zustimmung seiner Regierung zur Teilung Palästinas aussprach. Wie auch die anderen Großmächte suchte die Sowjetunion ihre Position im Nahen Osten zu festigen, doch nach der Hinwendung Israels zu den USA war es damit schnell zu Ende. Daß Israel zu einem Hauptschauplatz des Kalten Krieges werden sollte, war 1945 nicht absehbar, schon gar nicht von Mexiko aus.

Man könnte all diesen Aktivitäten deutscher Kommunisten jüdischer Herkunft für die jüdische Sache politisches Kalkül unterstellen. Daß dem nicht so war, zeigte sich nach dem Krieg, denn sie setzten ihre Politik fort, obwohl dies äußerst inopportun geworden war: Leo Katz schrieb weiterhin Romane, die sich intensiv mit jüdischer Geschichte auseinandersetzten, ebenso in seinen letzten Reportagen Egon Erwin Kisch, der kurz vor seinem Tod 1948 den Ehrenvorsitz einer Organisation böhmischer Juden übernahm. Paul Merker und Leo Zuckermann verfolgten ihre Restitutions-Politik auch in der SBZ/DDR, was eine schnelle Vertreibung von Amt und Bürgerrechten zur Folge hatte. Doch davon wird im letzten Kapitel die Rede sein.

1 Kießling 1974, 1975, 1989, Walter 1978, Pohle 1986, Zur Mühlen 1988, Maas 1978, Riedel 1975, Noeske 1980, Heintz 1975
2 Maas 1987
3 Lustiger 1998, Silberner 1983
4 Pohle 1989, Kießling 1996, Patka 1996
5 Im Talmud lautet der Text: »Selbst wenn das Firmament über uns aus Pergament wäre und wenn Tinte die Meere füllte, wenn alle Bäume Federn und die Bewohner der Erde allesamt Schreiber wären – und wenn sie Tag und Nacht schrieben, so vermöchten sie dennoch nicht die Größe zu beschreiben und den Glanz des Schöpfers der Welt.«

Der Heinrich Heine Klub und andere kulturell-politische Aktivitäten

Der Heinrich Heine Klub (HHK) wurde gegründet, um für die versprengten Exilanten ein kulturelles Forum zu schaffen, hinzu kamen bündnispolitische Interessen. Hier sollte der Brückenschlag von der kommunistisch dominierten BFD zur bürgerlich-jüdischen sowie zur österreichischen und internationalen Emigration und andererseits zu den Auslandsdeutschen gelingen. Ersteres wurde ein voller Erfolg, zweiteres blieb ein frommer Wunsch. Insgesamt dürfte ein Publikum von 600 bis 1 200 Besuchern erreicht worden sein.[1]

Die Gründungsversammlung des HHK fand am 7. November 1941 in den Räumen der Edición Seneca statt, des Verlags der spanischen Exilanten. Als Initiatoren waren von der BFD Anna Seghers, Egon Erwin Kisch, Bodo Uhse und Rudolf Feistmann, von den Mitgliedern der Menorah Paul Mayer, Ernst Römer und Leo Deutsch anwesend. Sie bildeten den ersten Vorstand, Rudolf Feistmann wurde Sekretär, Paul Feibelmann Kassierer und Anna Seghers Präsidentin, zur Abrundung des Ereignisses las sie aus *Das siebte Kreuz*. Das Haus von Ernst Römer hatte als Nukleus des HHK gedient, daher wurde in der ersten Nummer des FD diese Adresse für allfällige Auskünfte betreffend Mitgliedschaft und Vereinsaktivität angegeben. Zwei Jahre danach wurde der Vorstand wesentlich erweitert.

Die ersten Großveranstaltungen waren ein Diskussionsabend zum Thema *Wie höre ich Musik?* und die Lesung *Der März in der deutschen Literatur von Büchner bis Heine*. Von der Literatur des Vormärz sollte die Kontinuität zur Verfolgung der Literatur in der Gegenwart gezeigt werden. Am 9. Mai 1942 trafen sich BFD und ARAM im HHK zum neunten Jahrestag der Bücherverbrennung, wobei der Verlag ELL gegründet wurde. Auch in den Folgejahren blieb dieser Termin ein Fixpunkt des Programms. Weitere Höhepunkte im ersten Jahr: Egon Erwin Kisch las aus *Marktplatz der Sensationen*, hielt seinen Vortrag *Alexander von*

Humboldt, Mexiko und die Rassenfrage und gestaltete nach dem Suizid von Stefan Zweig im brasilianischen Petropolis eine Gedenkfeier. Bodo Uhse las aus *Leutnant Bertram* und leitete den Diskussionsabend *Ewiges Frankreich*. André Simone referierte über *Hitlers Krieg im Westen*.

All das war leicht zu improvisieren, doch die Betreiber des HHK strebten nach Höherem. Ende Mai 1942 war der Abend zum halbjährigen Bestehen mit *Heinrich Heine und die Gegenwart* betitelt, wobei erstmals musikalische und dramatische Akzente gesetzt wurden. Eine organisatorische Schallmauer war hiermit durchbrochen und der Weg von der Vortragstätigkeit zur Bühnenaktivität beschritten. Ernst Römer übernahm die künstlerische Leitung für einen *Mexikanischen Volksliedabend*, bei dem zahlreiche einheimische Sangeskünstler zu bewundern waren. Bald darauf ließ erstmals der von Marcel Rubin gegründete und geleitete Freie Deutsche Chor seine Stimmen erklingen, in dem zahlreiche Österreicher mitwirkten. Ende Dezember 1942 mußte der HHK seine große Bewährungsprobe bestehen, denn es galt, einen *Kabarett-Abend* mit Kischs sozialkritischer Burleske *Die Himmelfahrt der Galgentoni* auf die kleine und für Theateraufführungen eigentlich ungeeignete Bühne im Schiefer-Saal zu zaubern. Dieser wurde zum Domizil des HHK, nur für größere Theaterabende stellte die Gewerkschaft der Elektrizitäts-Arbeiter ihr Auditorium zur Verfügung.

Bevor über das weitere Programm und Gedeihen des deutschsprachigen Kulturlebens in Mexiko gesprochen wird, sollen einige der Hauptakteure kurz vorgestellt werden, die Schauspieler und Musiker, bei denen es sich großteils um Künstler jüdischer Herkunft aus dem altösterreichen Raum handelte:[2] Tragende Säulen waren die Schauspieler-Ehepaare Steffie Spira und Günter Ruschin sowie Charles und Luise Rooner. Spira hatte schon im Pariser Exil in der Kabarett-Truppe »Die Laterne« Hauptrollen gespielt. Rooner war eine der wichtigsten Integrationsfiguren in Mexiko, da er auch bei Veranstaltungen von Menorah und ARAM in Erscheinung trat und über vorzügliche Kontakte zum Gastland verfügte. Seine große Zeit kam nach dem Krieg: Ab

1943 wirkte er in ca. 250 Spielfilmen mit, die wichtigsten sind *Los Olvidados* und *La Perla de la Paz*, die Honorare investierte er in den fünfziger Jahren in Theateraufführungen, weshalb er vielfach als Mitbegründer des modernen Theaters in Mexiko genannt wird. Zu erwähnen ist auch Albrecht Viktor Blum, der neben seiner Regie- und Schauspieltätigkeit für HHK und ARAM auch in mexikanischen Filmen spielte und ein Fotogeschäft führte. Gelegentlich kam aus Puebla auch der Schauspieler Michael Flürscheim angereist. Die Zahl der Profis war gering, es fehlte an finanziellen Mitteln und einem Kostüm-Fundus, weshalb die Theateraufführungen im HHK verglichen mit ähnlichen Organisationen in Buenos Aires oder Shanghai eher den Charakter einer Liebhaberbühne trugen. Um so höher ist der persönliche Einsatz der Beteiligten zu bewerten, die langsam einen eigenen Nachwuchs heranzogen. Zu den begeisterten Laien aus den Reihen der Exilanten, die sich im HHK auf der Bühne versuchten, gehörten Lonka Becker, Robert Schwarz, Klaus Bodek, Joséf Wolynski, Lisa Tabajovitz, Illeana de Crespo, Albert Gromulat, Paul Hartmann, Bruni Falcon, Gabriele Stern, Hilda Maddalena und etliche Kinder der Exilanten. Die Aufführungen erfolgten im Halbjahresrhythmus, und es blieb meistens bei einer einzigen Vorstellung, denn größer war das interessierte Publikum nicht. Die zweite Theateraufführung war im Juli 1943 noch ganz vom aktuellen Kriegsgeschehen geprägt. Aus Moskau war Johannes R. Bechers *Hundert Kilometer vor Moskau* nach Mexiko gelangt, wo es seine Welturaufführung erlebte. In der Besetzungsliste fällt auf, daß sich unter den Laien auch Ludwig Renn und Marcel Rubin finden – ganz offensichtlich konnte sich die bürgerliche Emigration nicht für dieses Stück erwärmen. Daher mußte für die nächste Produktion ein Kompromiß gefunden werden, man einigte sich auf die Inszenierung der *Dreigroschenoper* von Bert Brecht und Kurt Weill, was zugleich deren lateinamerikanische Erstaufführung und eine beachtliche Leistung darstellt, wenn man die komplexe Musik bedenkt. Diese wurde von Ernst Römer und Egon Neumann auf zwei Flügeln bewältigt, die Kulissen steuerte Xavier Guerrero bei, vor 800 Besuchern traten 26 Darsteller bzw. Sänger auf die Bühne. Eine weitere Meisterleistung bildete die Aufführung von Georg Büchners *Woyzeck* im Juli 1944. Nachdem die Arbeit durch die Aufführung zweier Klassiker konsolidiert worden war, sollte wieder ein aktuelles politisches Stück folgen, die Welturaufführung von Ferdinand Bruckners *Denn seine Zeit ist kurz.*

Mit Beginn des Jahres 1945 war die Niederlage von Hitlers Armeen nur noch eine Frage der Zeit, daher sollte ab jetzt wieder gefeiert und gelacht werden: Im Januar standen *Drei lustige Einakter* von Georges Courteline auf dem Programmzettel.

Im April folgte mit *Zehn kleine Meckerlein. Spiel und Spott aus 5 Jahrhunderten* ein kabarettistischer Abend. Die literarische Bearbeitung leisteten Anna Seghers, Egon Erwin Kisch und Lenka Reinerová, die Inszenierung war so erfolgreich, daß sie Ende Mai wiederholt werden mußte. Dazwischen lag am 10. Mai die eigentliche »Siegesfeier« des HHK: Anläßlich des 60. Geburtstages von Egon Erwin Kisch grub Bodo Uhse die Theaterfassung von dessen *Der Fall des Generalstabschefs Redl* aus. Dem Geburtstagskind wurde natürlich nichts davon verraten, über der Bühne hing dann ein Schild, wonach Schauspielern hier der Aufenthalt verboten sei. In bunten Phantasie-Uniformen die Herren und in koketten Ballkleidern die Damen erschienen u. a. Alexander Abusch, Theo Balk, Bruno Frei, Rudolf Feistmann, Leo Katz, Hans Marum, Ludwig Renn, Ernst Römer, Anna Seghers, André Simone, Kurt Stern und Bodo Uhse auf der Bühne. Nach der turbulenten Aufführung trat der Autor auf und erklärte unter allgemeinem Gelächter, daß er mit diesem Stück nicht das geringste zu tun habe. Auch nach der Auflösung des HHK im März 1946 kam es zu weiteren Inszenierungen der Theatergruppe, schon im Februar 1946 folgte der *Volpone* von Ben Jonson, im Mai der *Sommernachtstraum* von William Shakespeare und im August *Die Gespenster* von Henrik Ibsen mit Ernst Deutsch als Gast-Star. Im März 1947 gab es noch eine Studioaufführung von Bodo Uhses *Preis des Lebens*, danach hatte sich das Publikum endgültig verlaufen. Steffie Spira und Günter Ruschin waren remigriert, die Rooners zu anderen Engagements gewechselt.

Ernst Römer, Dirigent im Heinrich Heine Klub

Charles Rooner, Bruni Falcon und A.V. Blum in der Welturaufführung von Ferdinand Bruckners Drama *Denn seine Zeit ist kurz* des Heinrich Heine Klubs im Teatro de los Electricistas

Steffie Spira und Günter Ruschin spielen Georges Courteline

Parallel und vernetzt mit dem HHK hatte sich das Kulturleben der Österreicher im mexikanischen Exil entwickelt. Ihr Land galt in Mexiko als besetzte und somit alliierte Nation, was in der Moskauer Deklaration vom 30. Oktober 1943 auf internationaler Ebene bestätigt wurde. Vermutlich aufgrund dieses Status dürfte es den Österreichern leichter gefallen sein, sich in Mexiko hauptsächlich der leichten Muse zu widmen. Im Sinne Moskaus kam es Ende September 1942 zur programmatischen Zusammenarbeit – die Frauen von BFD und ARAM hatten ein Comité de las Damas pro Ayuda a las Victimas de la Guerra en la URSS gegründet. Bei einem Bazar verkauften sie Handarbeiten und andere Spenden; ihre Bücher und Grafiken signierten Pablo Neruda, Anna Seghers, Egon Erwin Kisch, Constancia de la Mora, Bodo Uhse, Ludwig Renn, Paul Mayer, Theo Balk, Paul Gutmann und Leopolo Méndez. Die ARAM zauberte ein »Café Prater« mit Apfelstrudel und Topfengolatschen auf die angemieteten Tische, dazu spielte das *Schrammel-Trio*, bestehend aus Philipp Müller, Robert Schwarz und Paul Hermann. Diese Charity-Aktion wiederholten sie mit wechselndem Programm bis Kriegsende, nur das Wiener Kaffeehaus blieb immer gleich. Für die Dekorationen der geselligen Abende der ARAM sowie für fast alle Bühnenbilder des HHK zeichnete Kurt Berci verantwortlich. Daß diese Kombination beim mexikanischen Publikum blendend ankam, beweist eine Vielzahl von Geschäftsinseraten in FD und DP, die für Wiener Küche mit Musik werben.

Abseits der deutschen Sprache und der Politik wurde in HHK und ARAM ein Freiraum geschaffen, in dem das Publikum in der internationalen Sprache der Musik erreicht werden konnte. Folgende Protagonisten können für sich in Anspruch nehmen, durch ihr Exil ein Erbe zurückgelassen zu haben, einen Beitrag zur weiteren Entfaltung der ohnehin schon sehr hoch entwickelten Musikkultur Mexikos: Ernst Römer hatte noch im Jahr des »Anschlusses« an der mexikanischen Oper an die 75mal die *Fledermaus* dirigiert. Außerdem engagierte ihn ein Radiosender als Leiter seines Orchesters. Fast alle größeren

Abendveranstaltungen des HHK begleitete er am Piano, am Dirigentenpult stand er beim Orchesterkonzert *In Deutschland verbotene Musik*, außerdem organisierte er zwei Abende, die dem mexikanischen Liedgut gewidmet waren. Römer gestaltete auch das Abschiedskonzert des HHK im Dezember 1945 anläßlich einer Feier zum 175. Geburtstag Ludwig van Beethovens.

Carl Alwin hatte 1941 die Leitung der mexikanischen Oper übernommen, unter seiner Direktion führte dort Wilhelm von Wymetal Regie. Für zwei Abende konnte der in Argentinien exilierte Star-Dirigent Erich Kleiber gewonnen werden. Im Zuge eines dieser Besuche kam es Mitte Februar 1944 zu einer Pressekonferenz der ARAM, wobei Kleiber in seiner Funktion als Ehrenpräsident des Comité Central austriaco de América Latina mit Sitz in Montevideo über dessen Gründung und Ziele referierte. Kleiber dirigierte in Mexiko auch ein Benefizkonzert für die Sowjetunion, konnte für die Exil-Kultur aber nicht gewonnen werden. Ganz anders Carl Alwin, der vor allem für die ARAM aktiv wurde und auch für Menorah und B'nai B'rith musikalische Programme gestaltete. Für den HHK dirigierte er einen Abend mit Kompositionen von Marcel Rubin und dem Spanier Rudolfo Halffter, außerdem wirkte er als Lehrer am Konservatorium und als Komponist prägend auf die mexikanische Opernkultur.

Der junge Komponist Marcel Rubin kam 1942 nach Mexiko, wo Carl Alwin ihn unter seine Fittiche nahm und als Chefkorrepetitor, Liedbegleiter und Dirigent an die Oper verpflichtete. Dank seiner Jugend wurde Rubin zum aktivsten Musiker der Exil-Szene: Der von ihm geleitete Freie Deutsche Chor sang ein- bis zweimal im Monat für die internationalen Exil-Organisationen und vor mexikanischem Publikum. Außerdem gestaltete Rubin zeitweise zweimal die Woche die Musikbeiträge in der Radiosendung *Voz de Austria* sowie bei den Sendungen der BFD. Etliche seiner Kompositionen erlebten in den Konzertsälen der Hauptstadt ihre Uraufführung, politische und musiktheoretische Artikel fanden über Mexikos Grenzen hinaus Verbreitung. Einen großen Namen als Theaterkapellmeister und Komponist

Der Schiefersaal, Heimstätte des Heinrich Heine Klubs in den Jahren des
Zweiten Weltkriegs

für Operette, Kabarett und Film hatte sich Oscar Straus gemacht. Seine Ankunft in Mexiko im Mai 1942 wurde groß gefeiert, doch am Musikleben der Exilanten beteiligte er sich nur sporadisch. Erfolge feierte er u.a. im Radio mit österreichischer Marschmusik als Dirigent des Orchesters des Marine-Ministeriums. Ebenfalls der leichteren Muse zugetan war Egon Neumann, in Mexiko wurde er unermüdlicher Pianist für ARAM und HHK, als Höhepunkt kann einmal mehr die Aufführung der *Dreigroschenoper* zusammen mit Ernst Römer gelten. Rosi Volk war als Mädchen mit ihren Eltern, dem Medizin-Professor Dr. Richard Volk und der Malerin und Autorin aus Passion Else Volk aus Wien nach Mexiko gekommen. Ihr klarer Sopran und ihre blonde Haarpracht waren beim Publikum überaus beliebt. Nur wenig bekannt ist über die Sängerin Margarita Maris, den Librettisten und Komponisten Arthur Rebner, den Sänger und Pädagogen Franz Steiner und die Violinistin Vishka Krokowski, außer daß sie mit ihrem Spiel die Exil-Kultur bereicherten. Der Komponistin Ruth Schönthal gelang der Beginn ihrer Karriere in Mexiko, bevor sie in die USA übersiedelte. Zu besonderen Anlässen ließ sich auch das Wiener Revue-Girl Hansi Riesenfeld aus Hollywood nach Mexiko locken. Ganz anders die Sängerin und Chorleiterin Paula Conrad-Bach, sie lebte schon lange in Mexiko, wo sie ab 1928 den Chor des Orchesters der Deutschen Musik-Vereinigung leitete. Unter dem Druck der deutschen Gesandtschaft schied jedoch ab 1933 ein Großteil der Mitwirkenden aus. Schließlich mußte sie die Leitung an einen Beauftragten der Gesandtschaft abgeben. Es gelang, aus den Kreisen der Emigration die Ausfälle teilweise zu ersetzen und unter dem Namen Bach-Chor die Arbeit fortzusetzen. Paula Conrad-Bach trat bei zahlreichen Anlässen als Solistin auf. So bei der von HHK und PEN-Klub organisierten Aufführung des *Pierrot Lunaire* von Arnold Schönberg Ende Dezember 1944 anläßlich des 70. Geburtstags des Komponisten. Als Dirigent wirkte der aus den USA angereiste Jascha Horenstein.

Den Auftakt zum Kulturprogramm der ARAM machte ein *Heiterer Abend* mit Musik, Tanz und Theaterszenen im Januar

1943. Er dürfte ein durchschlagender Erfolg gewesen sein, denn schon für den August kündigte man einen *Österreichischen Musik- und Theaterabend* an. Hierbei kamen Johann Nestroys Posse *Judith und Holofernes* zur Aufführung, außerdem Lieder von Schubert, Mozart und Mahler. Im Februar 1944 erinnerte man sich in der ARAM einer alten Tradition, und Kurt Berci gestaltete die Räume für ein *Wiener Gschnasfest*. Unter den Gästen befand sich ein Großteil des österreichischen und deutschen Exils sowie ein prominentes mexikanisches und internationales Publikum. Es folgten noch zahlreiche weitere Maskenbälle, außerdem Ende 1944 eine gemeinsame Sylvesterfeier mit der BFD. Doch die ernsthafte, alljährlich abgehaltene Veranstaltung war in den Jahren des Krieges das Gedenken an den 12. März, den Jahrestag des »Anschlusses«. Im Jahr 1944 stand für diese Veranstaltung erstmals der Palacio de Bellas Artes zur Verfügung, auf der *Festveranstaltung zum Gedenken an die gefallenen österreichischen Freiheitskämpfer* sprachen Franz Schallmoser für die ARAM und mit Karel Wendel und Ing. Theo Schwarz zwei Vertreter der ACM. Weitere Großveranstaltungen im schönsten Saal der Stadt waren ein *Musikabend für die österreichischen Notleidenden in Frankreich* sowie im April 1945 ein *Festkonzert anläßlich der Befreiung Wiens*. Die letzte Veranstaltung der ARAM war im Juli 1945 ein *Heiterer Theaterabend*, man gab *Thalia in Nöten* von Charles Rooner, *Abschiedssouper* von Arthur Schnitzler und abschließend *Goldrausch* von Scholem Alejchem. Betrachtet man das Kulturprogramm der Österreicher, so fällt auf, daß größtenteils eine bürgerliche Salonkultur gepflegt wurde. Diese wurde von Künstlern ausgeübt, die aufgrund ihres Judentums vertrieben worden waren. Die treibende Kraft dahinter waren die Kommunisten Marcel Rubin, Leo Katz – vor allem aber Bruno Frei, der es als gewiefter Journalist verstand, Unterhaltung und Tiefgang zu mischen. Avantgardistische Strömungen des 20. Jahrhunderts hatten in diesem Konzept keinen Platz. Gemeinsames wurde hoch über Trennendes gestellt, und man wollte als Alliierter die bürgerliche Emigration nicht mit einem Wiederaufflammen von Kulturdebatten der Zwischenkriegszeit verschrecken. Der einzige Ansatz dazu kam im Rahmen des HHK zustande, wo im Februar 1945, unter der Leitung von Bruno Frei, Marie Frischauf-Pappenheim und A. V. Blum über ihre *Begegnungen mit Karl Kraus* erzählten.

Bei den Abendveranstaltungen, den politischen und literarischen Ereignissen im HHK, gehörten Anna Seghers und Egon Erwin Kisch zu den Hauptattraktionen. Kisch zu erleben, war immer eine Einladung zu heiteren Stunden – ganz anders jedoch am 9. Juli 1942, dem *Gedächtnisabend zu Ehren der Opfer von Lidice und Lichterfelde*. Eine weitere bedingungslose Verurteilung der in deutschem Namen verübten Verbrechen erfolgte im Januar 1943 mit *Anklage gegen die Massenmörder der Juden*, hierbei kamen André Simone, Alejandro Carillo und Leo Katz zu Wort. Sehr persönlich gehalten waren im Mai 1944 zum Jahrestag der Bücherverbrennung die Beiträge von Anna Seghers, Leo Katz, Bodo Uhse, Paul Mayer, Ludwig Renn und Egon Erwin Kisch. Im Oktober desselben Jahres folgte eine Veranstaltung zum Thema *Was ist Kitsch?*

Da inzwischen BFD und ARAM regelmäßig Einzelvorträge mit anschließender Diskussion durchführten, trat dieser Programmpunkt im HHK in den Jahren des Krieges zugunsten der Großveranstaltungen in den Hintergrund, wobei die Themen der Referenten mit ihren Artikeln im FD korrespondierten. Vor allem André Simone nützte immer wieder das internationale Forum des HHK, um über Politik zu dozieren. Rudolf Feistmann sprach über Kriegsverbrecher, Leo Katz über die Geschichte des Judentums. Vermehrt traten Abende in den Vordergrund, die sich einem Schwerpunkt widmeten, so gab es im November 1943 eine Romain-Rolland-Feier mit Bodo Uhse und Jeanne Stern sowie im Januar 1944 mit *Deutsche Dichter vor Stalingrad* einen unerwiderten Gruß Uhses an die Kollegen in Moskau. Anläßlich des 60. Geburtstages von Eduard Beneš wurde gemeinsam mit der ACM gefeiert. Eine der vielen Siegesfeiern wurde zusammen mit den spanischen Freunden im März 1945 zu Ehren der gefallenen Soldaten veranstaltet. Den Abschluß dieser literarischen Reihe machte eine Feier zum 70. Geburtstag Thomas Manns, wobei Anna Seghers, Paul Mayer und Ludwig Renn ans Rednerpult traten.

Erwähnenswert sind noch einige Filmabende mit sowjetischen und mexikanischen Produktionen und zwei Publikumsbeiträge zu aktuellen Themen: Als einziger Auslandsdeutscher konnte der Geologe Prof. Friedrich Müllerried zu einem Vortrag über die Vulkane Popocatepetl und Paricutín gewonnen werden, letzterer war kurz davor aus einem Maisfeld hervorgebrochen, ersterer bildet das Panorama der Hauptstadt und raucht noch heute gelegentlich.

Mit der Einweihung des von Herbert Hofmann-Isenburg zur Verfügung gestellten Hauses der Freien Deutschen begann eine neue Epoche für den HHK, denn sein Vortragsprogramm wurde gewissermaßen von der BFD übernommen. Ab Dezember 1943 gab es wöchentlich Informatives über die Lage im Krieg und internationale Politik von Paul Merker, Ludwig Renn und Kurt Stern, über mexikanische Landeskunde von Egon Erwin Kisch und Gertrude Düby sowie über medizinische Fragen von zahlreichen Gastreferenten. 1944 veranstaltete auch die Deutsche Demokratische Frauenbewegung einige Vorträge. Obwohl offiziell schon Mitte 1943 gegründet, trat die Freie Jugend erstmals Mitte 1945 ans Licht der Öffentlichkeit. Sie umfaßte an die zehn Mitglieder, fast alle waren Kinder von kommunistischen Exilanten. In Hinblick auf die drei österreichischen Mitglieder Friedrich Katz, Rosi Foscht und Lisa Freistadt wurde auf das Attribut »Deutsch« im Titel verzichtet, doch auch die Freie Jugend bestand nur bis Mitte 1947.

Bruno Frei trat zwar vielfach im HHK, aber nicht als Buchautor in Erscheinung, seinem Bericht über Le Vernet wurde der von Lion Feuchtwanger vorgezogen, sein Typoskript *Die Verpreussung Deutschlands* blieb ungedruckt. Wie bereits geschildert, war Bruno Frei auch in der Anfangsphase des Exils in Mexiko führend beteiligt. Da er die Chefredaktion des FD an Abusch abgeben mußte, fand er dank seiner ausgezeichneten Spanischkenntnisse andere Betätigungsfelder. Er blieb Chefredakteur von *Alemania Libre* und *Austria Libre*, in Lombardo Toledanos *El Popular*

Der österreichische Journalist Bruno Frei

erschienen während des Krieges außenpolitische Kommentare, nicht ganz so viele auch in der Regierungszeitung *El Nacional*. Einige Monate war er Redaktionsmitglied von *La Republica*, etliche Artikel wurden von anderen lateinamerikanischen Zeitungen übernommen. Bruno Frei war neben André Simone der erfolgreichste Journalist unter den Exilanten, ihm gelang ein besonderer Kontakt zum Gastland – die Erstellung eines Radioprogramms. Die mexikanischen Journalisten Armando de Maria y Campos und Gutierre Tibón leiteten ab Mitte Juli 1942 die Radio-Sendereihe *Por un Mundo Libre*, in der die internationalen Exil-Organisationen Gelegenheit bekamen, Beiträge zu gestalten. Ihr Kontaktmann unter den Deutschsprachigen war Bruno Frei. Die ARAM blieb im Wochentakt bis Ende Juni 1946 in Spanisch auf Sendung. Die BFD bekam nur von Anfang 1943 bis Ende 1944 die Möglichkeit zu senden, allerdings eher unregelmäßig.

Abschließend sollen noch Persönlichkeiten genannt werden, denen hier kein eigenes Kapitel gewidmet wird, da sie nicht als Autoren von ELL in Erscheinung traten, die aber aus dem intellektuellen Gefüge des mexikanischen Exils nicht wegzudenken sind: Marie Frischauf-Pappenheim war nach dem »Anschluß« in Paris Mitbegründerin des Cercle Culturel Autrichien, im Jahr danach kam sie ins Lager Gurs. Das ARAM-Mitglied trat in HHK und FD nur selten in Erscheinung, sie wirkte hauptsächlich als Ärztin, gegen Ende des Krieges organisierte sie die Pakethilfe der ARAM für die Heimat. 1947 kehrte sie dorthin zurück, im Wiener Globus-Verlag erschien 1949 ihr einziger Roman *Der graue Mann*, der im Umfeld begeisterter Jungnazis angesiedelt ist und tiefe Einblicke in deren Psychologie und dumpfe Empfindungswelt vermittelt. Im Lyrikband *Verspätete Ernte, zerstreute Saat* von 1962 klingen düstere Reminiszenzen an die Zeit im französischen Lager an.

Gertrude Düby (geb. Lörtscher) war 1941 in der Gründungsphase der BFD aktiv, doch bald fand sie ein neues Lebensziel in der Entdeckung des indigenen Lebensraumes, insbesondere des Lakandonen-Stammes. Ab 1942 im Auftrag des mexikanischen

Gesundheitsministeriums im Dschungel unterwegs, entstanden aus Interviews und Fotos erste Reportagen. Schon einige Monate später lebte sie mehr in Chiapas als in Mexiko-Stadt, wo zumeist Egon Erwin Kisch im HHK ihre Lichtbildvorträge einleitete. 1944 lernte Düby den dänischen Ethnologen Frans Blom kennen, mit dem zusammen sie die Studie *Los Lacandones, su oasado y su presente* verfaßte. Eine Fotoausstellung und Besuche in Genf, Berlin und in Prag bei Kischs führten sie 1947 zurück nach Europa, zurück in Mexiko erwarb sie mit Blom das Anwesen Na Bolom in San Cristobál de las Casas, das sich zu einem ethnologischen Forschungszentrum entwickelte.

Ein Mann von Weltgeltung war Paul Westheim schon lange, bevor er nach Mexiko gekommen war, neben Kisch und Seghers der einzige deutschsprachige Mexiko-Exilant, der einen bleibenden Platz in der europäischen Geistesgeschichte beanspruchen kann. Das Erstaunlichste an ihm ist die Vielseitigkeit und Wandlungsfähigkeit seines kunsthistorischen Oeuvres. In der Weimarer Republik profilierte sich Westheim als erfolgreicher Herausgeber des *Kunstblatt* und der Reihe *Orbis pictus – Weltkunstbücherei*, als Förderer der Avantgarde um Oskar Kokoschka, George Grosz, Otto Dix, Max Pechstein u. a. Im französischen Exil zwischen 1933 und 1939 entwickelte er sich zu einem der wichtigsten Gegen-Theoretiker jener pathetisch-theatralischen Scheinwelt, die in Deutschland anstelle der Kunst inthronisiert wurde. An überaus gelungenen Versuchen im literarischen Genre kamen der satirische Roman *Heil Kaddlatz* und die Novelle *Rassenschande* zustande. Auch Westheim wurde nach Kriegsbeginn interniert, es begann eine Odyssee durch fünf verschiedene Lager, eine zivile Hilfsverpflichtung als »prestataire« in der französischen Armee und danach die Flucht durch Franco-Spanien nach Lissabon, von wo aus er im Dezember 1941 in Mexiko eintraf. Zwei Tage nach seiner Ankunft erklärte er beim Verlassen des Museums für Anthropologie, daß es sich als Kunstmensch in diesem Lande leben ließe – einer frühen Leidenschaft folgend, fand Paul Westheim zum Kosmos der präcortesianischen Kunst. Schon im Juni 1942 publizierte er im FD den Aufsatz *Zur Geschichte der*

Aus der Schweiz nach Chiapas, Gertrude Düby um 1945

Paul Westheim 1944 bei einem Vortrag

mexikanischen Kunst. Es folgten noch viele andere, von denen *Versuch einer Ästhetik der Pyramide* besondere Erwähnung verdient. Das große Verdienst von Paul Westheims Spätwerk liegt in der Befreiung der archaischen Kunst von einer archäologisch bedingten klassizistischen Deutung hin zu einer ästhetischen Neudefinition dieser Kunst als Ausdruck von Mythos und Naturerfahrung. Er verweist auf den Sinnbild- statt Abbildcharakter der fremden Kunstwerke, die Europäer vorangegangener Generationen allzu oft als abstoßend empfunden hatten. In ihnen fand Westheim eine »andere Art von Expressionismus«.

Neben seiner Tätigkeit im HHK gestaltete der gefragte Fachmann Anfang 1942 für die Menorah und die Universidad Obrera Lichtbildvorträge über sogenannte *Entartete Kunst.* Hinzu kamen Exkursionen zu einer Ausstellung von Toulouse-Lautrec und zu Fresken von Rivera, Orozco und Siqueiros. Im August begann eine vierteilige Vortragsserie an der UNAM über den *Geist der Kunst in vier Ländern.* Ab Mitte 1943 übernahm der bewährte Journalist die kunstkritische Berichterstattung in der DP. Noch während des Kriegs entstand als Auftragsarbeit der Zeitschrift ARS das Manuskript *El arte artístico moderno (Das moderne künstlerische Denken).* Der Anschluß an die mexikanische Kunst-Szene war ebenso schnell gefunden. Museen, Galerien sowie das Erziehungsministerium schätzten Westheims profundes Wissen und luden zu weiteren Beiträgen ein. Abwechselnd referierte er über die europäische Moderne sowie die präcortesianische und zeitgenössische Kunst Mexikos. Ende der vierziger Jahre verfaßte er die Feuilletonspalte *La Cultura en México* in der angesehenen Zeitung *Novedades.* Hier und in zahlreichen anderen Zeitschriften erschienen weit über 100 Aufsätze, die bis heute ihrer Entdeckung und Übersetzung harren. Das Standardwerk *Arte antiguo en México* erschien 1950, sieben Jahre später das ergänzende Werk *Ideas fundamentales del arte prehispánico en México.*

Am 1. Februar 1946 gab der HHK seine Abschiedsvorstellung, zur Erinnerung erschien die Broschüre *Heines Geist in Mexiko.* Abschließend sei darauf verweisen, daß die US-amerikanischen

Geheimdienste die Abende des HHK minutiös überwachten und etlichen Besuchern in den fünziger Jahren ein Einreisevium in die USA verweigert wurde, da man sie generell der kommunistischen Infiltration verdächtigte.

---

1 Patka/Kloyber/DÖW 1999 (Hierin befindet sich auch eine Chronik aller erfaßbaren kulturellen und politischen Veranstaltungen des internationalen Exils in Mexiko.)
2 Ebenda

Der Verlag El Libro Libre und einige seiner Autoren

Der Verlag El Libro Libre (ELL) wurde offiziell am 9. Mai 1942 zum Jahrestag der Bücherverbrennung im Palacio de Bellas Artes bei der gemeinsamen Veranstaltung von HHK, BFD und ARAM mit dem PEN-Klub Mexikos gegründet. Dessen Präsident, der Lyriker, Arzt und Diplomat Dr. Enrique Gonzáles Martínez, führte den Vorsitz, außer ihm sprachen Ermilio Abreu Gómez, Antonio Castro Leal, Pablo Neruda, Ludwig Renn, Anna Seghers und Bruno Frei. Als Verlag des deutschsprachigen antifaschistischen Exils sollte ELL der größte während des Zweiten Weltkriegs bleiben, der darüber hinaus ein kontinuierliches Programm und zuletzt sogar Gewinne aufwies. Trotz mehrfacher Anläufe gelang Wieland Herzfelde in New York erst gegen Ende des Krieges die Herausgabe einiger Bücher im Aurora-Verlag. Ungeachtet dessen wirkte Herzfelde neben F. C. Weiskopf von New York aus als Ratgeber und Vermittler für ELL. Beide warben in den USA unter Exilanten um Leser und Subskribenten und vermittelten sogar den Verkauf kleinerer Kontingente als Lektüre für deutsche Kriegsgefangene. In den vier Jahren seines Bestehens publizierte ELL 20 Titel in Deutsch mit einer Gesamtauflage von 36 000 Stück sowie 6 in Spanisch mit insgesamt 18 000 Stück. Die Leitung des Verlages hatte Walter Janka (1914 – 1994). Dieser schloß sich früh der KPD an, sein Bruder Albert war mit 26 Jahren bereits Abgeordneter im Reichstag und wurde deshalb 1933 von der SA zu Tode gefoltert. Auch Walter Janka verschwand für zwei Jahre in einem Straflager, nach seiner Freilassung zeichnete er sich von 1936 bis 1939 als Major der Spanischen Armee aus und wurde danach im französischen Le Vernet interniert. Als gelernter Buchdrucker mit großem literarischen Fingerspitzengefühl war er für die Leitung von ELL prädestiniert. Ihm zur Seite stand der literarische Beirat, bestehend aus Anna Seghers, Egon Erwin Kisch, André Simone, Paul Mayer, Leo Katz, Bodo Uhse und Ludwig Renn, der über Auswahl und etwaige Korrekturen der Bücher bestimmte. Als Cheflektor fungierte Paul Mayer, der diese Position lange bei Rowohlt in Berlin innehatte. Das stattliche Programm von ELL umfaßt folgende Titel:

Juli 1942: Egon Erwin Kisch: *Marktplatz der Sensationen*.

Oktober 1942 : Lion Feuchtwanger: *Unholdes Frankreich*. Vorwort Ludwig Renn.

November 1942: Theodor Balk: *Führer durch Sowjet-Krieg und Frieden*. Nachwort Paul Merker.

Januar 1943: Anna Seghers: *Das siebte Kreuz*.

Februar 1943: Paul Merker: *Was wird aus Deutschland? Das Hitlerregime auf dem Weg zum Abgrund*.

April 1943: *El Libro Negro del Terror Nazi en Europa. Testimonios de escritores y artistas de 16 naciones* (Schwarzbuch über den Naziterror in Europa. Zeugnisse von Schriftstellern und Künstlern aus 16 Nationen).

Mai 1943: Bruno Frank: *Die Tochter*.

Juli 1943: André Simone: *La Batalla de Rusia* (Die Schlacht um Rußland).

Juli 1943: Theodor Balk: *Das verlorene Manuskript*.

November 1943: Heinrich Mann: *Lidice*.

Januar 1944: Bodo Uhse: *Leutnant Bertram*.

Januar 1944: Leo Katz: *Totenjäger*.

Mai 1944: *El Ejército Alemán – tal como es. Diarios de oficiales y soldados alemanos* (Die deutsche Armee – wie sie wirklich ist. Tagebücher deutscher Offiziere und Soldaten).

Paul Merker: *Deutschland – Sein oder Nichtsein?* 1. Bd.: *Von Weimar zu Hitler*.

August 1944: Vicente Lombardo Toledano: *Johann Wolfgang von Goethe*. Übersetzung: Bodo Uhse.

September 1944: Franz C. Weiskopf: *Vor einem neuen Tag*.

Oktober 1944: Paul Mayer: *Exil*.

Paul Merker: *La Caida de la republica alemana. El camino de Hitler al Poder* (Der Untergang der deutschen Republik. Hitlers Weg zur Macht. Vorwort Vicente Lombardo Toledano. Übersetzung Manuel Andújar).

Walter Janka (um 1943), Leiter des Verlages El Libro Libre

Ludwig Renn: *Adel im Untergang.*

November 1944: *Deutsche, wohin? Protokoll der Gründungsversammlung des National Komitees Freies Deutschland und des Deutschen Offiziersbundes.*

Dezember 1944: Ernst Sommer: *Revolte der Heiligen.* / André Simone: *Vicente Lombardo Toledano. Un Hombre de America.*

Januar 1945: Egon Erwin Kisch: *Entdeckungen in Mexiko.*

Juli 1945: Paul Merker: *Deutschland – Sein oder Nichtsein?* 2. Bd.: *Das 3. Reich und sein Ende.*

Dezember 1945: Alexander Abusch: *Der Irrweg einer Nation. Ein Beitrag zum Verständnis deutscher Geschichte.*

März 1946: Theodor Plievier: *Stalingrad.*

Die Initiative zur Gründung von ELL war ähnlich wie beim HHK von Kisch, Seghers, André Simone, Leo Katz und ihrem jüdischen Freundeskreis ausgegangen. André Simone wollte von diesem einen Kredit aufnehmen und eine GmbH gründen. Paul Merker hingegen untersagte dies und entschied sich für die mühevolle Suche nach Subskribenten, so daß die Produktion des jeweiligen Buches schon im voraus bezahlt sein mußte.[1] Abgesehen davon behielt er sich somit die letzte Entscheidung über das Programm vor, denn die Gewinne aus den literarischen Produktionen wurden in politische Schriften investiert. Beide Kategorien hatten die primäre Intention, auf dem amerikanischen Kontinent über die gegenwärtigen Zustände in Europa – den Krieg und die Judenvernichtung – aufzuklären. Mit Egon Erwin Kischs *Marktplatz der Sensationen* gab es ein fertiges Manuskript, das für viele Exilanten aus Mittel- und Osteuropa von Interesse war, da es sie an ihre untergegangene Heimat vor dem Ersten Weltkrieg erinnerte. Inzwischen hatte André Simone über Vicente Lombardo Toledano eine Audienz bei Ávila Camacho erwirkt, bei welcher er zusammen mit Kisch, Seghers und Renn im Juli 1942 ein druckfrisches Exemplar von *Marktplatz der Sensationen* überreichte. Der Präsident sagte daraufhin die Unterstützung der Staatsdruckerei für das *Libro Negro del Terror Nazi en Europa* zu, welches dann nicht ganz ein Jahr später erschien. Initiator und

Chefredakteur war André Simone, der hiermit an die Braun- und Weißbücher der dreißiger Jahre anknüpfte. Thema des Buches und geistige Klammer der breiten Koalition seiner Beiträger war die Anklage der Nazi-Verbrechen in Europa. Weitere Herausgeber waren Antonio Castro Leal, der spanische Schriftsteller Juan Rejano, Kisch, Seghers, Renn, Uhse und Hannes Meyer, die Herstellung lag bei Walter Janka. Für die persönliche Schirmherrschaft über das Projekt konnte Simone Ávila Camacho, Eduard Beneš und den peruanischen Präsidenten Manuel Prado gewinnen, wodurch das Buch zum größten Erfolg der BFD in der lateinamerikanischen Öffentlichkeit avancierte. Die überaus hohe Auflage von 10 000 Stück war innerhalb weniger Wochen verkauft, eine zweite mußte gedruckt werden. Es ist bemerkenswert, daß das von Nelson Rockefeller gegründete Komitee Coordinator of Inter-American Affairs 2 000 Exemplare bestellte, um sie in Südamerika zu verteilen. Eine geplante nordamerikanische Ausgabe kam aus politischen Gründen allerdings nicht zustande, denn viele Artikel von russischen und ukrainischen Autoren verteidigten vehement die Pakt-Politik vor Hitlers Einmarsch. Bei diesen Artikeln könnte es sich auch um Fälschungen handeln, da ein Kontakt zu den im Kriegsgebiet eingeschlossenen Autoren ziemlich unwahrscheinlich ist. Davon abgesehen finden sich in dem Monumentalwerk als Illustrationen 164 Fotos und 50 Grafiken, die Beiträge stammen von insgesamt 50 Autoren, darunter Vorworte der drei Präsidenten und Vicente Lombardo Toledanos, aus den USA Thomas und Heinrich Mann, Ernst Bloch, Lion Feuchtwanger, F. C. Weiskopf und Ferdinand Bruckner und fast alle in Mexiko lebenden Schriftsteller und Publizisten, neben den Herausgebern Leo Katz, Bruno Frei, Paul Mayer, Paul Merker, Alexander Abusch, Erich Jungmann, Jeanne und Kurt Stern, Theodor Balk, Aládar Tamás, Lenka Reinerová, die Italiener Mario Montagnana, Francisco Frola, die Spanier Antonio Mije und Antonio Velao und die Französin Simone Tèry. Hervorzuheben ist auch, daß beim *Libro Negro* neben Hannes Meyer als Gestalter auch Georg Stibi mitarbeitete. Dieser hatte eine Anstellung als kaufmännischer Leiter bei der TGP gefunden, welche für *El Libro Negro* 32 Grafiken beisteuerte, u. a. von Leopoldo Méndez, den Paul Westheim besonders schätzte, sowie Pablo O'Higgins, Francisco Mora, Alfredo Zalce und Angel Bracho. Weitere Grafiken stammen vom Belgier Frans Masereel und vom Russen Boris Jefimow.[2]

Zur feierlichen Präsentation des Buches durch Antonio Castro Leal, Simone Tèry, Theo Balk und Bodo Uhse kam es bei der zweiwöchigen Buchmesse Feria del Libro am 18. April 1943: Hannes Meyer hatte eine Foto-Ausstellung über den Nazi-Terror erarbeitet, Marcel Rubin, Ruth Schönthal und Grete Strauss-Oppenheim gestalteten das Musik-Programm. Kisch sprach über die Bedeutung des HHK, außerdem kamen etliche ARAM-Mitglieder zu Wort.

Mit *El Libro Negro* hatte sich ELL in der Öffentlichkeit etabliert, und die Produktion der Bücher erfolgte in immer kürzeren Abständen. Die Bücher der in Mexiko exilierten Autoren werden hier in ihren jeweiligen Kapiteln vorgestellt, die rein politischen Bücher können nur gestreift werden. Daher sollen im folgenden die Gastautoren aus Los Angeles, London und Moskau porträtiert und die Gründe für ihre Auswahl analysiert werden: Die Gallionsfiguren des literarischen Widerstandes aus der gemeinsamen Zeit in Frankreich waren Lion Feuchtwanger und Heinrich Mann. Ersterer war seit seinem Buch *Erfolg* (1930), das den Aufstieg Hitlers paraphrasiert, und durch seine Popularität in der angloamerikanischen Welt der von den Nazis vielleicht bestgehaßte Autor.[3] Er hatte sich nach 1933 in der französischen Exil-Kolonie Sanary-sur-Mer eingemietet, doch nach Ausbruch des Krieges wurde er im September 1939 erstmals verhaftet und ins Lager Les Milles eingeliefert. Durch internationale Proteste kam er schnell wieder frei, zwar arrangierte er die Verschickung seiner Bibliothek in die USA, doch er selbst zögerte mit der Flucht. Im Mai 1940 jedoch wurden die Bestimmungen verschärft, und der einen großbürgerlichen Lebensstil gewohnte Mittfünfziger wurde erneut in Les Milles interniert. Erst im August gelang mit Hilfe des amerikanischen Konsuls in Marseille die Flucht aus dem Lager – in Frauenkleidern. Feuchtwangers tagebuchartige Notizen aus dieser Zeit galten als verloren, daher begann er unmittelbar nach seiner Ankunft in New York im Oktober 1940 seine Erinnerungen zu diktieren. Etwa ein Jahr danach erschien *The Devils in France* bei Viking Press. Für die deutsche Ausgabe 1942 entschied sich ELL jedoch für den weniger provokanten Titel *Unholdes Frankreich*. Es ist die erste literarische Darstellung der Leiden und Demütigungen, die den Exilanten in den südfranzösischen Lagern widerfuhren – die nervenzehrende Monotonie inmitten einer zusammengepferchten, hoffnungslosen Menschenmenge; das zermürbende Schlangestehen bei Appell, Essensvergabe oder Latrinengang; die Krankheiten, die Schieber und das gewaltsame Ausbrechen von Urtrieben; die Korruption und Willkür der Wärter. Besonders eindrucksvoll ist die Schilderung der panikartigen Verschickung des Lagers gen Süden: 3000 Menschen wurden stehend in Güterwaggons gedrängt, und da der Zug nur im Schrittempo vorwärts kam, dauerte die Fahrt bei strömendem Regen volle fünf Tage und Nächte. Zusätzliche Peinigung sind Gerüchte über den Vormarsch der Wehrmacht, somit die drohende Auslieferung an die Gestapo. Tiefste Niedergeschlagenheit erfaßte Feuchtwanger beim Tod von Walter Hasenclever. Andererseits ist dem Autor nicht ganz zu Unrecht die Vermittlung seines elitären Selbstbildnisses vorgeworfen worden, da er sich selbst trotz der lebensbedrohlichen Situation als distanzierter Stoiker präsentiert. Diese Passagen fielen auch der zensierten DDR-Edition von 1954 zum Opfer, außerdem jene über die Rolle der US-amerikanischen Hilfeleistung und des Autors Spott über privilegierte Sowjetbürger. In der BRD wurde das Buch lange Zeit totgeschwiegen.

Es war die US-amerikanische Ausgabe, die Ende 1941 bewirkte, daß verstärkte Anstrengungen zur Rettung der in Frankreich Internierten unternommen wurden. Berthold Viertel, Oskar Maria Graf und Ferdinand Bruckner ersuchten Feuchtwanger noch im Oktober 1942, einen JARC-Hilferuf zu unterzeichnen, da Mexiko 40 Dringlichkeitsvisa bewilligt hatte. Gerne hätte es auch der literarische Beirat von ELL gesehen, wenn Lion Feuchtwanger sich verstärkt eingebracht hätte. Doch dazu kam es nicht, denn einerseits wurde seine Hilfsbereitschaft schon von den in seiner unmittelbaren Umgebung lebenden Exilanten sehr beansprucht, andererseits wollte er sich politisch nicht allzusehr exponieren. Auch dürfte sein enger Freund Bert Brecht ihn diesbezüglich beeinflußt haben, von dem aufgrund der nicht vorgesehenen Autorenhonorare kein Buch bei ELL erschien. Zwar überschritten Lion und Marta Feuchtwanger im Februar 1941 die Grenze nach Mexiko, doch nur, um durch die Wiedereinreise in die USA unter eigenem Namen ihren Flüchtlingsstatus zu verbessern.

Ganz anders Heinrich Mann:[4] Er wurde vor der Gründung des FD von Bruno Frei um seine Mitarbeit ersucht, bald meldete sich auch Paul Merker, dem er sich freundschaftlich verbunden fühlte, woraus sich eine jahrelange Korrespondenz entwickelte und Heinrich Manns Bereitschaft, den nominellen Vorsitz des LAK zu übernehmen. Zusammen mit Feuchtwanger über die Pyrenäen geflohen und in New York gelandet, gestaltete sich seine persönliche Situation im Vergleich jedoch äußerst desperat. Heinrich Manns Literatur wurde vor allem von der frankophonen Welt gewürdigt, mit der *Vollendung des Königs Henri Quatre* hatte er 1938 den Höhepunkt seines Werkes erreicht und befand sich seither in einer Schaffenskrise. In den USA fand er keinen Verlag und kaum Zeit zum Schreiben. Anfang 1941 nach Hollywood übersiedelt, mußte er seinen an die Einreise geknüpften Vertrag als Script-Writer für eine Filmgesellschaft erfüllen. Täglich saß er acht Stunden mit Leonhard Frank in einem kleinen Büro und verfaßte Film-Szenarien, die niemanden interessierten. Nach einem Jahr wurde er kommentarlos gekündigt, ein Leben von Almosen begann. Bereits im April 1942 hatte Anna Seghers ihn um die Sendung eines Manuskriptes für ELL ersucht, Mann bot sein Kriegstagebuch von 1939/40 an. Doch sein Fragment *Die große Konspiration* läßt darauf schließen, daß er unmittelbar danach den Plan faßte, einen Roman über einen jungen Tschechen zu schreiben, der den Reichsprotektor Reinhard Heydrich nachahmt und dadurch entmachtet – aber nicht tötet. Es ist durchaus möglich, daß er sich dabei durch das Motiv des

Doppelgängers in Charles Chaplins 1940 entstandenem Film *Der große Diktator* inspirieren ließ. Die Tschechoslowakei als Ort der Handlung lag ihm am Herzen, weil er seit 1936 deren Staatsbürger war und T. G. Masaryk überaus verehrte, dem er mit diesem Buch ein Denkmal setzen wollte. Doch die Wirklichkeit holte sein Konzept ein: Am 27. Mai 1942 wurde Reinhard Heydrich das Opfer eines Bombenattentats des tschechischen Widerstandes. Als Vergeltungsmaßnahme wurden am 10. Juni 1942 alle männlichen Bewohner des Dorfes Lidice von der SS erschossen, die Frauen und Kinder verschleppt. Ein Sturm der Entrüstung über diese gegen jedes Kriegsrecht verstoßende Barbarei ging durch die Weltpresse, in vielen Ländern benannten sich Dörfer nach dem ausradierten Ort, in Mexiko gibt es seither ein Dorf San Jeronimo Lidice. Heinrich Mann brachte in großer Eile in Form eines Film-Scripts eine satirisch-groteske Folge von dialogischen Szenen mit Regieanweisungen zu Papier, die im Dezember 1942 in Mexiko eintraf. Mann ging davon aus, daß »gewisse Greuel ins Groteske übergehen«, daher läßt er den falschen Heydrich auf der Prager Burg mit Hitler telefonieren, es kommt zum Zusammentreffen des echten und des falschen Heydrich, der echte wird in die Flucht geschlagen und von den eigenen Leuten liquidiert. Dem falschen Heydrich wird aber eine Mitschuld am Massaker zugewiesen, das andererseits im Text keine Gestaltung erfährt. Der literarische Beirat von ELL zeigte sich von alldem befremdet bis bestürzt, Ludwig Renn plädierte für kategorische Ablehnung des Typoskripts. Schließlich wurde Heinrich Mann über Paul Merker ein vom gesamten Beirat unterzeichneter Brief übermittelt, in dem die Bedenken formuliert wurden, daß die tschechischen Freunde kein Verständnis für die in jeder Hinsicht übersteigerte und unhistorische Darstellung ihrer nationalen Tragödie aufbringen würden, wobei die verknappte Sprache zusätzlichen Stoff für Mißverständnisse gab. ELL bot das Erstellen von eigenen Korrekturen und als Ersatztitel *Der falsche Protektor* an. Heinrich Mann akzeptierte die Einwände und hatte inzwischen selbst einige handschriftliche Korrekturen angebracht, die Bodo Uhse einarbeitete. Obwohl das Buch im FD vom April 1943 noch als *Der Protektor* angekündigt wurde, kam es im letzten Moment doch als *Lidice* heraus, und die Reaktionen waren wie befürchtet. Zwar bürgte der Name des Autors für den Verkaufserfolg, doch in den Folgejahren wollte er das Buch selbst wie ein Geheimnis behandelt wissen – eine Übersetzung ins Tschechische kam nie zustande, eine deutsche Neuausgabe erst im Zuge der Werkedition.

Es ging ELL vor allem um die Darstellung des Leidens in Osteuropa, in der Tschechoslowakei, in Polen, Rumänien oder der Ukraine, die von Krieg und Vernichtung überzogen wurden. Aus der Programmwahl ist auch der Wunsch nach Rettung der Menschen an der Ostfront durch rasche Bildung einer Westfront herauszulesen. Daß es hierbei insbesondere um die Rettung jüdischen Lebens ging, wurde erstmals durch den Roman *Die Tochter* von Bruno Frank signalisiert.[5] Dieser bürgerliche Autor, weitläufig gebildet und hochgeschätzt von Thomas Mann, paßt auf den ersten Blick nicht in das KP-nahe Umfeld von ELL. Doch auch Frank hatte 1933 Deutschland verlassen müssen, in Paris bewegte er sich im Umfeld der Bibliothek der verbrannten Bücher. 1939 schon in den USA lebend, erschien mit *Lüge als Staatsprinzip* seine Abrechnung mit dem Hitler-Regime. Viking Press publizierte 1942 *One Fair Daughter*, und ELL bemühte sich um die Rechte für die deutsche Ausgabe. Mit überlegener Stilistik und Komposition wird das Schicksal einer Frau in Galizien geschildert, die der Ehe zwischen einem österreichisch-adeligen Offizier und einer jüdischen Schauspielerin entstammt und sich trotz Diskriminierung und Antisemitismus für ihre jüdische Identität entscheidet. Bruno Frank war zum Zeitpunkt der Niederschrift noch nicht das ganze Ausmaß der Judenvernichtung in Osteuropa bekannt, doch er zeichnet ein düsteres Menetekel, wobei er gleichzeitig durch individuellen Opfermut, etwa eines katholischen Priesters, Zeichen der Hoffnung setzt. Die Schilderung des multinationalen Lebens in Galizien ist von großer Eindringlichkeit, was um so erstaunlicher ist, als Frank es nur aus seiner Militärzeit im Ersten Weltkrieg und aus der Literatur kannte.

Die Themen Antisemitismus, Widerstand und Judenvernichtung in Osteuropa setzten sich im *Totenjäger* von Leo Katz fort, ihren abschließenden Höhepunkt fanden sie in Ernst Sommers *Revolte der Heiligen*.[6] Diesen sudetendeutsch-jüdisch-sozialdemokratischen Autor hatte es ins Exil nach London verschlagen, wo er mit dem Staatsrat der tschechischen Exilregierung Karl Kreibich über gute Kontakte verfügte, durch andere Kanäle zum Büro des Jüdischen Weltkongresses. Beide versorgten ihn mit authentischen Informationen zur Lage in Osteuropa. Anfang April 1943 legte Sommer andere Buchprojekte beiseite, um einen Roman über einen Aufstand in einem Konzentrationslager zu Papier zu bringen. Das Buch war also schon vor dem 19. April 1943 konzipiert, an dem der Aufstand im Getto von Warschau ausbrach, mit dem es in der Folge immer wieder assoziiert wurde. Bereits im August war es vollendet, ein erster Abdruck erfolgte in London in der Anthologie *Stimmen aus Böhmen*. Vermittelt vom dortigen Freien Deutschen Kulturbund und von F. C. Weiskopf, interessierte sich besonders Kisch für Sommers Werk. Im Mai 1944 ersuchte Walter Janka in einem enthusiastischen Brief um die Abdruckrechte, da das Buch exemplarisch auf die geplante Ausrottung des Judentums verweise, die jede bisherige Form der Unterdrückung weit übertreffe, Sommers Buch gehöre zu den ersten und besten Büchern dieses Themas. Doch nur wenige Wochen danach folgte ein Brief von Alexander Abusch und Paul Mayer mit zwei Änderungswünschen: Die Streichung des historiographischen Vorworts und eine Änderung am Schluß. In der Urfassung wird der jüdische Aufstand durch die Befreiung der archaischen Kräfte ihrer Seelen zur mythischen Tat, die siegreichen Unterdrücker und ihre endgültigen Opfer werden von den purgifizierenden Flammen der Bomben verschlungen, die der geographischen Lage zufolge nur sowjetische sein konnten. Gewünscht wurde von ELL eine Verbindung des jüdischen Aufstandes über lokale Partisanen zur Roten Armee, deren fliegendes Entsatzkommando dann zu spät kommt. Sommer fügte sich, bald übernahm er sogar die Argumentation von ELL, da ihm die Gestaltung des Schlusses als »Wunder« nun selbst mißfiel. Die

Dynamik der Erzählung erwächst aus der in knappen Sätzen gehaltenen Schilderung des Grauens, der Arbeitsbedingungen im Rüstungsbetrieb. Zum Folterinstrument wird die Werksuhr. Immer wieder wird das tägliche Stundenplansoll gesteigert, ständig kommen neue Transporte mit Menschen, was bedeutet, daß die abgezehrtesten der Arbeiter ins Todeslager deportiert werden. Nach heftigen Diskussionen unter den Inhaftierten kommt es zum Aufstand, in der abschließenden Schlacht gegen die anrückenden Nazi-Panzer wird der Geist der Zeloten in ihrem Kampf gegen die Römer beschworen, das Opfer wird als beglückend empfunden, da künftigen Generationen gewidmet.

Die Kritik überschlug sich vor Begeisterung, das Buch brachte Ernst Sommer den Höhepunkt seines literarischen Lebens. Walter Janka ließ drei Abschriften anfertigen, die für je eine englische, spanische und jiddische Ausgabe bestimmt waren. Eine gelangte per tschechischer Diplomatenpost nach Moskau, wo sie 1945 in jiddischer Übersetzung im staatlichen Emes-Verlag erschien. Angeblich wurden Tausende Exemplare einer deutschen Neuausgabe an Kriegsgefangene in sowjetischen Lagern verteilt. Sommer drängte auf eine hebräische Ausgabe in Palästina, die 1947 erschien. Danach erfolgten Übersetzungen ins Tschechische und Holländische, sowie vier weitere deutsche Ausgaben. Nur in seinem Exilland England hatte er kein Glück: Eine erste Übersetzung erwies sich als unbrauchbar, schließlich fand sich mit Alliance Press ein Verlag, doch aufgrund von Papiermangel konnte das Buch erst Ende 1947 erscheinen. Doch zu diesem Zeitpunkt war die britische Politik mit den Terroranschlägen jüdischer Extremisten in Palästina konfrontiert, so daß sich nicht einmal die Literaturkritik mit der Darstellung vom heroischen jüdischen Widerstand anfreunden konnte.

Die dichterische Suche nach Gestaltung des aus der Ferne erlebten Krieges beschäftigte auch den Prager F. C. Weiskopf.[7] Der Schriftsteller und Journalist (1900 – 1955) war in der Weimarer Republik zur KPD gestoßen und hatte nach 1933 in Prag Münzenbergs AIZ geleitet. Da er ELL von New York aus unschätzbare Dienste erwies und auch in literarischen Fragen konsultiert wurde, insbesondere von Seghers und Kisch, war es nur eine Frage der Zeit, bis auch eines seiner neuen Bücher erschien. Seine einfach, aber einfühlsam und effektvoll geschriebenen Romane wurden in den USA reich rezensiert. Zwischen 1941 und 1947 erschienen *The untamed Balkans*, *Dawn Breaks (Vor einem neuen Tag)*, *The Firing Squad* (Das Himmelfahrtskommando), *Twilight on the Danube* (Abschied vom Frieden) und die Anthologie tschechischer Literatur *Hundred Towers*. Vor allem *Vor einem neuen Tag* war überaus erfolgreich, nach der amerikanischen Erstausgabe vom Dezember 1941 kam die Ausgabe von ELL 1944 parallel mit Übersetzungen in Buenos Aires und Moskau heraus. Die Aufnahme des Textes beim Publikum hatte eine eigentümliche Genese: Die Protagonisten sind Slowaken unterschiedlicher sozialer Herkunft, die sich gemeinsam zum Widerstand gegen die deutschen Okkupanten durchringen. Doch begonnen wurde die Niederschrift des Textes im Frühjahr 1941, als die Wehrmacht in Osteuropa uneingeschränkt herrschte und die im Buch angesprochene nahe Ostfront noch gar nicht existierte. Entrüstet verwehrte sich ein Verleger gegen so viel dichterische Freiheit – bis die Ereignisse dann tatsächlich eintraten. Weiskopf war offensichtlich vom Angriff Hitlers auf die Sowjetunion überzeugt, und auch vom anschließenden Partisanenkrieg. Im Gegensatz zu Ernst Sommer hatte Weiskopf keinen Zugriff auf authentisches Material, doch geschickt montierte er erfundene Dokumente und Radioberichte in den Text, die dem US-amerikanischen Publikum einen hautnahen Eindruck vermitteln sollten. Kurze Anekdoten geben einen schlaglichtartigen Überblick über die unterschiedlichen Fronten im Land. Weiskopfs Anliegen ist nicht die Analyse des Faschismus, sondern die Anleitung zur Tat. Die illegale Gruppe besteht aus Bauern, Arbeitern, einem Studenten und einem umherziehenden Hausierer, der als Kontaktmann zu den Partisanen in den Bergen fungiert. Die konspirativen Treffen in malerischer Landschaft verstärkten den Reiz für das amerikanische Publikum. Der organisierte Widerstand wird als moralischer Akt zur Erhaltung der Menschenwürde definiert, und es ist nicht weiter verwunderlich, daß er erst durch einen per Fallschirm abgesprungenen, sowjetischen Instrukteur entscheidend kanalisiert wird. Die jüdische Tragödie war 1941 in ihrer Tragweite noch nicht bekannt, daher wird sie kaum behandelt. Nach dem Ausbrechen des Slowakischen Nationalaufstandes am 29. August 1944 wurde das Buch von wohlmeinenden Kritikern geradezu ins Prophetische gehoben, seit Jahrzehnten nimmt es einen Ehrenplatz im slowakischen Museum des Nationalaufstandes in Banská Bystrica ein. Nach Weiskopfs frühem Tod 1955 wurde sein umfassendes Werk nur noch marginal rezipiert.

Mit dem sich abzeichnenden Ende des Krieges verstärkte ELL sein Programm in Richtung der politischen Bücher, die Ehrgeizigen unter den Funktionären wollten für die »Zeit danach« mit theoretischen Schriften auf sich aufmerksam machen. Bruno Frei wollte sein Typoskript *Die Verpreussung Deutschlands* publizieren, doch Alexander Abusch setzte aufgrund der Parteihierarchie seinen *Irrweg einer Nation* durch. Dieses Buch fand in der DDR zahlreiche Neuauflagen und galt als Standardwerk zur Erklärung des Nationalsozialismus. Abusch wendet sich gegen die Position, wonach die deutsche Geschichte zwangsläufig in den Faschismus führte, für ihn ist sie voller tragischer Freiheitshelden und Hitler die auf die Spitze getriebene Konterrevolution. Um die verhängnisvolle Spaltung der Arbeiterklasse zu überwinden, habe die KPD ab 1932 eindeutige Bündnisangebote ausgesprochen. Über die Shoa verliert der Krakauer Jude Abusch kein Wort, Hitlers Pogrome wären nur ein »Rezept zur Ablenkung von den wahren Schuldigen an den Nöten des Volkes«. Bereits 1946 erschien das Buch mit großer Auflage in Berlin, für die Neuauflage von 1949 verfaßte Abusch ein Nachwort, in dem er die westdeutsche Entwicklung ebenso geißelt wie Jean Paul Sartres »Nihilismus«, um daraus folgend der Entwicklung der Ostzone zu huldigen. In einem weiteren Nachwort von 1960 spricht Abusch zwar erstmals von sechs Millionen ermordeten Juden, doch nur, um auf den Antisemitismus in der BRD zu verweisen.

Ganz anders als dem Buch von Abusch erging es Paul Merkers *Deutschland – Sein oder Nichtsein?*, das ebenfalls eine Aufarbeitung von über 100 Jahren deutscher Geschichte darstellt. Das zweibändige Monumentalwerk operiert zwar vielfach mit dem auch bei Abusch konstatierten ökonomistischen Ansatz zur Erklärung des Nationalsozialismus, dennoch bleibt es die einzige kommunistische Analyse dieser Zeit, die Hitlers »Rassentheorien« breiten Raum widmet. In etlichen Kapiteln wird die historische Entwicklung des Antisemitismus seit dem Altertum nachgezeichnet. Von dessen Definition durch August Bebel als »Sozialismus der dummen Kerls« ausgehend, definiert ihn Merker nicht als Ablenkung, sondern als Erziehungsprogramm zur Errichtung des totalen Staates, was aber alle politischen Kräfte der Weimarer Republik nicht erkannten. Obwohl Merker nach seiner Rückkehr in die SBZ/DDR vehement eine Neuauflage forderte, blieb ihm dies von den Parteigewaltigen konsequent verwehrt. In Frankfurt produzierte ein Studenten-Verlag 1972 eine Faksimilie-Ausgabe, doch öffentliches Echo blieb auch hier aus.

Die letzte Produktion von ELL bildete 1946 mit *Stalingrad* von Theodor Plievier einen bemerkenswerten Schlußakkord, bleibt der Roman in seinen europäischen Neuausgaben doch eines der meistgelesenen und -diskutierten antimilitaristischen Dokumente wider das Vergessen.[8] Sein Autor war niemals Mitglied der KPD, sondern hatte sich an Kropotkin, Bakunin und Nietzsche orientiert. Schon Ende der zwanziger Jahre zu literarischem Ruhm gekommen, wohnte er ab Mitte der dreißiger Jahre in der Sowjetunion. Die großen Säuberungen überlebte er in der deutschen Wolgarepublik, wo zwei Abenteuerromane entstanden, die ihm den Ruf eines »deutschen Jack London« eintrugen. Im Herbst 1941 mit anderen Schriftstellern aus Moskau nach Taschkent evakuiert, kehrte er bald zurück, um mit J. R. Becher, Willi Bredel und Erich Weinert an der Frontpropaganda teilzunehmen. Bereits im März 1943 entstand das Konzept zum Roman, Becher ermöglichte ihm den Zutritt zu Kriegsgefangenenlagern, um die Schlacht zu rekonstruieren. Dieser Tätigkeitswechsel kam Plievier insofern gelegen, als die sowjetische Frontpropaganda Mitte 1943 infolge des sich verschlechternden Verhältnisses zu den West-Alliierten in nationalen Fanatismus umkippte. Unter großem Zeitdruck entstand Plieviers umfangreiches Typoskript, das von November 1943 bis September 1944 in Fortsetzungen in der *Internationalen Literatur* veröffentlicht wurde. Ende 1945 erschien eine überarbeitete Fassung in Buchform. In dynamisch-assoziativem Stil ziehen in diesem dokumentarischen Roman Fetzen von Briefen, Tagebüchern, Befehle deutscher Generäle, Durchhalteparolen aus Berlin, aber auch Fetzen von Menschen am Leser vorbei. Auch Plievier liefert keine Analyse des ideologisch erklärten Vernichtungskrieges, er stellt die Frage nach der Schuld des einzelnen. Aus Briefen und Tagebüchern von Soldaten hatte er erfahren, daß diese zwar nicht unbedingt begeisterte Nazis waren, aber dennoch den Krieg zu ihrer Sache gemacht hatten, die es zu erledigen galt. Für Plievier gibt es keinen wertfreien und bedingungslosen Heroismus, nur den des angegriffenen Volkes, das sein Territorium verteidigt.

Im noch nicht geteilten Nachkriegsdeutschland erschien der Roman in Tages- und Wandzeitungen sowie als Hörspiel im Radio. Rowohlt druckte eine Auflage von 100 000 Stück. In 20 Sprachen übersetzt, beläuft sich die geschätzte Gesamtauflage auf zwei Millionen. Zuerst hatte Plievier in Berlin Quartier bezogen, doch nach seiner Übersiedlung an den Bodensee Ende 1947 wurde er in der SBZ/DDR verfemt und systematisch totgeschwiegen. Plievier erklärte westlichen Journalisten, die von ihm das Wort »Flucht« hören wollten, daß er nie Kommunist gewesen sei, daher könne er auch nicht mit dem Kommunismus brechen, andererseits wolle er sich nicht die Zwangsjacke eines blinden Antisowjetismus überstreifen lassen. Somit war Plievier für seine Freunde in Osteuropa eine Person, die man besser nicht gekannt haben sollte. Doch auch im Westen stieß *Stalingrad* im Kalten Krieg auf eisige Ablehnung. So wurde es von Repräsentanten der Bundeswehr attackiert, es sei im sowjetischen Auftrag geschrieben und geeignet, Soldaten in ihren Aufgaben zur Verteidigung ihrer demokratischen Freiheiten zu beirren.

Soviel zum Programm von ELL – Ludwig Renn spricht in seinem Erinnerungsbuch *In Mexiko* davon, daß das Archiv von

BFD und ELL an die sechs Tonnen Bücher, Dokumente und andere Erinnerungsstücke umfaßte, die man mitnehmen wollte – doch bis heute bleibt dies ein verschollener Schatz der Exilkultur.

1 Paul Merker: Die Bewegung Freies Deutschland in Mexiko. In: SAPMO, Ny 4102/5
2 Kießling 1974, 1989, Pohle 1986
3 Sternburg 1994, Dahlke
4 Emrich 1985
5 Gregor-Dellin 1985
6 Bauer 1995
7 Weiskopf/Hermlin 1960
8 Müller 1983

Egon Erwin Kisch – Conférencier kollektiven Heimwehs

Marktplatz der Sensationen stand am Anfang von ELL, Kisch hatte Ende 1938 begonnen, an dieser Autobiographie zu arbeiten, da der renommierte Knopf Verlag in New York es in englischer Übersetzung herausbringen wollte. Doch als Kisch 1940 dorthin kam, wurde das Buch als ungeeignet für den amerikanischen Markt erklärt und der Vertrag gekündigt – die Hintergrunddetails seien nur für gelehrte Europäer verständlich. Als es in Übersetzung im Dezember 1941 bei Modern Age erschien, bekam es hervorragende Kritiken, doch eine breite Rezeption fiel der Lähmung des kulturellen Lebens in Folge des Angriffes auf Pearl Harbour zum Opfer.[1] Die Ausgabe bei ELL hingegen war schnell ausverkauft. Von allen in Mexiko lebenden Schriftstellern konnte Egon Erwin Kisch auf das größte Renommee und das reichhaltigste Werk zurückblicken, doch seinen literarischen Zenit hatte er noch keineswegs überschritten – mit *Entdeckungen in Mexiko* sollte er ELL 1945 ein weiteres Erfolgsbuch schenken. Gleichzeitig kam es in der spanischen Übersetzung von Wenceslao Roces heraus, die 1959 und 1988 in Mexiko neu aufgelegt wurde.

Schon vor dem Ersten Weltkrieg hatte Egon Erwin Kisch (1885 – 1948), seine Freunde nannten ihn »Egonek« oder tschechisch »Egonku«, im Prager Feuilleton für Aufsehen gesorgt und mit dem Mitwirken am Aufdecken der Spionageaffäre Redl den Höhepunkt seiner Journalistenkarriere gefeiert.[2] Die erste Zäsur in seinem Leben war der Tod seines Bruders Wolfgang im Ersten Weltkrieg, mit dessen Ende hatte sich der Sohn aus großbürgerlichem Haus zum Kommunisten gewandt. Nach der Herausgabe des Buches *Klassischer Journalismus* (1923), noch heute gilt es als Brevier eines engagierten Qualitätsjournalismus aus einem Zeitraum von 400 Jahren, gelang 1925 mit *Der rasende Reporter* der literarische Durchbruch. Als Schöpfer und Meister der literarischen Reportage wird diese bei Kisch zu einem versiert-virtuosen

Spiel mit Elementen anderer Formen wie Feuilleton, Roman, Ballade, Novelle, aber auch Tagebuch, Interview, Satire und Kabarett. Ihre Wurzeln liegen bei den Reiseberichten von Johann Georg Forster, Johann Gottfried Seume, Ludwig Börne, Heinrich Heine und Georg Weerth. Diese prangerten Mißstände in der Heimat an, ohne sie zu benennen, indem sie die Fortschrittlichkeit der Fremde pointiert hervorhoben. Kischs besondere Gabe war es, Dinge des alltäglichen Lebens sowie komplexe, wenig sensationelle Sachverhalte spannend, einleuchtend und umfassend darzustellen. Die Kisch-Reportage ist Literatur und Journalismus zugleich, ihr Credo die Forderung nach dichterischer Gestaltung einer sozialen Erkenntnis. Mit *Hetzjagd durch die Zeit* (1926), *Wagnisse in aller Welt* und *Kriminalistisches Reisebuch* (1927) wurde das neue Genre prolongiert, den Mythos fördernd, blieben die Titel immer reißerisch. Den Höhepunkt seiner schriftstellerischen Entwicklung bildet die Weiterentwicklung der literarischen Reportage zur Reportagen-Sammlung, in der verschiedene Teilansichten eines Landes facettenartig zu einem größeren Bild zusammengesetzt werden. Die Integration der Reportagen im Zyklus ist derart komplementär angelegt, daß sie alle entscheidenden Lebensbereiche einer Gesellschaft beleuchten. Es entstanden die Bücher *Zaren, Popen, Bolschewiken* (1927), *Paradies Amerika* (1930), *Asien, gründlich verändert* (1932) und *China geheim* (1933).

Parallel dazu entwickelte sich Kisch zu einem entscheidenden Multiplikator innerhalb der linksbürgerlichen Intelligenz: Er war im Autorenkollektiv der Piscator-Bühne und im literarischen Beirat von Münzenbergs Universum-Bücherei zu finden, im SDS und der Gruppe 1925 um Alfred Döblin, in der Redaktion der *Neuen Bücherschau*, in der Münzenberg-Presse, in der Zeitschrift *Das Tagebuch* um Stefan Großmann und der *Weltbühne* um Carl von Ossietzky und Kurt Tucholsky. Er war überall dabei, wo sich Künstler, Gelehrte und andere Intellektuelle vereinigten, um publizistisch und bei Versammlungen gegen den Militarismus sowie gegen die Willkür von Polizei, Justiz und Verwaltung aufzutreten. In Moskau traf er Maxim Gorki, in Hollywood Charles

Chaplin, seine Reportagen erschienen international in der bürgerlichen wie in der kommunistischen Presse.

Die zweite Zäsur im Leben des Egon Erwin Kisch war der Reichstagsbrand. Am darauffolgenden Morgen wurde er mit tausenden anderen Oppositionellen aus dem Bett heraus verhaftet und in die Festung Spandau gebracht. Erschüttert lauschte er den Berichten der SA-Folteropfer, nur sein tschechoslowakischer Paß bewahrte ihn vor dem Schicksal Erich Mühsams – zu Tode geprügelt zu werden. Nach Prag abgeschoben, engagierte er sich unermüdlich in Hilfskomitees für Häftlinge und Flüchtlinge, mit zahlreichen Artikeln ist er in praktisch allen wichtigen Zeitschriften des Exils vertreten. Nach außen hin bedeutete das Exil für den Globetrotter keine große Umstellung seines Lebens, doch innerlich nagte die politische Niederlage, und es sollten noch weitere folgen. Da sich Paris zur Metropole der Exil-Politik entwickelte, übersiedelte Kisch Anfang 1934 nach Versailles, denn in der Vorstadt lebte man billiger, doch eigentlich wäre er lieber nach London gezogen. Der Kontakt zu Willi Münzenberg und seinem Kreis dauerte an, es gab praktisch keine Aktion der Exil-Literaten, an der Kisch nicht führend beteiligt gewesen wäre. So eröffnete er am 10. Mai 1934, dem ersten Jahrestag des Autodafé, die Bibliothek der verbrannten Bücher in Paris, die zu einem Zentrum des Exils wurde. Für viele Schriftsteller der nächsten Generation wurde er zur Vaterfigur und zum Förderer, darunter Klaus Mann, Anna Seghers, Manès Sperber, Arthur Koestler, Hermann Kesten, Gustav Regler, F. C. Weiskopf, Theo Balk, Bruno Frei, Bodo Uhse und Irmgard Keun.

Eine turbulente Reise nach Australien brachte das Jahr 1934, doch die ärmlichen Lebens- und bedrängten Verlagsverhältnisse im Exil verzögerten die Genese von *Landung in Australien* (1937) beträchtlich. In *Eintritt verboten, Geschichten aus sieben Ghettos* (1934) und *Abenteuer in fünf Kontinenten* (1936) wurden Reportagen von vor und nach 1933 gemischt. Erst Mitte 1937 im Spanien des Bürgerkriegs angekommen, bereiste er etliche Frontabschnitte, um die kämpfenden Kameraden aufzumuntern. Anschließend organisierte er für ein halbes Jahr die Kulturarbeit in einem Heim für Rekonvaleszente in Benicasim, wo sein Bruder Friedrich als Chirurg arbeitete. Nach der fluchtartigen Evakuierung des Ortes fuhren Kisch und seine langjährige Gefährtin und Sekretärin, die gebürtige Wienerin Gisela Lyner, zurück nach Versailles, wo sie heirateten, um durch den drohenden Krieg nicht auseinandergerissen zu werden. Ein geplanter Reportagen-Zyklus über Spanien kam über Teilveröffentlichungen nicht hinaus. Die Besetzung Prags durch die Wehrmacht im März 1939 bedeutete einen fürchterlichen Tiefschlag. Der endgültige Verrat Stalins an den Idealen des Antifaschismus, das Bündnis mit Hitler, brachte Kisch an den Rand eines Bruches mit der Partei, doch es soll Ernst Bloch gewesen sein, der ihn davon abhielt. Es wäre durch die gesamte Exilpresse gegangen und hätte seine Feinde triumphieren lassen.

Nach Kriegsbeginn rettete ihn erneut sein tschechischer Paß, und er entging der Internierung. Mit Hilfe der LAW und des JARC gelang Ende 1939 die Flucht in die USA, sein ganzer Besitz war der Inhalt seiner Manteltaschen, denn sein Koffer war ohne Begründung in Antwerpen konfisziert worden. Ein fertiges Manuskript über die Französische Revolution mußte in Versailles zurückbleiben und wurde in den Kriegswirren vernichtet. In New York angekommen, wurde Kisch einige Tage in Ellis Island interniert. Auf dem Festland gelandet, engagierte er sich mit André Simone und F. C. Weiskopf in der Erstellung von Visa-Listen. An Billy Wilder, mit dem er einst in Berlin einige Zeit die Wohnung geteilt hatte, schickte Kisch den Plot zu einem Film im Fußballer-Milieu, doch eine Antwort blieb aus. Inzwischen war auch Gisela nachgekommen, Ende 1940 wurde beider Aufenthaltsbewilligung nicht verlängert, weiter ging die Odyssee nach Mexiko. Inzwischen war das FBI auf Kisch aufmerksam geworden. Es war J. Edgar Hoover höchstpersönlich, der seine Spitzelbeamten handschriftlich rügte: »What did we do about the Kisch-matter?«

In Mexiko nahm Kisch erneuten Anlauf, und in rastloser Tätigkeit wurde er zum Mitinitiator von FD, ELL und HHK. Seine Wohnung war wie schon in Prag, Berlin und Versailles Treffpunkt und Kommunikationszentrum, im HHK gab es kaum eine

Literaturveranstaltung, die er nicht mitgestaltet hätte, ebenso die jährlichen Feiern der FD-Redaktion. Er hielt Festreden für Paul Merker, André Simone und Ernst Römer sowie Grabreden für Alfons Goldschmidt, Alfredo Miller und Carl Alwin. Unter den internationalen Exilanten wie unter mexikanischen Intellektuellen hatte sein Name neben jenen von Anna Seghers und Ludwig Renn das größte Gewicht. Obwohl offiziell nicht deren Mitglied, war Kisch die entscheidende Integrationsfigur zwischen BFD und der bürgerlich-jüdischen Emigration, er vermittelte bei Mißstimmungen und zauberte als Conferencier im HHK eine mitteleuropäische Kaffeehaus-Atmosphäre, die mancher in der exotischen Ferne allzuschmerzlich vermißte. Diese findet sich auch im *Marktplatz der Sensationen*. So lesenswert die anekdotischen Erinnerungen voller Witz und Lebensweisheit sind, so betrüblich ist der Abbruch der Autobiographie vor dem Ersten Weltkrieg. Von der geplanten Fortsetzung wurden nur wenige Kapitel vollendet, darunter eine Abrechnung mit Karl Kraus. Auch international war Kisch weiterhin Knotenpunkt, er vermittelte eine verlagstechnische Korrespondenz zwischen Wieland Herzfelde und Walter Janka und bemühte sich um die Mitarbeit von Hermann Kesten und Klaus Mann im FD. Pablo Neruda kannte Kisch noch aus Paris, Konstantin Umanskij lud ihn zum Empfang anläßlich seines Amtsantrittes als Botschafter. In den USA gehörte Samuel Sillen von *New Masses* zu seinen Gesprächspartnern, im Januar 1943 schickte er einen Brief an Johannes R. Becher nach Moskau, um den Austausch von Publikationen und ein Schreiben von Wilhelm Pieck an Paul Merker anzuregen. Während dieses nicht zustande kam, konnten Kontakte zu Exilgruppen in London ausgebaut werden. Einige Artikel Kischs erschienen dort in den Zeitschriften *Zeitspiegel*, *Freie Deutsche Jugend* und *Einheit – Young Czechoslovakian*, in Argentinien in der *Jüdischen Wochenschau* und im *Argentinischen Tageblatt*, in New York im *German American*, der *Austro American Tribune* und dem *Aufbau*. Mit dessen Herausgeber Manfred George gab es jedoch einige Turbulenzen zu überstehen: dieser hatte Kisch Anfang 1942 zur Mitarbeit aufgefordert, doch nach dem Konflikt mit Regler erschien im *Aufbau* ein übler Verriß von *Marktplatz der Sensationen*, gegen den Paul Westheim in einem Leserbrief Einspruch erhob. Erst Ende 1944 erschien Kischs Jubiläums-Zuschrift *Die Mission des »Aufbau«* und danach der Essay *Humboldt und seine jüdischen Freunde*. Die Laudatio zu Kischs 60. Geburtstag formulierte im April 1945 Oskar Maria Graf.

Seine Beiträge im FD begannen mit Attacken gegen das falsche Lateinamerika-Bild der Nazis: Auf eine Rechtfertigung von Karl May folgten mehrere Essays über die Brüder Humboldt. Da es in fast jeder lateinamerikanischen Metropole ein Humboldt-Haus gab, das inzwischen von den dortigen Nazis übernommen worden war, verwahrte sich Kisch gegen die Vereinnahmung der für Toleranz stehenden Humanisten, die zu den angesehensten Philosemiten ihrer Zeit gehörten, und in ihren Schriften voller Respekt von den Errungenschaften außereuropäischer, sogenannter »primitiver« Kulturen sprechen. Gerade die indianisch-mestizische »Rasse« wurde von den Nazis als minderwertig eingestuft. Zu den weiteren Entdeckern Mexikos zählt Kisch Aleš Hrdlicka, Teoberto Maler und Charles Sealsfield. Überarbeitete Fassungen der kulturgeschichtlichen Reportagen aus dem FD finden sich in *Entdeckungen in Mexiko* wieder. Kischs Interesse galt den indigenen Hochkulturen der Maya, Azteken, Zapoteken, Tolteken und Mixteken, sowie der Übernahme ihrer Sitten und Gebräuche ins tägliche Leben der Gegenwart. Er verarbeitete Erkenntnisse über mexikanische Literatur und bildende Kunst, über Ethnographie, Heraldik, Hydrologie, Gastronomie, Manufaktur, Pharmakologie, sowie selbstverständlich Erschließung und Verwendung der wichtigsten Wirtschaftsprodukte in Vergangenheit und Gegenwart und ihre Bedeutung für die Gesellschaft: Eröffnet wird mit dem »großen Ernährer« Mais, es folgen Kakteen, Baumwolle, Vanille, Hanf, Kaugummi, der Mica-Kristall, der Agavenschnaps Pulque, Heilkräuter wie Peyote und Marihuana. Kisch schildert den Ausbruch des Vulkans Paricutín, ein ehemaliges Piratennest, das Leben in einer Lepra-Kolonie und Volksbelustigungen wie den Hahnenkampf. Akribisch rekonstruiert er das Leben und die letzten Stunden von Kaiser Maximilian und seiner Frau Carlotta. Über die Pyramiden schreibt er in Form eines Interviews. Als Verbeugung vor dem Asylland erscheint in Mosaikform die Ahnengalerie der Revolution über Benito Juárez zu Miguel Hidalgo, von Pancho Villa und Emiliano Zapata bis zu Lazaro Cárdenas und Vicente Lombardo Toledano. Landreform und Verstaatlichung des Erdöls werden gewürdigt. Man muß jedoch einräumen, daß der Autor einerseits von einem eurozentristischen Blickwinkel aus geschrieben und andererseits die mexikanische Gegenwart zu sehr verklärt hat, da Kritik am Gastland, etwa an der Rücknahme der Cárdenas-Reformen unter Ávila Camacho, zur Zeit des Exils absolut tabu war. Mutig hingegen bleibt ein Hinweis auf die Ermordung Leo Trotzkis, der in einer späteren DDR-Ausgabe von 1951 eliminiert wurde.

Seit der Besetzung Prags durch die Deutsche Wehrmacht war die Sorge um seine tschechische Heimat ein neues Feld der politischen Betätigung. Noch Ende April 1939 trat er in Paris als Leiter der deutschen Delegation bei einem eilig einberufenen Kongreß von exilierten Tschechen und Slowaken in Erscheinung, außerdem sprachen Heinrich Mann und F. C. Weiskopf. In New York entstand eine Reportage über die dortige tschechische Kolonie, in Mexiko wurde Kisch mit André Simone und Lenka Reinerová Mitglied der ACM, bald gaben sie das Informationsblättchen *El Checoslovaco en México* heraus, außerdem erschienen Artikel in *La Voz de Checoslovaquia*. Die drei und Lombardo Toledano schickten im Oktober 1943 solidarische Grüße an die nahe London tagende Landeskonferenz deutscher Antifaschisten aus der ČSR, an der u. a. Ernst Sommer, Karl Kreibich, Hubert Ripka und Isaac Stern teilnahmen. Mehrfach thematisierte Kisch die Tschechoslowakei im HHK und im Radio, ebenso in seinem Beitrag zum *Libro Negro*. In London gab Fritz Bruegel 1945 in der Schriftenreihe der Vertretung der demokratischen Deutschen aus der Tschechoslowakei (Verlag der Einheit) die Kisch-Hommage *Stimmen aus Böhmen* heraus.

Seit Egon Erwin Kisch 1934 mit *Geschichten aus sieben Ghettos*

Egon Erwin Kisch im Indiodorf unter dem Davidstern.

dem Judentum, das vor der größten Katastrophe seiner Geschichte stand, ein Buch gewidmet hatte, arbeitete er an einer erweiterten Neuauflage. In Harlem (New York) hatte er eine Gemeinde afrikanischer Herkunft aufgesucht, jetzt waren es Indigene jüdischen Glaubens, die seine Neugier fesselten und deren Herkunft für die Wissenschaft noch heute ein Rätsel ist. Kisch fand eines ihrer Dörfer und erkundigte sich über Organisation und Ritus. Den Abschluß seines Besuches und somit auch seiner Reportage bildet ein Sabbatgottesdienst, der mit dem Kaddisch, dem Gedenken an die Toten, beschlossen wird. In einer beklemmenden Vision richtet der Autor sein imaginäres Auge auf die Leichenfabriken in Osteuropa, aus deren Schornsteinen unaufhörlich Rauch steigt. *Indiodorf unter dem Davidstern* deckt die tiefe Verzweiflung des Autors auf, der sich eingestehen mußte, daß sein der Humanität gewidmetes und auf unmittelbare Wirkung hin konzipiertes Werk den industriell organisierten Massenmord nicht aufhalten konnte. Vor allem in der *Tribuna Israelita* finden sich Reportagen zur Geschichte seines Volkes in Mexiko. Nachdem er in einem Privatmuseum indigenes Kunsthandwerk mit Ornamenten wie dem Davidstern und anderen biblischen Symbolen entdeckt hatte, galt sein besonderes Interesse den kuriosen Gemeinsamkeiten von jüdischer und aztekischer Religion, wovon mehrere Studien erhalten geblieben sind. Kisch arbeitete über die jüdische Einwanderung zu Beginn der Neuzeit, insbesondere über Luis Carbajal, der 1580 die erste jüdische Siedlung des neuen Kontinents gegründet hatte. Seine Sympathie hatte immer den Entrechteten gegolten, und diese waren ab 1933 die Juden Europas. In Mexiko erreichte seine offene Anteilnahme am Schicksal der Verfolgten ihren Höhepunkt, sogar versteckte Sympathien für den Zionismus wurden sichtbar. Freundschaftlich verbunden war Kisch vor allem Ernesto Meyer, dem Kassier der Menorah, aber auch den Familien Feibelmann, Lindau und Stavenhagen, die ihn auch bei seinen Reisen nach Yucatan und in den Norden Mexikos unterstützten, wo er Material für sein Buch sammelte. Durch die Freundschaft zu Umanskij, ein Foto der beiden gelangte 1944 sogar in die Zeitschrift

El Tiempo, war Kisch auch prominenter Gesprächspartner der JAFK-Delegierten Michoëls und Feffer. Andererseits trat er im Gegensatz zu André Simone und Leo Katz nicht bei öffentlichen Veranstaltungen jüdischer Organisationen in Erscheinung.

Als der Krieg endlich zu Ende war, gehörte Kisch nicht zu den Jubelnden, denn schon zuvor hatte ihn die Nachricht von der Ermordung seiner Brüder im Konzentrationslager erreicht. Etliche Zeitgenossen haben berichtet, daß die Maske seiner Heiterkeit in Mexiko brüchig geworden war, und daß Verzweiflung und Verdrängung sich immer wieder in geistiger Abwesenheit äußerten. Der Bruch mit Gustav Regler hatte niemanden so heftig getroffen wie ihn, die wechselseitigen Gehässigkeiten zogen sich bis in die Nachkriegszeit. Doch nach außen hin wollte Kisch sich keine Müdigkeit anmerken lassen. Die Theateraufführung des *Redl* wurde für die Exil-Gemeinde zur Siegesfeier. Die Reigen der Gratulanten zu seinem 60. Geburtstag Ende April 1945 dauerten eine ganze Woche, seine mexikanischen Freunde organisierten ein Festbankett, zum Ehrenkomitee gehörten Enrique González Martinez, José Bergamín, Antonio Castro Leal und Alfonso Reyes. Bei kleineren Feiern reklamierten ihn die Deutschen, Tschechen und Österreicher jeweils als Landsmann. Zusammen gaben sie eine Festschrift mit dem Titel *Egon Erwin Kisch. Seine Reise um die Welt in 60 Jahren* heraus, zu den Autoren gehörten u. a. Heinrich Mann, Alfred Döblin, Lion Feuchtwanger, Oskar Maria Graf, Balder Olden, Upton Sinclair, Agnes Smedley und Erskine Caldwell. Ein weiteres Fest war den Kindern der Exilanten gewidmet, hatte »abuelito« (Großvater) Kisch sie doch immer wieder mit seinen Zaubertricks und als Weihnachtsmann beglückt, zudem war er eifriger Sammler ihrer Zeichnungen, die neben einer Kakteensammlung seine kleine Wohnung zierten.

Karl Kreibich vermittelte eine persönliche Einladung vom KPČ-Chef Klement Gottwald für Egon Erwin und Gisela Kisch sowie André und Ilse Simone, zusammen kehrten sie im März 1946 über New York und London nach Prag zurück. In Briefen hatte Weiskopf mehrfach vor übertriebenem Optimismus gewarnt und auf die dort verständlicherweise grassierende

Deutschfeindlichkeit hingewiesen. Anfangs wurde Kisch noch überschwenglich begrüßt, nach wie vor gingen Freunde aus aller Welt bei ihm ein und aus, darunter von auswärts Gertrude Düby, Ernst Sommer und Noël Field, doch öffentliches Echo blieb ihm verwehrt, eine Einladung zum 1. Deutschen Schriftstellerkongreß in Berlin schlug er aus. Ein Großteil seiner Familie und fast alle seiner Freunde waren verschleppt und ermordet worden. Statt Synagogen gab es nur noch jüdische Friedhöfe, doch Kisch bemühte sich, auch dies literarisch zu gestalten, außerdem übernahm er den Ehrenvorsitz einer jüdischen Organisation. Ein geplanter Besuch bei Leo Perutz und Arnold Zweig in Palästina zerschlug sich. Tschechoslowakei und Judentum blieben seine letzten Themen. Posthum erschien die um Reportagen aus New York und Mexiko erweiterte Neuausgabe von *Geschichten aus sieben Ghettos* in englischer Übersetzung, ein deutschsprachiger Verleger hatte sich nicht gefunden. Dies lag auch an der aktuellsten Reportage am Schluß, in *Mörder bauten dem zu Ermordenden ein Mausoleum* besucht Kisch eine von den Nazis angelegte Judaica-Sammlung. In dieser kaum beachteten Ausgabe findet ein insofern bedeutendes Werk über die Shoa seine Endfassung, als es bei seiner Reise um die Welt das Judentum nicht idealisiert, sondern dokumentiert. Es bleibt ein makaberes Detail, daß das Ehepaar Kisch etliche Monate einen Teil der Villa bewohnte, die während des Krieges Adolf Eichmann sein Eigentum genannt hatte. Die geistige Verwüstung im Nachkriegseuropa war besonders in Prag zu spüren. Die vielfach besungene und heiß ersehnte Heimatstadt war nicht mehr Metropole, auf ihren Straßen war jedes deutsche Wort verpönt. Zum Nationalismus gesellte sich der Antisemitismus, statt nach Versöhnung wurde nach Abrechnung verlangt. Eine letzte Reise führte Kisch mit André Simone im Sommer 1946 nach Belgrad, wo ihn Marschall Josip Broz Tito empfing, worüber er aber nicht schrieb. Es wäre dies nur eine von vielen »Verfehlungen« gewesen, die man ihm angelastet hätte, wenn er die Parteisäuberungen der frühen fünfziger Jahre noch erlebt hätte. Als Freund von Willi Münzenberg und Noël Field, als Spanien-Kämpfer, Mexiko-Emigrant und Kommunist bürgerlich-jüdischer Herkunft wäre er prädestiniert gewesen, zusammen mit André Simone auf der Anklagebank des Slánský-Prozesses zu sitzen. Sein früher Tod nach einem zweiten Schlaganfall Ende März 1948 ersparte ihm das barbarische Schauspiel.

1 Poláček 1988
2 Patka 1997, Hofmann 1988, Schlenstedt 1985

Anna Seghers – Blick auf Deutschland

Zum Jahreswechsel 1942/43 erschien die bis heute am meisten beachtete Produktion von ELL: *Das siebte Kreuz. Roman aus Hitlerdeutschland* von Anna Seghers. Gleichzeitig ist dies der wahrscheinlich einzige Fall, daß ein literarisches Werk, welches in der DDR schon unter Walter Ulbricht zur Schullektüre gehörte, es auch heute im wiedervereinten Deutschland ist.[1]

Seghers widmet sich in literarischen Momentaufnahmen dem Alltagsleben. Diese bilden im *Siebten Kreuz* den wechselvollen Hintergrund, vor dem sich sieben Tage eines geflohenen KZ-Häftlings abspielen, der bei seinem gefährlichen Weg in die Freiheit Menschen unterschiedlicher sozialer Schichten begegnet. Aus dem Mosaik kleiner Begegnungen ergibt sich das Bild eines Nazi-Deutschlands, in dem die Kraft zum Widerstand noch nicht völlig erlahmt ist. Nicht große Heldentaten werden geschildert, sondern die unterschiedlichen Reaktionen jener, die durch den Protagonisten aus dem gewohnten Ablauf ihres Lebens gerissen werden und sich angesichts seines Schicksals entscheiden müssen, ihm zu helfen oder passiv zu bleiben. Seghers will zeigen, daß das Nazi-Gebäude morsch ist und daß die Gestapo auch nur das weiß, was man ihr sagt. Außer der drohenden Kreuzigung an den eigens dafür im KZ-Gelände gekappten Platanen stehen weder die Grausamkeit im KZ Westhofen noch die Tapferkeit des Widerstands im Vordergrund, sondern unmerkliche, schleichend eindringende Denkmuster des NS-Staates ins Private, andererseits emotionale Anti-Nazi-Reflexe, die im unverändert dahinlaufenden Leben aufflackern, wie deren Kontrolle durch den Staat. Auch bei den Nazis werden Zweifel an der Obrigkeit konstatiert. Ein Bild der im Privaten verborgenen Kräfte des Volkes – so will Anna Seghers ihren zwischen Fiktion und Realismus schwankenden Roman verstanden wissen. Die Rezeptionsgeschichte des *Siebten Kreuzes* bleibt überwältigend und widersprüchlich. Zwischen 1937 und 1939 in Frankreich geschrieben, gelangte eine Abschrift davon zu F. C. Weiskopf nach New York. Auf Vermittlung von Erich Maria Remarque übersetzte es James Galston ins Englische, die dabei redigierte Fassung erschien Mitte 1942 bei Little, Brown & Co in Boston. Der Book-of-the-Month Club entschloß sich zu einer Übernahme und machte es in einer Auflage von einer halben Million zum Bestseller. Weitere Verbreitung fand es durch Übersetzungen in Lateinamerika, Fortsetzungen in Zeitschriften, in Kurz- und Theaterversionen und sogar durch Ausgaben in Blindenschrift sowie als Comicstrip. 1944 verfilmte Goldwyn Mayer in Hollywood den Plot mit Spencer Tracy in der Hauptrolle. Der Erfolg dürfte nicht zuletzt das Verdienst Maxim Liebers gewesen sein, eines Emigranten ursprünglich polnischer Herkunft, der in New York als Literaturagent nicht nur für Seghers, sondern auch für Kisch und Simone tätig war. Das FBI hingegen stufte den Roman als subversive Literatur ein und bedachte seine Autorin und ihre Familie mit besonderer Beobachtung. In der *Internationalen Literatur* wurden die Fortsetzungen des Romans nach dem Hitler-Stalin-Pakt abgebrochen. In der Bundesrepublik geriet das Buch nach dem Berliner Mauerbau ins Sperrfeuer des Kalten Krieges, man bezichtigte die Autorin der politischen Indoktrination und verkehrte ihren Vaterlands-Begriff zur Blut-und Boden-Literatur.

Anna Seghers (1900 – 1983), geboren als Netty Reiling, stammte aus einer traditionsreichen Familie, ihre Eltern waren Mitglieder der Israelitischen Religionsgesellschaft. Prägende Kindheitserlebnisse waren der Erste Weltkrieg und die anschließende Besetzung des Rheinlandes durch französische Truppen. Sie studierte in Köln und Heidelberg Philologie, Kunstgeschichte und Sinologie. Mit ihrem Austritt aus der Jüdischen Gemeinde zwischen 1925 und 1927 setzte sie einen Schritt in einen neuen Lebensabschnitt, was auch die Heirat mit dem ungarischen Wirtschaftstheoretiker Laszlo Radvanyi unterstrich.[2] In Berlin kamen 1926 und 1928 die Kinder Peter und Ruth zur Welt. Im selben Jahr wurde ihr auf Fürsprache von Hans Henny Jahnn für die Erzählungen *Grubetsch* und *Der Aufstand der Fischer von St. Barbara* der Kleist-Preis zugesprochen. Bald darauf entschied sie sich zur Mitgliedschaft in KPD und BPRS, mit der Vision von einer gerechteren Gesellschaft floh sie von einer Orthodoxie in eine ganz andere. Erwin Piscator verfilmte 1934 den *Aufstand der Fischer* in der Sowjetunion. Am Kongreß der IVRS in Charkow nahm Seghers 1930 teil, in den Folgejahren erschienen die Romane *Die Gefährten* und *Der Kopflohn*. 1933 wurde sie von der Gestapo verhört, bald danach gelang Familie Radvanyi die Flucht über die Schweiz nach Paris, wo Seghers zu einer zentralen Figur im SDS wurde. Die Reise in das Wien nach dem Bürgerkrieg von 1934 war gewagt, doch der Lohn blieben der Roman *Der Weg durch den Februar* und die Erzählung *Der letzte Weg des Kolomann Wallisch*. Auch bei den Schriftsteller-Kongressen 1935 in Paris und 1937 in Valencia durfte ihre Stimme nicht fehlen.

Laszlo Radvanyi wurde von Januar 1940 bis März 1941 in Le Vernet interniert, mit ihren Kindern gelang Anna Seghers in letzter Minute die Flucht aus Paris vor der herannahenden Wehrmacht. In Marseille angekommen, begann die Sisyphos-Arbeit zur Beschaffung aller nötigen Ausreisepapiere. In besorgten Briefen nach New York an Wieland Herzfelde und F. C. Weiskopf schrieb sie von ihren Ängsten, Plänen und Hoffnungen. Mit Hilfe des JAFC und Gilberto Bosques gelang der Familie Ende März 1941 die Weiterfahrt, während der dreimonatigen Schiffsreise kam es zu einer mehrwöchigen Internierung auf Martinique, sowie zu weiteren erzwungenen Aufenthalten auf Santo Domingo und Ellis Island vor New York. In den USA durfte sie jedoch nicht bleiben, weiter ging es ins unbekannte Mexiko, für das die Familie Radvanyi sich nur Notfall-Visa besorgt hatte. Dort angekommen, erklärte auch Anna Seghers sehr bald das Land als ideal für Künstler, glaubte jedoch nicht, jemals darüber schreiben zu wollen.

Die Wochen und Monate des bangen Wartens in Marseille wurden in *Transit* literarisiert, einer epochalen Verdichtung existentieller Verlorenheit im Exil. Die Angst, daß Marseille zur Falle wird, verdichtet sich zu einem Alptraum, bestehend aus zermürbendem Papierkrieg mit Behörden um Aufenthaltsgenehmigungen, Affidavits, Aus- und Einreisedokumente, Schiffstickets und Transit-Visa. Das Zeitdokument in kurzen Bildern, die wie

Filmsequenzen aufeinanderfolgen, verdeutlicht die ständige Entfremdung der Emigranten und die Verunsicherung ihrer Identität. Der Schlüsselroman setzt dem mexikanischen Konsul Gilberto Bosques und dem Schriftsteller Ernst Weiss ein Denkmal, doch während letzterer sich 1940 in Paris kurz vor Eintreffen der Wehrmacht das Leben nahm, so hat der Protagonist des Romans sein Schiffsticket schon in Händen. Er bleibt, um sich der Résistance in Frankreich anzuschließen. Anfang Februar 1943 las Anna Seghers einen Auszug aus *Transit* im HHK, den Vorsitz des Abends hatte Paul Mayer inne, Alexander Abusch sprach zur Einleitung über *Aufgaben des Schriftstellers im Krieg*. Im Juni und November 1943 erschienen zwei Kapitel von *Transit* als Vorabdruck im FD – doch bei ELL wurde es nicht verlegt. Wie konnte dies geschehen bei einer Bestseller-Autorin? 1944 erschien *Transit* in englischer Übersetzung bei Little, Brown & Co, Editionen in ganz Lateinamerika folgten. Die erste deutsche Ausgabe kam 1948 bei Weller in Konstanz heraus. Literarisch gesehen war das Nicht-Gelingen der Flucht aus Marseille der einzig mögliche Ausgang, denn er war oft genug grausame Realität. Die gelungene Flucht nach Übersee war die Ausnahme, ein großes Privileg. In *Transit* wandelt sich der Protagonist zum Helden, der die autonome Entscheidung trifft, zu bleiben. Dies war politisch betrachtet für Paul Merker und die BFD-Kommunisten ein massives Problem, denn es gab den Parteibefehl von 1939, sich dem Widerstand in Frankreich oder Deutschland anzuschließen – und alle Kommunisten, die nach Mexiko geflüchtet waren, hatten ihn mißachtet, weil sie bereits seit langem polizeibekannt waren und in akuter Lebensgefahr schwebten.

Doch dies war nicht der erste Konflikt. Seghers war nicht bereit, mit Georg und Henny Stibi zu brechen, dies im Einverständnis mit Kisch. Im Dezember 1944 zwang Merker Seghers dazu, sich schriftlich von Stibi zu distanzieren. Es fällt auf, daß Seghers bei fast keiner BFD-Veranstaltung in Erscheinung trat. Ausnahmen bleiben im Juni 1942 eine Lesung aus dem *Siebten Kreuz* zur Vorbereitung von ELL und das Festbankett für Ludwig Renn im Mai 1943. Beim LAK-Kongreß kurz davor wurde sie nicht nur ins Präsidium gewählt, sondern auch zur Ehrenpräsidentin der gleichfalls gegründeten Deutschen Demokratischen Frauenbewegung (DDF), geschäftsführende Präsidentinnen waren Luise Heuer und Olla Ewert. Parallel zum BFD wurden bis April 1945 etwa zehn Veranstaltungen durchgeführt, wobei Gertrude Düby über Chiapas, Lydia Lambert-Zuckermann über Frankreich, Paul Westheim über die Fresken von Orozco, Steffie Spira über das deutsche Theater, Paul Mayer über mexikanische Geschichte und Marie Frischauf-Pappenheim über moderne Schönheitspflege sprachen. Auffällig ist, daß nur nicht-kommunistische Männer eingeladen wurden, wenn man von Kischs Auftreten als Weihnachtsmann bei einem Kinderfest einmal absieht. Doch nach einer Benefizveranstaltung für die Vereinten Nationen *Viva Mexico* unter dem Vorsitz von Wera Chrzanowski im Mai 1944, also einer politischen Manifestation, wurde das Programm der DDF für ein Jahr eingestellt. Anfang April 1945 erfolgte eine einmalige Renaissance mit Lotte Baumgartens Referat *Die deutsche Frau, gestern, heute, morgen* – davor hielt Paul Merker seine Ansprache *Die Lage in Deutschland*. Danach betätigten sich die Frauen nur noch in der Paketaktion für die Sowjetunion und Deutschland. Wie weit Seghers das Programm der DDF aktiv mitgestaltete, läßt sich nicht belegen, ihre Auftritte waren dem Internationalen Frauentag vorbehalten. Sie gestaltete Anfang März 1943 eine *Einladung zum Tee* und 1944 mit Steffie Spira eine *Veranstaltung zu Ehren der Frauen, die gegen den Faschismus kämpfen* sowie eine Radiosendung.

Selbst bei Großveranstaltungen mit anderen Organisationen oder bei offiziellen Empfängen trat Anna Seghers so gut wie nie als Rednerin in Erscheinung, sondern bestenfalls als Ehrengast, sie drängte sich nicht in den Vordergrund. Eine Ausnahme bildete die *Kundgebung zum 10. Jahrestag der Hitler-Diktatur* Ende Januar 1943, woran sich auch CTM, PRM und Pablo Neruda beteiligten. Mit diesem sprach Seghers nur einen Tag danach bei einer *Kundgebung für die Sowjetunion* des Comité de Ayuda a la URSS. Zwischen Oktober 1945 und Juli 1946 hielt Seghers Vorträge vor der Freien Jugend und der BFD-Nachfolgeorganisation.

Die DP druckte im August 1944 einen Auszug aus *Transit*, doch es sollte ein Jahr dauern, bis Seghers hier ihren ersten Artikel veröffentlichte, im September 1946 folgte einer über das Gastspiel von Ernst Deutsch in Mexiko. Ende Mai 1946 traf sie mit Manfred George zusammen, der sich nach seiner Rückkehr in die USA im New Yorker *Aufbau* über die mexikanische Exilkolonie mokierte.

Als Präsidentin im HHK war Anna Seghers überaus präsent, es gab kaum eine literarische Veranstaltung, an der sie sich nicht beteiligt hätte. Andererseits wird man den Namen Merker nur selten bei Veranstaltungen des HHK finden, ein einziges gemeinsames Auftreten fand Anfang Oktober 1942 bei einem *Russischen Abend* statt, wobei Merker das Hauptreferat *Der Heldenkampf des Sowjetvolkes* hielt. Während Seghers als Gastgeberin des HHK nach allen Seiten hin Offenheit bewies, war sie im Gegensatz zu vielen ihrer Freunde in all den Jahres des Krieges niemals bei einer jüdischen Organisation zu Gast, auch in der *Tribuna Israelita* erschien keine Zeile von ihr.

Zur Arbeit zog sie sich immer wieder nach Cuernavaca zurück, hier begann sie mit *Die Toten bleiben jung* einen weiteren Roman, der das Leben im NS-Staat thematisiert und 1949 in Berlin erschien. Durch ihre Freundschaft mit Xavier Guerrero und Diego Rivera beschäftigte sie sich intensiv mit dem Muralismo. Es ist durchaus möglich, daß auch Kisch und Simone im Kreis um Rivera und Frida Kahlo verkehrten, obwohl diese von der KPM geächtet waren. Laszlo Radvanyi arbeitete intensiv für Vicente Lombardo Toledano, der ihn als Wirtschaftsexperten dauerhaft an die Universidad Obrera engagierte. Anna Seghers hielt hier nur im April 1942 einen einzigen Vortragszyklus über *Die Literatur im Dritten Reich*. Im FD stand der Name Anna Seghers für moralische Integrität und programmatische Essays. *Deutschland und wir* (1941) erschien noch unter Chiffre, *Volk und Schriftsteller* (1942) ist ein Plädoyer für die Exilliteratur, da die Verbundenheit beider Komponenten in Deutschland durch die Gleichschaltung zerstört, im Exil aber um so schmerzlicher vermißt und daher gestaltet werde. Als *Aufgaben der Kunst* (1944) wird didaktische Wirkung gefordert, um dem verrohten deutschen Volk wieder menschliche Werte zu vermitteln.

Ende 1942 erhielt Seghers die Nachricht von der Deportation ihrer Mutter ins polnische KZ Piaski bei Lublin, wo diese vermutlich 1943 ermordet wurde. Am 24. Juni 1943 traf Anna Seghers ein weiterer Schicksalsschlag: Beim Überqueren einer mehrspurigen Straße in Mexiko-Stadt wurde sie von einem Lastkraftwagen erfaßt, wonach sie lange Wochen unter schwerer Amnesie litt. In der Erzählung *Der Ausflug der toten Mädchen* (1943/44) ringt die Autorin um Überwindung beider Katastrophen. Im Gesamtwerk bildet diese Erzählung eine Ausnahme, Seghers tritt ein einziges Mal aus ihrer künstlerischen Namenlosigkeit heraus, sie benennt sogar ihre ehemalige Mainzer Wohnung in der Kaiserstraße. Außerdem räumt »Netty« erstmals Mexiko einen Platz in ihrem Werk ein, weil die Exilsituation sie zur Vergewisserung der Heimat zwang. In kindlich-märchenhaften Assoziationen imaginiert sie abwechselnd ihre Kindheit und die beschirmende Gegenwart des Asyllands. Die Mutter, die Jugendfreundinnen und ihre jüdische Lehrerin sterben, das Land Mexiko wird zur Adoptivmutter der Entkommenen. Der Text erschien zuerst in einer mexikanischen Literaturzeitschrift, 1946 in Herzfeldes Aurora-Verlag. Besonderes Interesse verdient die 1943/44 entstandene Erzählung *Post ins gelobte Land*. Bei aller ideologischen Distanzierung findet sich hier ihre intensivste Annäherung an die Welt der Eltern, mehrmals wird das Kaddisch gelesen.

Obwohl Seghers 1946 die mexikanische Staatsbürgerschaft erhielt, zögerte sie keinen Moment, nach Berlin zurückzukehren. All die Jahre in Mexiko hatte sie für das deutsche Publikum geschrieben, jetzt wollte sie mit ihrer Literatur am Neuaufbau mitwirken. Laszlo Radvanyi hingegen blieb noch bis Ende 1952 an der Universidad Obrera, die Kinder übersiedelten zum Studium nach Paris. Im Januar 1947 ging es endlich über New York, Stockholm und Paris nach Berlin. Am 10. Mai sprach sie zum Tag des freien Buches an der späteren Humboldt-Universität – von Anlaß und Datum her blieb die Kontinuität aus dem Exil

Nach der Aufführung des Redl-Stückes zum 60. Geburtstag von Egon Erwin
Kisch 1945: Bodo Uhse, Friedrich Katz, Kurt Stern, Anna Seghers, Ludwig
Renn, (davor:) Bruno Frei, (dahinter verdeckt:) Alexander Abusch, Lenka
Reinerová, Rudolf Feistmann, (Mädchen:) Nadine Stern, Leo Katz, Alma
Uhse, André Simone, Hans Marum

gewahrt. Im Juli verlieh die Stadt Darmstadt Anna Seghers den Georg-Büchner-Preis, eine Reise führte sie durch West- und Süddeutschland. Beim 1. Deutschen Schriftstellerkongreß in Berlin sprach sie selbstbewußt über *Der Schriftsteller und die geistige Freiheit*. Doch bald schon beklagte sie in einem Brief scherzhaft das Fehlen eines mexikanischen Sektors in Berlin. Parallel zu ihrer Eingliederung in neue intellektuelle Netzwerke verstärkte sich die Sehnsucht nach Mexiko, das einen bedeutenden Teil ihres Spätwerkes prägte.[3] Mitte 1948 reiste Seghers u. a. mit Wolfgang Harich, Jürgen Kuczynski und Stephan Hermlin zu einer Studienreise in die Sowjetunion, im Oktober ging es zum Weltkongreß der Intellektuellen im Wrocław (Breslau). Ihre Auseinandersetzung mit einer im Muralismo sich vorbildhaft manifestierenden Volkskunst, die schon in ihrem ersten Essay nach der Rückkehr *Die gemalte Zeit* ihren Ausdruck gefunden hatte, setzte sich 1949 mit *Diego Riveras Fresken* fort. Im selben Jahr sprach sie in Paris beim Weltkongreß der Kämpfer für den Frieden. 1950 wurde sie in den Weltfriedensrat aufgenommen, gleichzeitig erschien *Crisanta*, in dem das Blau des Rebozo-Stoffes als Inbegriff mexikanischen Heimatgefühls im Vordergrund steht. Im selben Jahr fielen Paul Merker und andere Mexiko-Remigranten in der DDR in Ungnade. Seghers hingegen wurde 1951/52 geradezu demonstrativ mit Auszeichnungen überschüttet: Sie erhielt den Internationalen Lenin-Friedenspreis und den Nationalpreis 1. Klasse. 1952 schließlich wurde sie Vorsitzende des Deutschen Schriftsteller-Verbandes, in späteren Jahren sollte sie noch den Stalin-Friedenspreis und wichtige DDR-Auszeichnungen entgegennehmen. Als prominenteste Mexiko-Remigrantin überstand sie die antisemitisch motivierten Säuberungen der frühen fünfziger Jahre. Vielfach wurde Anna Seghers danach vorgeworfen, ihre Stimme hätte als einzige im Staate genug Autorität gehabt, öffentlich Einspruch zu erheben. Als Laszlo Radvanyi 1953 von der Staatssicherheit vernommen wurde, konnte er sich wahrheitsgemäß vom verfemten Merker distanzieren, dies hätte auch für Seghers gegolten. Als 1956 Walter Janka verhaftet wurde, versuchte sie inoffiziell durch eine Resolution von Berliner

Schriftstellern und eine Vorsprache bei Walter Ulbricht zu intervenieren, wie ihre Tochter Jahre später berichtete. Es gibt keine Hinweise, daß sie von der Staatssicherheit vernommen wurde, doch eine Akte über sie mit Treffberichten und abgefangenen Briefen wurde angelegt. So schrieb ein gewisser »Kurt« über ein Gespräch mit Konstantin Fedin, der zuvor Seghers besucht hatte: »S. ist sehr lange in der Partei. Sie kam 1946 aus Mexiko aus der Emigration und es war anfangs sehr schwierig für sie, da sie einige Vorbehalte gegenüber der deutschen Parteiführung hatte. Der Grund hierfür ist, daß sie Jüdin ist und gegen die Deutschen eine gewisse Abneigung hatte. Sie hält sehr viel von der Sowjetunion und von den franz. Genossen. Sehr oft reist sie in die SU, wo sie sehr gut auftritt. Nach dem 20. Parteitag der KPdSU gab es bei ihr eine Krise, die sich nach der Verhaftung von Janka (mit dem sie in der Emigration in Mexiko war) vertiefte. Da sie ihre Meinung immer sehr offen zum Ausdruck bringt, wurde mit ihr des öfteren gesprochen.«[4]

Auf Einladung von Jorge Amado reiste Seghers 1961 und 1963 nach Brasilien, mexikanischen Boden sollte sie nie wieder betreten. Ihre tiefe Verbundenheit mit Lateinamerika bekundete sie u. a. mit einem aus privaten Mitteln gestifteten Stipendium für dortige Schriftsteller. In der kurzen Erzählung *Die Heimkehr des verlorenen Volkes* von 1965 reinkarniert sie Präsident Cárdenas als Befreier der Mayas. Die 1967 erschienene Geschichte *Das wirkliche Blau* stellt einen Aufruf zu Autarkie und Freiheit der Dritten Welt dar. Das unvergleichliche Blau wird zum Symbol eines Lebens in Würde und Unabhängigkeit, die nur im Kampf immer neu verteidigt und gewonnen werden können. Andererseits läßt sich die Novelle als mexikanisch eingekleidete Auseinandersetzung mit dem strikten Literaturdirigismus der DDR in den sechziger Jahren lesen. 1968 kam es zur erneuten Zusammenarbeit mit Walter Janka, der als Dramaturg die Verfilmung von *Die Toten bleiben jung* vorbereitete. Nach außen hin hielt sie dem SED-Staat bis zuletzt die Treue. Die offizielle Literaturkritik stilisierte sie zur Ikone, zum sozialistischen Klassiker zu Lebzeiten. Andererseits gab es 1962 eine erhebliche Polemik vor dem Erscheinen des Buches *Das siebte Kreuz* in der BRD bei Luchterhand und nach ihrer Teilnahme bei der Kafka-Konferenz in Liblice. Einen Großeinsatz verzeichnete das MfS 1981 in Mainz, wo Seghers kurz vor ihrem Tod die Ehrenbürgerschaft verliehen wurde. Stephan Hermlin schrieb einmal, Anna Seghers berge »in ihrem Innern unter Bergen von Schweigen Schreie und Worte, die niemals laut wurden.«

1 Stephan 1997
2 Haller-Nevermann 1997, LaBahn 1986
3 Hilt 1994, Pohle 1992, Schrade 1993
4 Treffbericht von GI »Kurt« am 5.9.1958. In: BStU, MfS AP4592/92, S. 8

Bodo Uhse – Heimkehr ins innere Exil Mexiko

Wie für Anna Seghers, so gewannen die Erinnerungen ans mexikanische Exil auch für Bodo Uhse erst lange nach der Heimkehr literarische Relevanz und dienten als Fluchtmöglichkeit aus der Einengung des schöpferischen Freiraums in der DDR. Doch im Gegensatz zu Seghers schuf Uhse erst von Deutschland nach Mexiko blickend mit *Sonntagsträumerei in der Alameda* und *Mexikanische Geschichten* den Höhepunkt seines Werkes, der aber kaum Beachtung fand. Frühere Bücher Uhses wurden in großen Auflagen aufgelegt und gehörten zur Schullektüre. Deshalb standen sie im Westen in schlechtem Ruf und wurden ignoriert.

Das Leben Bodo Uhses (1904 – 1963) war von Brüchen und Selbstzweifeln geprägt, in manchem seinem langjährigen Freund Gustav Regler ähnlich.[1] Bevor er den Weg nach Mexiko einschlug, mußte zuerst der viel weitere von rechtsaußen nach linksaußen durchgestanden werden. Seine Jugend verbrachte er in Niederschlesien, der Vater war als Offizier nur selten daheim und heiratete bald eine andere Frau, die der Junge nicht akzeptierte. Die Folge waren Flucht und Suche nach Anerkennung durch juvenilen Heldenmut. Als Meldegänger beteiligte er sich 1920 am Kapp-Putsch. Danach schloß er sich dem völkischen Bund »Oberland« an, der ihm eine paramilitärische Ausbildung zukommen ließ. Von 1927 bis 1930 in Berlin im Umfeld von Georg und Otto Strasser Mitglied der NSDAP, verfaßte Uhse Artikel für einige Provinzzeitungen. Nach seinem Austritt schloß er sich der antifaschistischen Bauernbewegung an, wo er aktiv an illegalen Demonstrationen und der Verhinderung von Zwangsversteigerungen mitwirkte. 1931 brachte der Eintritt in die KPD eine gründliche Prüfung seiner Person mit sich, da man seiner früheren Nazi-Militanz mißtraute. Dieses harte Verfahren hinterließ einen tiefen Eindruck und dürfte ihn auch in späteren Zeiten des Zweifels gehindert haben, offen Kritik an der Partei zu üben.

Das Exil in Paris ab 1933 brachte entscheidende Impulse – das Kulturleben der Metropole, die neue Sprache und die Begegnung mit den Größen der Exil-Literatur im SDS-Vorstand. Auf dem Schriftstellerkongreß 1935 in Paris nahm Uhse mit seinem Referat *Die Wahrheit ist der Feind des Faschismus* teil, erwähnenswert bleibt auch seine spontane Zurechtweisung Robert Musils, als dieser sich in seiner Rede mißverständlich äußerte. Im selben Jahr erschien von Egon Erwin Kisch beeinflußt mit *Söldner und Soldat* eine autobiographische Auseinandersetzung mit der eigenen Vergangenheit in der NSDAP und dem Wechsel zur KPD. Der Autor selbst sah sein Erstlingswerk als nicht zur Gänze gelungen, zwanzig Jahre später plädierte er gegen eine Neuauflage. Andererseits macht er dem Leser die Desorientierung verständlich, vor der Deutschlands Jugend nach dem verlorenen Krieg stand, und die daraus resultierende Verzweiflung und Aggressivität, den Zusammenschluß in radikale Gruppen zur Überwindung der Leere – es bedurfte nur noch eines einenden Feindbildes. Das Buch ist ein Geständnis und eine Warnung davor, die Begeisterungsfähigkeit der Jugend paramilitärisch zu mißbrauchen.

Im September 1936 ging er mit einem spanischen Paß versehen im Parteiauftrag zur journalistischen Berichterstattung an die republikanische Front nach Spanien, doch die Sprache war ihm noch fremd. 1937 gehörte er zu den Radio-Redakteuren des Freiheitssenders 29,8 in Valencia, der Berichte in deutscher Sprache brachte und damit das strikte Nachrichtenverbot Hitlers über die deutsche Intervention im Spanischen Bürgerkrieg durchbrach. Tagebuchnotizen Uhses aus Madrid, Guadalajara, Valencia und Albacete dokumentieren die Schrecken des Krieges, aber auch die neue Lebensart, das Erlernen der Landessprache und Freundschaften mit Kisch, Renn, Regler, Kurt Stern, Hans Kahle und vielen Spaniern, die bis in seine mexikanische Zeit andauern sollten. Die KPD sandte ihn 1938 nach Frankreich zurück mit dem Auftrag, den 1935 begonnenen Roman *Leutnant Bertram* fertigzustellen. Den Sommer 1938 verbrachte Uhse auf Einladung von Emil Alphons Reinhardt in Le Lavandou.

Anna Seghers beschrieb Bodo Uhse als beständigen Grübler über den richtigen Ausdruck für die mannigfaltigen Erscheinungsformen des Lebens. Sein literarisches Talent wurde oft durch seine psychische Disposition und beengte Lebensumstände beeinträchtigt, hinzu kamen Schwierigkeiten mit dem verinnerlichten Druck der Partei, ideologische Inhalte zu vermitteln. Unter diesen Voraussetzungen gelang nicht immer die Umsetzung oft glanzvoller Konzepte. Unbeschwerter gestalteten sich Tagebücher und Briefe, nur vom Gedanken beseelt, sich einem vertrauten Menschen mitzuteilen. Beflügelt durch junge Liebe gehören die Briefe an Almuth Heilbrun zu seinen lesenswertesten Aufzeichnungen und dokumentieren seinen Aufenthalt 1939 an der Ostküste der USA und die Reise nach Kalifornien. Doch ohne die Aufmerksamkeit und Lebenshilfe einer Frau fühlte Uhse sich stets wie gelähmt und unfähig, Energie für schriftstellerische Arbeit aufzubringen. Als er erfahren mußte, daß sie sich mit einem anderen verlobt hatte, kam es zu schweren Depressionen, was sich durch den Kriegsausbruch und die Ausweisung aus den USA noch verstärkte.

Die erhalten gebliebenen Tagebuchaufzeichnungen von mehr als acht Jahren Mexiko sind spärlich, Briefe an F. C. Weiskopf dokumentieren Uhses Alltag im Exil – konstante Geldsorgen, Reflexionen über die Kriegsfronten und Deutschland, die schriftstellerische Arbeit und Treffen mit Freunden sowie das Kennenlernen seiner späteren Frau Alma Agee, einer jüdischen US-Amerikanerin. Schon bei seiner Ankunft fühlte er sich zu Mexiko hingezogen und erfreut, vom geschichtslosen Boden der USA wieder in ein Land mit alter Kultur und ihren Zeugnissen zu kommen. Es war ihm wie eine Rückkehr in die Vertrautheit und Geborgenheit einer Familie, nach der er sich sehnte. Uhse genoß das Beisammensein mit spanischen Freunden aus dem Bürgerkrieg, inzwischen war ihm auch die Sprache bestens vertraut. Doch mit Deutschunterricht an der Technischen Hochschule und Vorträgen an der Universidad Obrera kam kein geregeltes Einkommen zustande. Seine Initiativen in der Visa-Beschaffung und im Vorstand der Liga Pro-Cultura Alemana wurden bereits ausgeführt. Bei ELL übernahm Uhse immer wieder schwierige Lektorate, im HHK trat er nicht allzuoft in Erscheinung, zwar referierte Uhse im November 1941 über *Höderlin, politisch und militärisch gesehen*, doch danach verebbte das Engagement, bei Teilnahme an Diskussionen erschien er als höflich-introvertierter Mensch mit leiser Stimme und unorthodoxen Ideen. Im FD zeichnete Uhse als Leiter des Literatur-Ressorts, verfaßte zahlreiche Rezensionen und informierte dank der Lektüre internationaler Kulturzeitschriften sachkundig über Neuerscheinungen. Vor allem die Produktionen B. Travens verfolgte er mit Interesse, nahm sie sogar zum Maßstab für seine Buchkritiken. Das Privatleben gestaltete sich jedoch erneut turbulent – Alma Agee hatte sich seinetwegen scheiden lassen und war mit ihrem Sohn nach Mexiko übersiedelt. Doch inzwischen hatte Uhse eine leidenschaftliche Affäre mit der berühmten und hochgebildeten Tänzerin Waldeen von Falkenstein begonnen, die er beendete, um Alma zu heiraten, doch darüber auch nicht mehr ganz glücklich war. Um 1943 übersiedelte Uhse mit seiner neuen Familie nach Cuernavaca, wo sie ein Haus mit Garten, kleinem Swimmingpool und Reitpferd bezogen, was ihm manch Genosse als moralische Verfehlung auslegte, ebenso die Affäre mit Waldeen. Auch literarisch fühlte er sich oft von den älteren Kollegen nicht verstanden. In einem Brief an F. C. Weiskopf klagt er über Anna Seghers und Ludwig Renn, im Tagebuch über Egon Erwin Kisch.

Groß gefeiert wurde Uhse zusammen mit Leo Katz bei einem Festbankett mit Musik- und Theaterdarbietungen anläßlich des Erscheinens ihrer Romane bei ELL. Uhse hatte den Roman *Leutnant Bertram* abgeschlossen. Der erste Teil schildert den Ausbau der Ostseeinsel Wyst zum Übungsziel der deutschen Luftwaffe unmittelbar nach der »Machtergreifung«. Der aus kleinen Verhältnissen stammende Fliegeroffizier Bertram schafft durch Partei und Armee den sozialen Aufstieg und übernimmt die NS-Ideologie. Der Widerstand der Arbeiter in Deutschland erscheint heroisch, aber gelähmt und uneinheitlich. Während die Gestapo die Arbeiter gnadenlos verfolgt, endet ein religiöser Fischer, der die Insel nicht verlassen will, in einer Selbstmordaktion, die den

Bodo Uhse 1943 in seinem Haus in Cuernavaca

Umdenkprozeß Bertrams einleitet. Im ab 1939 geschriebenen zweiten Teil werden die deutschen Piloten auf Seiten Francos den nun geeinten deutschen Widerstandskämpfern in den Internationalen Brigaden gegenübergestellt. Das Ende ist zwiespältig, zwar wandelt sich Bertram zum Gegner der Nazis, doch die Internationalen Brigaden befinden sich auf dem »taktischen Rückzug«, das Wort »Niederlage« durfte in diesem Zusammenhang nicht fallen. Jene die Nazi-Psychologie entlarvenden Passagen sind oft weit eindringlicher geschrieben als die zeitweise platte Heroisierung der Spanienkämpfer. Bodo Uhse war in seiner militärischen Jugend begeisterter Segel- und Propellerflieger gewesen, aus eigener Anschauung schildert er das Macht- und Lustgefühl der Piloten und ihr Spiel mit dem Todesgedanken. Er deckt ihre angebliche Härte als maskierte Schwächen auf und offenbart die Destruktivität dieser gewalttätigen und doch verletzbaren Männer in Rang und Uniform. Zeitweise wollte Uhse den Roman *Deutsches Schicksal* betiteln, vor der Veröffentlichung wurde er zutiefst depressiv und spielte mit dem Selbstmord-Gedanken – die wohlwollende Aufnahme des Buches ließ ihn wieder Mut schöpfen. Durch die Vermittlung von F. C. Weiskopf kam das Buch 1944 mit dem Untertitel *A Novel of the Nazi Luftwaffe* in New York heraus, weitere Übersetzungen folgten. In Cuernavaca begann Uhse seinen nächsten Roman *Wir Söhne*. Als Schauspieler agierte er im Jahre 1943/44 für den Film *Espionaje en el Golfo*, gedreht in den Estudios Azteca. 1946 wurde Almas und sein gemeinsamer Sohn Stephan geboren, doch erneut plagten ihn Geldsorgen und auch die Ehe kriselte.

Ob er lieber in Mexiko geblieben wäre oder ob es an einer Reisemöglichkeit mangelte – die Remigration kam erst im Juli 1948 zustande. Zusammen mit der Familie ging es über Yucatan und Leningrad nach Berlin. So sehr Uhse Anpassungsschwierigkeiten erwartet hatte, so sehr wurde er in Ost-Berlin mit offenen Armen empfangen und zum Leiter der kulturpolitischen Monatsschrift *Der Aufbau* bestimmt. Im Aufbau-Verlag begann er zusammen mit Gisela Kisch die Herausgabe der Kisch-Edition. Der Club der Kulturschaffenden organisierte im September 1948 eine

Willkommensfeier, *Wir Söhne* erschien im selben Jahr, der Erzählband *Die heilige Kunigunde im Schnee* 1949, zudem entstanden Essays über Ernst Barlach und Käthe Kollwitz. Möglicherweise wollte die SED-Führung mit dem gewendeten Nazi Uhse eine potentielle Vorbildfigur installieren. Aufgrund der pausenlosen Arbeit und als Auswirkung der früheren Hungerjahre machten sich 1949 jedoch Lungenprobleme bemerkbar, und Uhse begab sich Anfang 1950 zu einer TB-Kur in die Tschechoslowakei, wo er Gisela Kisch sowie André und Ilse Simone besuchte. Im Juni nahm er am Schriftstellerkongreß in Warschau teil. Während zahlreiche Mexiko-Heimkehrer und andere Westemigranten verhaftet wurden, blieb Bodo Uhse unbehelligt. Er wurde als Kandidat des Kulturbundes Volkskammer-Abgeordneter und außerdem Vorsitzender des Deutschen Schriftstellerverbandes. Doch die gleichzeitig einsetzende Hetze gegen »Kosmopolitismus« und »Formalismus« hatte einschneidende Kunstreglementierungen zur Folge. Hiervon war auch Uhse betroffen, da er sich stets mit experimentellen Formen des Schreibens und der Kunst auseinandergesetzt hatte. 1952 ging die Leitung des Schriftstellerverbandes auf Anna Seghers über, nach dem Tod Stalins im März 1953 verordnete die SED-Spitze den »Neuen Kurs« der Literatur. Uhse geriet immer mehr in den Zwiespalt zwischen künstlerischen und politischen Ansprüchen, doch rein äußerlich blieb er Parteisoldat. Der erste Teil seines neuen Buches *Die Patrioten* wurde Anfang 1954 gedruckt und im sowjetischen Einflußbereich vielfach übersetzt, er brachte dem Autor den Nationalpreis 2. Klasse für Kunst und Kultur ein. Kurz nach Erscheinen begab sich Uhse auf die Reise nach Fernost, als deren Resultat 1956 das *Tagebuch aus China* erschien, wobei er vielfach Kischs *China geheim* zitiert. Vom zweiten Teil der *Patrioten* schrieb Uhse nur noch einige Kapitel, was nicht zuletzt durch die veränderte politische Lage nach dem 20. Parteitag der KPdSU zu erklären ist, bei dem Nikita Chruschtschow mit dem Stalinismus abrechnete. Uhse übernahm erneut repräsentative Aufgaben, ab 1956 als Sekretär der Sektion Dichtkunst und Sprachpflege der Deutschen Akademie der Künste zu Berlin, sowie als Vorstandsmitglied des Deutschen PEN-Zentrums Ost und West. Die Verhaftung Walter Jankas im Dezember 1956 war ein schwerer Schock, erneut verlor er einen engen Freund und Vertrauten. Auch Uhse schwebte jetzt in akuter Gefahr, von der Zeit in Mexiko eingeholt zu werden. In Panik verfaßte er distanzierende Stellungnahmen und Schmähschriften gegen Freunde vergangener Tage wie André Simone oder Alfred Kantorowicz. Im Juli 1957 fand der Prozeß gegen Walter Janka statt, zwangsweise mußte Uhse mit Anna Seghers, Willi Bredel und Helene Weigel-Brecht den Verhandlungen beiwohnen. Keiner von Jankas Freunden erhob die Stimme gegen die unwahren Anklagen, um nicht an seiner Seite zu landen. Die Beschlüsse der Kulturkonferenz der SED im Oktober 1957 waren ein weiterer Schlag gegen die freie schöpferische Arbeit der Schriftsteller, diese sollten sich nun auf ihr Land konzentrieren und der »bürgerlichen Dekadenz« abschwören. Nach Vorwürfen gegen die Irrtümer und Unzulänglichkeiten der Schriftsteller wurde auch Uhse auf der Konferenz zur Selbstkritik gezwungen. Die anschließende Veröffentlichung im *Neuen Deutschland* ließ ihn das Scheitern seiner Illusionen über die Möglichkeiten eines Staatskünstlers erkennen. Nach dem 5. Parteitag der SED 1958, wo man die Künstler aufforderte, in die Betriebe zu gehen, gab Uhse die Leitung des *Aufbau* ab. Inzwischen war er zum Alkoholiker geworden, sein Sohn Stephan bekam aufgrund der Spannungen innerhalb der Familie schweres Asthma. Bei Uhse kam es an bezeichnender Stelle zu einer psychosomatischen Störung – einem Hautausschlag auf der rechten Hand, der sich zur Lähmung des ganzen Arms ausweitete.

Bodo Uhses Spätwerk ist eine retrospektive Imagination der Exilzeit, doch in den 1957 erschienenen *Mexikanischen Erzählungen* gibt es keine Identifikationsfigur und keinen positiven Helden, schon gar nicht im Sinne des »sozialistischen Realismus«. Vielmehr finden sich surrealistische Elemente, eine Auseinandersetzung mit Eros und Thanatos und mit den enttäuschten Hoffnungen der mexikanischen Revolution. Die Verräter von Freunden, die Mörder stehen am Schluß als Sieger da, auch wenn der Sieg nur im nackten Überleben besteht. Ihre Opfer sind die Anständigen und die Liebenden, alltägliche Grausamkeit beherrscht das Leben der Menschen. Uhse schreibt ohne Pathos und Sentimentalität, sondern geradezu mit pathologisch sezierendem Ernst. In der Erzählung *Tonta* erschießt ein exilierter Schriftsteller mit zerrütteter Ehe seinen geliebten Hund, da dieser von der Tollwut befallen ist. Zugleich tötet er, was ihn vergiftet, denn der Hund hat ihn zuvor gebissen. Die tragische Liebesgeschichte *Reise in einem blauen Schwan* war schon 1944 im FD erschienen. So lange dürfte der Wunsch zurückreichen, das Thema Mexiko ausführlich zu gestalten. Vom gleichnamigen Fresko Diego Riveras inspiriert, erschien 1961 die *Sonntagsträumerei in der Alameda* fast zeitgleich mit dem Bau der Berliner Mauer. Literarische und kulturtheoretische Einflüsse von Carlos Fuentes, José Revueltas, James Joyce und Paul Westheim werden sichtbar. Die Erhebung des ehemaligen Trotzkisten Rivera zum Protagonisten und Helden der *Sonntagsträumerei* war an sich schon gewagt. Dieser wird als volksnaher und sozial engagierter Künstler geschildert, der im Kampf um seine Autonomie im Clinch mit Staat und Geheimpolizei liegt, und diese bei einer Autoverfolgungsjagd mit Schüssen aus seinem Revolver vertreibt. Das überaus farbenfroh geschriebene Buch läßt somit Parallelen zwischen der beschriebenen mexikanischen Gesellschaft und der realen ostdeutschen erkennen – die Revolution ist zur Ikone geworden, die Politiker sind längst nicht mehr auf seiten der Arbeiter, sondern setzen sie Repressionen und Anschlägen aus. Beachtenswert ist auch der Schluß, wobei der Autor sich, plötzlich wie aus einem Traum erwacht, an den Leser wendet und sich selbstironisch gegen den Vorwurf des Betruges an »Wahrheit und Wirklichkeit« rechtfertigt. Doch privat sprach Uhse aus politischen und vielleicht auch privaten Gründen mit niemandem über seine Zeit in Mexiko.

Die Hommage an Fidel Castro *Im Rhythmus der Conga* wurde 1962 veröffentlicht, nachdem eine sechswöchige Kuba-Reise wieder eine gewisse Unbeschwertheit in sein Leben gebracht hatte. Uhse bekam dafür die Johannes-R.-Becher-Medaille des

Deutschen Kulturbundes und übernahm die Redaktion der Zeitschrift *Sinn und Form*. Die durch einen Besuch Walter Jankas am 2. Juli 1963 verstärkte Bestürzung und Reue dürften Stunden danach zu seinem Tod geführt haben. Laut späterem Bericht Jankas 1993 bei einem Symposium in Mexiko erpreßte Alexander Abusch nach Uhses Tod von dessen Sekretärin Josefine Werzlau die Aushändigung der Tagebücher. Abusch war zu diesem Zeitpunkt in den inneren Machtzirkel um Walter Ulbricht aufgestiegen und mußte befürchten, daß in den Tagebüchern auch über ihn ausführlich referiert wurde, so daß die Jahre in Mexiko in der 1981 edierten Fassung etliche Lücken aufweisen.

1 Hanffstengel 1995, Caspar 1984

Leo Katz – Synthese von Judentum und Kommunismus

Die messianische Erwartung des Judentums wurde von Leo Katz ins Gegenwärtige projiziert, er sah vor allem in den Propheten Jesaja und Jeremia Sozialrevolutionäre und in manchen Passagen des Alten Testaments die Beschreibung eines Urkommunismus. Sein im Alter von 48 Jahren begonnenes literarisches Werk hat die Rolle des Judentums in der Geschichte Europas zum Thema. Gleichzeitig träumte er von einem grenzüberschreitenden Kulturaustausch bzw. einer multikulturellen Gesellschaft unter kommunistischen Vorzeichen. Sein publizistisches und literarisches Werk ist in Vergessenheit geraten, was nicht zuletzt daran liegt, daß es in sechs Ländern in mindestens fünf verschiedenen Sprachen veröffentlicht wurde.

Leo Katz (1892 – 1954) entstammte einer einfachen, streng orthodoxen Familie im bukowinischen Städtchen Sereth am Ufer des Pruth, damals Österreich-Ungarn, heute Rumänien.[1] Die Einwohner bestanden aus ungefähr je einem Drittel Juden, Deutschen und Rumänen. Auf Wunsch des Vaters bereitete er sich von früher Kindheit an auf das Rabbinat vor. Dieser Zeit verdankte er seine Liebe zur Bibel, die er lebenslang fast vollständig aus dem Gedächtnis zu rezitieren vermochte, was durch Dispute über die Exegese des Textes ergänzt wurde. Einen Bauernaufstand in Rumänien brachte das Jahr 1907, ausgehend direkt von der anderen Seite des Flusses, viele der Anführer waren ihm als Zulieferer aus dem Holzgeschäft des Vaters bekannt. Wider den ausdrücklichen Befehl der Behörden überschritt der Fünfzehnjährige oftmals mit Freunden den Grenzfluß, wodurch sie auch die Niederschlagung des Aufstandes und anschließende Hinrichtungen miterlebten. Dies bewirkte eine Hinwendung zu weltlicher Bildung, nach dem Studium von Geschichte und Orientalistik in Wien erfolgte 1920 die Dissertation *Die Juden in Deutschland zur Zeit des Schwarzen Todes*. Mit Kriegsende entschied er sich für die österreichische Staatsbürgerschaft und zum Eintritt in die soeben gegründete KPD-Ö. Seine ersten Artikel erschienen in deren Parteizeitung *Die Rote Fahne* und in der jiddischen Presse der Sowjetunion. Im Zuge einer Reise in die USA gehörte er zu den Mitbegründern der jiddischen Zeitschrift *Morning Freiheit*, dem Sprachrohr der jüdischen Sektion der KPdUSA. 1922 nach Wien zurückgekehrt, blieb er deren Korrespondent. Seine aus Galizien stammende Frau Bronja gebar 1927 den Sohn namens Friedrich, der sie später ins Exil begleitete und es zum weithin anerkannten Mexikanisten brachte.

Leo Katz hatte sich innerhalb der Partei etabliert, stand in engem Kontakt zu deren Intellektuellen Johann Koplenig und Erwin Zucker-Schilling und schrieb immer öfter für die Partei- presse in Österreich, den USA und der Sowjetunion, dort auch im Satire-Magazin *Ogonjok*. Doch der Glaube von Leo Katz war ein blinder. Für ihn war die »Judenfrage« in der Sowjetunion vor- bildlich gelöst: Zutiefst beeindruckte ihn das dortige reichhaltige Spektrum an jiddischer Presse und Literatur, dessen Teil er war. Die Beziehungen zu den jüdischen Sektionen internationaler Bru- derparteien und die Ächtung von Antisemitismus in der Sowjet- union ließen ihn an dessen Unmöglichkeit innerhalb der Partei glauben. Er erkannte nicht, daß Stalin ein berechnend-pragmati- scher und prinzipienloser Antisemit war, der Juden gewähren ließ, wo es ihm nützte, der aber keine Skrupel hatte, sie danach brutal zu beseitigen. Das jüdische Paradies in der Sowjetunion, Leo Katz hatte es nie gesehen, es existierte nur in seinem Kopf.

1930 nach Berlin übersiedelt, fand er Anschluß an die deutsche *Rote Fahne*, die den unter verschiedenen Pseudonymen Schrei- benden zum Feuilletonredakteur machte. Außerdem verfaßte er politische Broschüren über die Balkanländer, wobei es zu einer Begegnung mit dem Bulgaren Georgi Dimitroff kam, dem späte- ren Generalsekretär der KI. Im März 1931 lassen sich Vorträge von Leo Katz und Erich Fromm zum Thema *Palästina oder Biro- bidshan* nachweisen. Bronja Katz arbeitete für die sowjetische Handelsdelegation. Nur mit viel Glück gelang im Sommer 1933 die Flucht der Familie nach Paris. Hier fand Leo Katz Anschluß an die jüdische Sektion der KPF, dank der inzwischen großen publizistischen Erfahrung gelang unter seiner Leitung die Umwandlung ihrer jiddischen Wochenzeitschrift *Naie Presse* in eine Tageszeitung. Ein Kontakt zu den SDS-Schriftstellern oder zu Münzenberg läßt sich nicht belegen, obwohl er in derselben Emigranten-Unterkunft wohnte wie Alexander Abusch, Bruno von Salomon und zeitweise Ernst Bloch. Ab 1936 betätigte sich Leo Katz als Waffeneinkäufer im Auftrag der spanischen Republik und begleitete Munitionsminister Alejandro Otero auf seinen Reisen durch Europa und in die USA. Als Kurierin der Internationalen Roten Hilfe wurde Bronja Katz nach Spanien, Bulgarien und in die Sowjetunion gesandt. Aufgrund dieser Tätigkeit wurde das Ehepaar 1938 aus Frankreich ausgewiesen, dank eines Besuchervisums gelangte es in die USA, wo die in all den Jahren nie abgebrochenen Kontakte zur *Morning Freiheit* die Integration erleichterten. Zu ihren engen Freunden zählten Ernst Bloch und der linkskatholische Ernst Karl Winter, bis 1938 Vizebürgermeister von Wien, mit denen er u. a. über die Bibel diskutierte. Zusammen mit Otto Kreilisheim suchte Leo Katz, die Gründung einer KPÖ-Exilgruppe zu initiieren, parallel dazu verfaßte er Beiträge für die in Paris von Bruno Frei geleiteten *Deutschen Informationen*. Doch die USA verweigerten dem exponierten Kommunisten eine Verlängerung seines Visums.

Trotz all dieser zeitaufwendigen Aktivitäten schaffte Leo Katz zwischen 1938 und 1940 den Sprung vom Publizisten zum Schriftsteller, mit *Brennende Dörfer* entstand ein Manuskript, das erst 1993 veröffentlicht wurde. In liebevoll-satirischer Weise werden die Schrullen der Bewohner der Kleinstadt Sereth im hintersten Winkel der Habsburger Monarchie im Jahr 1907 geschildert, wo nicht nur über so unerhörte Neuerungen wie das Allgemeine Wahlrecht und die Eisenbahn diskutiert wird, sondern wo auch jenseits der Grenze der Bauernaufstand ausbricht, der durch seine blutige Niederschlagung das Ende der Beschaulichkeit für Sereth bringt. Eine erweiterte Fassung des Romans erschien 1947 bei Alfred Knopf unter dem Titel *Seedtime*, die Literaturkritiker reagierten zahlreich und freundlich. Zwei Jahre danach erschien es in Mexiko bei einem jiddischen Verlag.

Die Übersiedelung von New York nach Mexiko Ende 1940 bedeutete für Leo Katz keine Unterbrechung seiner Tätigkeiten. Entscheidend bleibt, daß der glühende Anti-Zionist hier zum Gegenteil mutierte. Unter seiner Mithilfe gelang nicht nur die Gründung der KPD-Sektion bzw. der BFD – sondern auch die der überparteilichen ARAM. Der Internationalist segelte also unter deutscher und österreichischer Flagge, bis er sich eindeutig auf zweitere festlegte. Nach dem durch die Differenzen mit Georg Stibi bedingten Rücktritt aus dem BFD-Leitungsgremium intensivierte er seine Tätigkeit im Vorstand der ARAM und der *Austria Libre*. Hervorzuheben sind hierin die Artikel *Freie Österreicher und Juden* und *Der Kampf gegen den Antisemitismus in Österreich*. In der KP-nahen Presse Mexikos erschienen Artikel unter dem Pseudonym Joel Ames, außerdem in der jiddischen *Fraivelt*, hinzu kamen einige Film-Szenarien, über die nichts genaueres bekannt ist. Kulturgeschichtliche Studien mündeten in Vorträge, die gleichmäßig verteilt wurden: Im April 1942 begann ein Vorlesungszyklus an der Universidad Obrera über *Die Lage der Juden in den faschistischen Ländern*, erst im September 1943 kam es mit *Das auserwählte Volk. Geschichtsphilosophische Betrachtungen über Griechen, Römer, Juden und Deutsche* zum ersten »Soloabend« im HHK, dem zahlreiche Beiträge zu Diskussionsveranstaltungen vorangegangen waren. Im November 1943 wurden Kontakte zu einer benachbarten Exil-Kolonie geknüpft, Katz sprach vor dem Comite Israelita de Puebla über *Die Lage der Juden im besetzten Europa*, Bodo Uhse über *Die Bedeutung des NKFD*. Hervorzuheben ist der Artikel *Nazismus als Religion*, der auch in den USA erschien, da hier die unter Kommunisten übliche ökonomistische Analyse des Nationalsozialismus verlassen und dieser als primitive Religion interpretiert wird, die in krassen Gegensatz zum Christentum stehe. Bereits davor hatte Katz den Getto-Aufstand von Warschau gewürdigt, was ebenfalls nicht auf Parteilinie lag.

Ende 1943 referierte Katz in der Menorah über *Die Entstehung des Gettos*. Eine bemerkenswerte Veranstaltung im August 1944 dürfte ebenfalls auf die Initiative von Leo Katz zurückgehen:

Zu einer Juristenkonferenz in Mexiko-Stadt war aus New York der renommierte Wiener Rechtsanwalt Emil von Hofmannsthal angereist, ein Neffe des gleichnamigen Dichters Hugo. Auf Einladung der ARAM referierte er zum Thema *Rückerstattung des von den Nazis geraubten Eigentums*. Den Vorsitz hatte Josef Foscht für die ARAM, es diskutierten Theodor Schwartz für die ACM, Ludwig Renn und Leo Zuckermann für die BFD, aber auch die Menorah-Funktionäre Paul Drucker und Siegmund Strauss, sowie Kurt Stavenhagen und Paul Feibelmann und der Einzelkämpfer Otto Klepper. Nur zwei Wochen davor ließen sich Paul Merker und Ludwig Renn im Jüdischen Klub Mexikos über die Haltung der deutschen Anti-Nazis zum Schicksal des Judentums befragten, ein Kapitel aus dem Roman *Totenjäger* von Leo Katz wurde in jiddischer Sprache gelesen. Über diesen Jüdischen Klub Mexikos, der mitunter auch als Jiddischer Klub in Erscheinung trat, ist nur wenig bekannt, außer daß er jenseits von Bund und Poale Zion jüdisch-sozialistisch orientiert war. Ebenso verhielt es sich mit der mitgliederstarken Liga Israelita Popular, die sich von den elitären Vereinen schon durch das Wort »popular« unterschied. Sie organisierte im Oktober 1944 eine Vorführung des sowjetischen Films *Das Gericht kommt*, wobei Leo Katz über *Ilja Ehrenburg als Schriftsteller, Jude und Kämpfer* sprach. Unter den Festgästen befand sich aber auch Lew Tarasow, der NKWD-Beauftragte der sowjetischen Botschaft. Der Film war zwei Wochen davor unter Mitwirkung von Paul Merker auch von der Liga Israelita Pro-Ayuda a la Unión Soviética gezeigt worden, zu deren Initiatoren Leo Katz gehörte. Obwohl diese Liga nach dem Hilferuf des JAFK gegründet wurde, konnte erst im Januar 1945 ein Versammlungslokal eingeweiht werden, unter den Festgästen waren nicht nur Leo Katz und (vier Tage vor seinem Tod) Konstantin Umanskij, sondern auch mit Moisés Glikowski der Beauftragte des Jüdischen Weltkongresses in Mexiko, außerdem Vertreter der Organización Sionista Unida en México, der Poale Zion sowie jüdische Gäste aus New York. Umanskij war auch Ehrengast beim von Leo Katz im Dezember 1944 organisierten *Makkabäerfest*, wofür Katz die Szene *In einem*

Leo Katz um 1950 in Wien

Nazilager verfaßte. Mit dem Tod von Umanskij war der Flirt zwischen der Sowjetbotschaft und jüdischen bzw. zionistischen Vereinen beendet, doch Leo Katz ließ sich davon nicht beirren. In der Ende 1944 gegründeten *Tribuna Israelita* erschienen bis Ende 1947 über 24 seiner Artikel, teilweise unter dem Pseudonym Leo Weiss. Bronja Katz leitete das Sekretariat für den anonymen Chefredakteur André Simone.

Mit dem Roman *Totenjäger* verschaffte Leo Katz dem ELL einen weiteren Verkaufserfolg. Auch wenn das volle Ausmaß der Shoa noch nicht bekannt war, bildet das Buch eine ihrer frühesten literarischen Gestaltungen. Schauplatz der Handlung ist erneut das Städtchen Sereth mit seinen friedliebenden Bewohnern, doch diesmal in der Zeitspanne zwischen 1939 und 1941. Wieder glänzt Leo Katz als differenzierender Erzähler des Kleinstadtlebens, minutiös zeigt er die »Arisierungs«-Praktiken der Nazis, ihre Unterwanderungsversuche und Demütigungen. Dem werden subversiver Widerstand mit Doppelagenten, die in die feindlichen Reihen eingeschleust ihren Kopf riskieren und parallel dazu ein Privatleben führen, und Sabotageakte entgegengesetzt. Die Macht der Desinformation spielt eine entscheidende Rolle. Die Botschaft ist ein Ruf nach geeintem Widerstand über alle sozialen und nationalen Grenzen hinweg: da steht der jüdische Arbeiter in einer Reihe mit dem griechisch-orientalischen Priester und dem rumänischen Offizier, da wird die Rote Armee idealisiert wie die US-Kavallerie in einem Western-Film. Ebenso unrealistisch ist die Rolle der in Sereth alteingesessenen Deutschen, denn die waren 1940 längst »heim ins Reich« geholt worden. *Totenjäger* erschien auf Initiative der Menorah 1945 in Buenos Aires in spanischer Übersetzung, der Ykuf-Verlag in New York brachte 1947 eine jiddische heraus.

Zu diesem Zeitpunkt hätte Leo Katz eigentlich schon in Österreich sein wollen, doch eine Herzattacke kurz vor der geplanten Abreise Mitte 1946 hatte es verhindert. Nach seiner Rekonvaleszenz suchte er Anfang 1948 eine Anstellung an der Jiddischen Schule in Mexiko-Stadt zu erlangen, doch deren Leiter Abraham Golomb verhinderte dies, woraufhin Leo Katz ihn in den Spalten der *Fraivelt* attackierte, was seine Position innerhalb der Gemeinde nicht verbesserte.[2] Spätestens 1950 wurden aufgrund der Entwicklung in Osteuropa die letzten Kommunisten aus dem CCI ausgeschlossen. Eine tragische Anekdote ereignete sich 1948: Leo Katz schickte etliche Exemplare seiner jiddischen Bücher mit Widmungen versehen über die Botschaft in Mexiko an Schriftsteller in der Sowjetunion, nicht ahnend, daß diese vor ihrer Auslöschung standen. Als Katz kurz vor seiner Abreise die Bücher in einem Antiquariat entdeckte, stellte er die Botschaft zur Rede, diese sprach verlegen von einem »Mißverständnis«.

Nach der Gründung Israels sandten Leo und Bronja Katz enthusiastisch ihr Gepäck im voraus dorthin. Doch als sie im Frühjahr 1949 vorerst in Wien Station machten, um alte Feunde zu treffen, drängten diese auf ihr Bleiben. Zwar ging die Reise dann tatsächlich weiter nach Tel Aviv, doch die beschränkten Arbeitsmöglichkeiten und eine neuerliche Erkrankung von Leo Katz ließen das Paar bald nach Wien zurückkehren. Hier konzentrierte sich die publizistische Arbeit der folgenden Jahre auf das *Tagebuch* und die Parteizeitung *Österreichische Volksstimme*. Die KPÖ bot Leo Katz einen Platz in ihrem ZK an, die Humboldt-Universität in Ost-Berlin eine Professur, doch er wollte sich ganz auf seine schriftstellerische Arbeit konzentrieren. Seine Bücher erschienen in Berlin, zuerst mit *Die Grenzbuben* und *Tamar* zwei Beiträge zur sozialistischen Jugendliteratur: In *Tamar* wird aus der Sicht eines jüdischen Mädchens der Spartakusaufstand geschildert, der das Imperium Romanum kurzfristig erschütterte.

Wie Leo Katz die Verfemung seiner Freunde in Ost-Berlin und Prag von Wien aus erlebte, dafür fehlen die Zeugnisse, in jedem Fall hatte er schwere Enttäuschungen zu verkraften. Bei Besuchen in Ost-Berlin kam es zu dramatischen Begegnungen mit den Organen der Staatssicherheit. So wurde er im März 1953 vom Strudel der wechselseitigen Denunziationen erfaßt und gezwungen, falsches Zeugnis gegen den inzwischen verhafteten Paul Merker abzulegen und sich panisch von Israel zu distanzieren.[3] Ein weiteres scharfes Verhör erfolgte im März 1954. Zurück in Wien ereilte ihn fünf Monate danach ein Herzinfarkt.

Man sollte meinen, daß durch die Diffamierung von alldem, was einmal die politischen Ziele von Leo Katz waren – der Förderung der jiddischen Kultur und der Synthese von Judentum und Kommunismus – auch seine Bücher umgehend von der Bildfläche der DDR verschwunden wären, doch dem war vorerst nicht so. Ein historischer Roman über Thomas Münzer wurde aus politischen Gründen abgelehnt. Im Todesjahr erschien jedoch bei Rütten & Loening mit *Die Welt des Columbus* ein historischer Roman von gleichnishafter Sprache voll epischer Spannung. Das Buch endet im Jahr 1492, mit Granada fällt das letzte maurische Königreich der Iberischen Halbinsel, die Heilige Inquisition und die katholischen Könige verweisen alle Juden des Landes, und Cristobal Colon beginnt seine Entdeckungreisen. Ziel des Autors ist es, die historische Vernetzung dieser so heterogenen Ereignisse aufzuzeigen. Großinquisitor Tomas de Torquemada wird als Inkarnation des totalitären Fanatikers gezeichnet, der nicht nur ein Kind entführen läßt, um einen Ritualmord der Juden vorzutäuschen, sondern der auch »los von Rom« einen Kirchenstaat gründen will. Im Nachwort wird die Inqustion als noch schlimmer als die Gestapo dargestellt, da sie nicht nur als Geheimpolizei, sondern auch als Kläger und Richter fungierte. Doch der Zensur entgangen, lassen etliche Sätze aufhorchen, sie verweisen auf die stalinistischen Schauprozesse der frühen fünfziger Jahre – etwa wenn der Großinquisitor eine in den Raum gestellte Frage gleich selbst beantwortet: »Wozu machen wir Autodafés? – Zur Stärkung der Wankelmütigen«. Oder wenn einer seiner Adepten spricht: »Ich kann Ihnen verraten, daß es keinen einzigen starrköpfigen Ketzer geben wird.« Doch genau dazu kommt es bei den zwei geschilderten Autodafés – die perfekte Inszenierung scheitert am Mut von Verurteilten, die im Angesicht des Todes nicht die ihnen zugedachte Rolle spielen und sich der Forderung ihrer Peiniger nach Geständnis und öffentlicher Reue widersetzen. Ganz anders war doch die Realität etwa beim Slánský-Prozeß 1952 in Prag gewesen. An seinen dabei verurteilten Freund André Simone dürfte Leo Katz auch bei folgendem Satz gedacht haben: »Wer ist in der Lage zu sagen, was er selbst unter Folterqualen tun würde? Man soll Menschen nicht verurteilen, bis man nicht selbst in der Lage war.«[4]

Dem Buch vorangegangen war ein umfangreicher historischer Essay mit Titel *Kirche, Moschee und Synagoge*, der ungedruckt blieb. Dasselbe wissenschaftliche Verfahren wandte der Autor auch bei seinem letzten Buch an – aus der Studie *Christentum wird Staatsreligion* entstand der 1955 erschienene historische Roman *Der Schmied von Galiläa*, aus dem tiefgehendes Wissen über Sitten und Gebräuche des antiken Judentums spricht. Angesicht des von Nero angezündeten Roms verfaßt ein Römer einen Lebensrückblick: als Jüngling hatte er einige Jahre als Ziehsohn einer jüdischen Familie in Judäa verbracht, hatte deren bewaffneten Widerstand gegen die Römer unterstützt und sich dann doch als Römer zu erkennen gegeben. Kreuzigungen von Juden stehen auf der Tagesordnung, die Partisanen erkämpfen die Leichname, um sie zu bestatten. Der Protagonist begegnet nicht nur Rabbi Jeschua, auf Griechisch Jesus genannt; Pontius Pilatus adoptiert ihn, mit Maria Magdalena verbindet ihn eine Liebschaft. Anders als im Neuen Testament ist Barabbas der Anführer der jüdischen Partisanen und wird auf dem Kreuzweg von diesen befreit. Wie schon beim *Columbus*-Roman ergänzt ein Nachwort historische Hintergründe. Es ist anzunehmen, daß Leo Katz diese posthume Würdigung seines Werkes Walter Janka verdankte. Danach herrschte lange Zeit Schweigen um den Autor, der dem Westen zu kommunistisch und dem Osten zu jüdisch war.

1 Kaiser 1993, Mörl 1996, Fassel 1990, Kießling 1998
2 Cimet 1997
3 Herf 1997
4 Katz, Leo: Die Welt des Columbus. Berlin 1954, S. 49, 27, 223

Theodor Balk – Emigrant auf Lebenszeit

Das Leben von Theodor Balk (1900 – 1974) verteilte sich auf den serbokroatischen, spanischen, tschechischen und für wenige Jahre auch auf den deutschen Sprachraum.[1] Fast alle seine Bücher und Artikel sind auf deutsch geschrieben, obwohl er in Zemun bei Belgrad als Dragutin Fodor zur Welt kam. Nach einem Medizinstudium in Wien lernte er, zurück in Belgrad, ab 1925 das soziale und physische Elend aus nächster Nähe kennen, verfaßte eine Broschüre über diese Zustände und wurde Mitglied der illegalen KP. Als er 1929 einen Studienaufenthalt in Berlin verbrachte, wurde seine Partei-Gruppe ausgehoben, womit er sich im Exil befand. Unter dem Pseudonym Theodor Balk entstanden Reisereportagen, die von der *Roten Fahne* und Münzenbergs *Welt am Abend* veröffentlicht wurden. 1932 erfolgte der Eintritt in KPD und BPRS, sowie in die Redaktion der *Linkskurve*. Außerdem entstanden als Broschüren gedruckte Reportagen wie *Stickstoff – über die Welt des Kunstdüngers, der Giftgase und Sprengstoffe* (1932). Seinen Mut bewies Balk bei seiner Recherche über die Produktion chemischer Waffen in den Leuna-Werken, denn dies hätte ihm eine Anklage wegen Spionage eintragen können.

Nach dem Reichstagsbrand verhaftet, gab er sich trickreich als Diplomat aus. Seine jugoslawische Frau Greta hatte alle belastenden Manuskripte aus der Wohnung geschafft, wodurch sie aber auch verlorengingen. Mit Skiern gelang Balk die Flucht über das Riesengebirge in die Tschechoslowakei, wo man ihn für einen Nazi-Spion hielt und gleich wieder verhaftete. Nach längerem Aufenthalt in Prag ging es nach Saarbrücken, um gegen die Eingliederung der Saar ins »Dritte Reich« zu agitieren. Hierfür entstand das Buch *Hier spricht die Saar – ein Land wird interviewt*, wobei Pro- und Contra-Stimmen zu Wort kommen. Außerdem drang Balk zu hitlertreuen Großindustriellen vor und stellte seine Fragen so geschickt, daß er weder hinausgeworfen noch angezeigt wurde. Dies wurde ihm erst nach dem Erscheinen des Buches von den französischen Behörden zuteil. Um der Ausweisung zuvorzukommen, übersiedelte Balk 1935 zurück nach Prag. Gleichzeitig erschien in Zürich die Studie *Die Rassen – Mythos und Wahrheit*, Übersetzungen in Paris, Belgrad und Buenos Aires folgten. Eine weitere Anti-Nazi-Broschüre war mit den ersten Worten des *Kommunistischen Manifestes* betitelt: *Ein Gespenst geht um*, das Vorwort schrieb Egon Erwin Kisch, in dem Balk einen engen Freund und literarischen Lehrmeister gefunden hatte.

Die Ehe mit Greta war 1936 in die Brüche gegangen, doch als sie 1937 in Moskau verhaftet und nach Sibirien verbannt wurde, plagten Balk Sorgen und Selbstvorwürfe – sie überlebte und gelangte nach dem Krieg wieder in Freiheit. Balks Mutter kam in einem kroatischen Ustascha-Lager zu Tode. Seine persönliche Krise ließ ihn Anfang 1937 leichten Herzens in den Spanischen Bürgerkrieg ziehen, wo er als Repräsentant des Sanitätsdienstes zu den Delegierten des Schriftsteller-Kongresses in Valencia gehörte. Als Bataillonsarzt und Chef des Sanitätsdienstes wurde er der französischen 14. Internationalen Brigade »La Marseillaise« zugeteilt, in Madrid erschien sein Buch *La Quatorzième (Die Vierzehnte. Nach Berichten, Gesprächen und Tagebuchaufzeichnungen)*. Von den in den Jahren 1937 bis 1939 verfaßten Tagebüchern fertigte er vorsorglich zwei Kopien an, doch erneut gingen sie verloren. Jahre später tauchten Fragmente davon wieder auf. Lange nach Balks Tod gab seine Witwe Lenka Reinerová 1996 das Buch *Wen die Kugel vor Madrid nicht traf* heraus, in dem die Tagebucheintragungen aus dem spanischen Krieg Erfahrungen aus den sechziger Jahren gegenübergestellt werden, in denen er über seine Reise durch Europa auf der Suche nach einstigen Kameraden der 14. Brigade und über deren unterschiedliche Schicksale zwischen Parteikarriere und Parteiverdammung räsoniert, den Resten der eigenen Vergangenheit in der Gegenwart und den Idealen auf der Spur, die einmal seine Generation bewegten. Besonders ergreifend sind jene Passagen, in denen er noch nach Jahrzehnten seine Gewissensbisse artikuliert, im Krieg nach massivem Gruppendruck ein Todesurteil gegen einen Verräter aus den eigenen Reihen mitunterzeichnet zu haben.

Im langen Zug der geschlagenen Armee überschritt Balk Anfang 1939 die Grenze nach Südfrankreich, etliche Monate im Lager bei Saint Cyprien folgten. Auf seine Entlassung folgten einige Wochen inmitten der politischen Hochspannung in Paris, bis es nach Kriegsausbruch zur neuerlichen Internierung kam, diesmal in Le Vernet. Erst Anfang 1941 gelang dank eines mexikanischen Visums und der Hilfe der LAW die Flucht über den Ozean. Als Zwischenstop nach Mexiko sollte das Schiff die Insel Martinique anlaufen, doch es wurde über Trinidad nach New York umgeleitet, von wo aus nach eingehenden Verhören in Ellis Island die Weiterreise gelang. Im HHK trat Balk nur wenig in Erscheinung, seine einzige Lesung aus eigenen Werken wurde im Juni 1942 von Anna Seghers eingeleitet. Ende desselben Jahres, als sich die Niederlage der Wehrmacht im Kessel von Stalingrad abzeichnete, erschien bei ELL Balks Broschüre *Führer durch Sowjet-Krieg und Frieden*, die einen Dialog zwischen einem Zweifler und einem Eiferer der Sowjetunion beinhaltet, beide Seiten waren im Autor vorhanden. Steht zu Beginn noch die zaghaft ausgesprochene Kritik am undemokratischen Charakter des sowjetischen Staates im Vordergrund, so überwiegen bald die Jubelmeldungen, die das Gegenteil beweisen sollen. Bedenklich ist die Rechtfertigung der Moskauer Prozesse und des Hitler-Stalin-Paktes. Auch hier wird das Buch *Mission to Moscow* von Joseph E. Davies als Kronzeuge angerufen, hinzu kommen Stalin-Huldigungen von westlichen Politikern. Die Sowjetunion wird als treuer Alliierter und Freund eines künftigen Deutschlands gepriesen. Dennoch hebt sich dieses »Propagandawerk« von gleichzeitigen ab, da es überhaupt Kritik ausformuliert.

Von ganz anderem Kaliber ist das Hauptwerk Theodor Balks, die im Juli 1943 bei ELL erschienene, stark autobiographische Reportage *Das verlorene Manuskript*. Sie beginnt 1933 mit seiner Flucht aus Deutschland unter Zurücklassung des Leuna-Manuskripts, schildert seine Reise von 1935 durch »künftige Kriegsschauplätze«, gemeint sind Deutschlands Nachbarstaaten Österreich, Schweiz und Tschechoslowakei bzw. beanspruchte Gebiete wie Elsaß-Lothringen und Danzig. Überall wird die schleichende

Faschisierung konstatiert, es kommen Nazis und ihre Mitläufer in ihrer eigenen Sprache zu Wort, um dem Leser deren Expansionsgelüste vor Augen zu führen. Die Begegnungen des Reporters mit seinem jeweiligen Gesprächspartner erinnern in ihrer Intensität mitunter an das *Siebte Kreuz*. Zwei weitere Kapitel zeichnen das große Sterben im spanischen Krieg und stellen selbstquälerische Fragen nach dem »Wofür«. Überraschend sind die Diskussionen am Vorabend des Krieges, denn durch einen Kunstgriff gelingt es Balk, in seinem Buch massive Kritik am Hitler-Stalin-Pakt zu üben. Diese wird von einem alten Sozialdemokraten geäußert, der sich am Ende des Kapitels das Leben nimmt. Das die Diskussionen reflektierende Erzähler-Ich führt zwar die bekannten Argumente an, der Sowjetunion sei von den Westmächten ein Bündnis verwehrt worden, und sie wolle nur Zeit gewinnen, doch hier klingt es wie das stereotype Leugnen eines in die Ecke Getriebenen. Den Abschluß bilden die Ereignisse in Marseille und auf hoher See, wodurch das Buch zahlreiche Identifikationsmöglichkeiten vor allem für die Exilanten-Szene in Mexiko bot. Es erlebte nach dem Krieg über Europa hinaus Neuauflagen.

Die politische Tätigkeit Theo Balks im mexikanischen Exil konzentrierte sich auf die von ihm mitbegründete Asociación Yugoslavia Libre, mit ihrer Hilfe organisierte er eine umfassende Hilfsaktion für die Partisanenarmee unter Josip Broz Tito und schickte mit Spendengeldern zusammengestellte Medikamenten-Transporte ins Kriegsgebiet. 1944 erschien bei Nuevo Mundo mit *El Mariscal Tito* eine Ferndiagnose über den Ort des Geschehens. Im Mai 1944 hielt Balk einen Vortrag vor der ARAM zum Thema *Die Freiheitsarmee des Marschall Tito*, Ende Oktober gehörte er neben Konstantin Umanskij zu den Festrednern anläßlich der Befreiung Belgrads.

Auf persönlicher Ebene waren Balk in Mexiko einige Jahre des Friedens vergönnt, 1943 heiratete er die Prager Publizistin und Schriftstellerin Lenka Reinerová (geb. 1916).[2] Diese hatte als junges Mädchen bei F. C. Weiskopf in der AIZ begonnen und ging im Hause Kisch ein und aus. Als die Wehrmacht im März 1939 in Prag einmarschierte, befand sie sich glücklicherweise im

(von links:) Egon Erwin Kisch, Lenka Reinerová, Theodor Balk, Gisela Kisch und Ludwig Lindau um 1944

Ausland. Kurze Zeit lebte sie in Versailles im selben Hotel wie die Kischs, nach der Internierung gelang von Marseille aus die Flucht, doch das Schiff wurde in Casablanca festgehalten. Erst nach Monaten der Ungewißheit konnte die »Serpa Pinto« die Gestrandeten aufnehmen. In Mexiko arbeitete sie für die tschechoslowakische Exil-Botschaft und veröffentlichte einige Reportagen im FD. Zusammen mit Kisch und Simone bildete sie den Aktivposten der ACM und in der Zeitschrift *El Checoslovaco en México*.

Als die allerersten aus der internationalen Exil-Szene kehrten Balk und Reinerová schon Ende 1945 nach Europa ins zerstörte Belgrad zurück, wo Balk Redakteur der Tageszeitung *Politika* sowie der Leiter des Dokumentationsarchivs bei Avala-Film wurde, 1947 erhielt er für Buch und Regie des Filmes *Auf den Spuren der 4. und 5. Offensive* den Staatspreis. Zur Zeit von Titos Bruch mit Stalin lag er schwerkrank in einem Prager Spital. Die Entscheidung zwischen Prag und Belgrad als künftigem Wohnsitz fiel ihm überaus schwer, da er ohne Zweifel Tito sehr hoch schätzte. Zufällig traf er bei einem Kuraufenthalt in Karlsbad auf Dolores Ibárruri, die »Pasionaria« des Spanischen Bürgerkriegs, die ihn in endlosen Gesprächen darin bestärkte, in Prag zu bleiben und sich öffentlich von Tito zu distanzieren.

Als 1952 der Schauprozeß gegen Rudolf Slánský, André Simone u. a. stattfand, befand sich Balk wegen einer schweren Gallenoperation erneut im Spital. Aus dem Radio kam ein Live-Bericht vom Prozeß, wo zwei der Angeklagten seine »trotzkistischen und verräterischen Tätigkeiten« anprangerten. Aufgrund seines Gesundheitszustandes wurde nur Hausarrest verfügt. Lenka Reinerová war bereits im Gefängnis, wo man sie über ein Jahr lang festhielt. Nach ihrer Entlassung wurde den beiden eine Wohnung in der Provinz zugewiesen. In den Jahren 1955 bis 1966 erhielt Balk bei der deutschsprachigen Gewerkschaftszeitung *Aufbau und Frieden* einen Redakteurposten und leitete die Kulturrubrik. Lenka Reinerová durfte erst ab 1958 wieder als Journalistin arbeiten. Balk reiste im Land umher, organisierte Lesungen und literarische Zirkel und schrieb weitere Bücher wie

Unter dem schwarzen Stern (1960) und *Kein Wildwest in Wildost* (1962). Der Prager Frühling 1968 gab für einige Monate Anlaß zur Hoffnung auf einen »Sozialismus mit menschlichem Antlitz«, doch die Panzer der Warschauer-Pakt-Staaten walzten diese nieder. Theo Balk starb am 25. März 1974 in Prag, wo seine Witwe lebt und Interessierten immer wieder in ihrer unvergleichlichen Art aus ihrem Leben erzählt. Sie veröffentlichte u. a. zahlreiche Bücher wie *Der Ausflug zum Schwanensee* (1983), *Es begann in der Melantrichgasse* (1985), *Traumcafé einer Pragerin* (1996) und *Mandelduft* (1998), wobei sie vielfach auf die Zeit in Mexiko eingeht.

1 Reinerová 1996
2 Reinerová 1997

Ludwig Renn – Soldat mit Gardemaß

Weit spektakulärer als seine Bücher bleibt der Lebensweg von Arnold Vieth von Golßenau, der einem altem Adelsgeschlecht entsprossen war und seine Jugend am sächsischen Königshof in Dresden verbrachte.[1] Als Hauptmann an der Westfront erlebte er den Ersten Weltkrieg, in den Nachkriegswirren folgte eine kurze Laufbahn als Berufssoldat bei der Sicherheitspolizei. Nach der Weigerung, im Zuge des Kapp-Putsches auf revolutionäre Arbeiter zu schießen, legte man ihm nahe, den Dienst zu quittieren. Es folgten ausgiebige Fußreisen durch die Levante und Studien in München, Göttingen und Wien. Dort erlebte er am 15. Juli 1927 das Massaker der Polizei an demonstrierenden Arbeitern nach der Inbrandsetzung des Justizpalastes, was ihn bestärkte, nach Berlin zurückzukehren und sich der KPD anzuschließen. Mit Beginn des Jahres 1928 hielt Golßenau erstmals unter dem Pseudonym Ludwig Renn Vorlesungen an einer Volkshochschule und wurde Mitglied im BPRS sowie Redakteur der *Linkskurve*, die er nach dem Welterfolg seines Erstlings *Krieg* (1928) teilweise finanzierte. In diesem Buch gibt Renn vor, den Krieg als kleiner Gefreiter erlebt zu haben, womit er sogar den Rezensenten Carl von Ossietzky täuschte. Der karge, hölzerne Stil und der überaus simple Satzbau ließen nicht auf einen Autor mit höherer Bildung schließen. Doch gerade darin lag der Erfolg des Buches bis in den angloamerikanischen Raum, denn Renns authentischer Dilettantismus ohne jede politische Interpretation erschien manchem Leser aufrichtiger als Transformationsversuche des Krieges in einem künstlerischen Kontext. Dennoch bleibt es eigenartig, daß Kommunist Renn den Krieg als solchen nicht grundlegend verdammt, daß das Buch ohne jede Tendenz geschrieben wurde. Ganz anders das schnell und schon im Dienste der Partei angefertigte Nachfolgewerk *Nachkrieg* (1930), doch Renn eignete sich nicht zum trommelnden Agitator. Daß er sich in dieser Rolle unwohl fühlte, beweisen die Flucht in militärwissenschaftliche

Studien und ebensolche Vorlesungen an der Marxistischen Arbeiterschule sowie Herausgabe der KPD-nahen Militär-Zeitschrift *Aufbruch*. Die nach einer Reise in die Sowjetunion entstandenen Reportagen *Rußlandfahrten* (1932) wurden in Berlin sofort nach Erscheinen konfisziert. Renn wurde aufgrund eines *Aufbruch*-Artikels wegen »literarischen Hochverrats« angeklagt. Das rechte Lager sah sich mit einem »Überläufer« konfrontiert, der durch seine Prominenz aber physisch unangreifbar geworden war. Nach dem Reichstagsbrand wurde Ludwig Renn verhaftet und blieb lange Zeit verschwunden. Während Genossen und Schriftsteller-Freunde im Exil vehement Aufklärung über sein Schicksal forderten, versuchten die Nazis, Ludwig Renn wieder »umzudrehen« – Alfred Rosenberg höchstpersönlich suchte ihn in seiner Zelle auf. Doch sie bissen dabei auf Granit und mußten Renn Mitte 1935 wieder entlassen, ein halbes Jahr danach gelang die Flucht in die Schweiz. Bald darauf erschien in Zürich der Roman *Vor großen Wandlungen*, der im *Pariser Tagblatt* vorabgedruckt und vielfach übersetzt wurde, da er ein Gesamtbild der Verhältnisse von 1933/34 gestaltet. Obwohl er sozusagen im Parteiauftrag geschrieben worden war, verurteilten insbesondere Wilhelm Pieck und Willi Bredel den Roman, der in der DDR erst 1989 wieder veröffentlicht wurde. In Spanien avancierte Renn im Oktober 1936 zum Kommandeur des Thälmann-Bataillons, danach zum Stabschef der XI. Internationalen Brigade. Mit höchsten militärischen Rängen ausgezeichnet, startete der Polyglotte 1937/38 eine Vortragstournee durch die USA, um dort für finanzielle und moralische Unterstützung zu werben. Nach der Niederlage der republikanischen Armee Spaniens gehörte auch Renn zu den in Südfrankreich Internierten, doch die Initiative französischer und US-amerikanischer Schriftsteller ermöglichte noch vor Kriegsausbruch die Flucht in die USA. Kurz darauf erschienen in London, New York und Mexiko-Stadt Übersetzungen von *Kriegsführung und Gesellschaft*, einem Hohelied auf den Partisanenkampf, wie ihn der Autor in Spanien kennengelernt hatte.

Über Renns Ausweisung aus den USA und sein Intrigenspiel

um die Führung der LPCA wurde bereits referiert, die nächste Station in seinem Leben war ab Ende April 1940 die Verpflichtung an das Colegio San Nicolás de Hidalgo, die im 16. Jahrhundert gegründete Universität von Michoacan in Morelia. Auf Vermittlung von Hannes Meyer unterrichtete Renn hier Deutsch, Englisch, Französisch und europäische Geschichte. Erwähnenswert bleibt auch das ebenfalls von Meyer angeregte Theaterstück *Die drei Eroberungen der Stadt Kiangsi* – ein Stoff aus Chinas Bürgerkrieg des Jahres 1936. Im Juni kam es im Teatro de las Artes der Hauptstadt zur Aufführung. Das Bühnenbild stammte von Xavier Guerrero, Regie führte der aus Japan exilierte Kommunist Seki Sano, den Renn noch aus dem Umfeld Piscators in Berlin kannte. Es ist durchaus möglich, daß Renn gerne in Morelia bei seinen jungen Studenten geblieben wäre, doch die politischen Köpfe der BFD pochten auf den propagandistischen Nutzen des Veteranen: als hochdekorierter Spanienkämpfer mit Gardemaß war ihm in der mexikanischen Öffentlichkeit hohes Ansehen garantiert, seine die Kriegsführung der Wehrmacht verdammenden Worte als ehemals preußischer Offizier sollten in den USA Gehör finden. Im März 1942 übersiedelte Renn wieder in die Hauptstadt und wurde zum Präsidenten der BFD ernannt. Anfang April 1942 kam es zusammen mit André Simone und Leo Katz zu einer kuriosen Aktion: Sie produzierten eine Fälschung der inzwischen verbotenen *Deutschen Zeitung von Mexiko*, in der als fingierte konservative Anti-Hitler-Gruppierung zum Bruch mit der Deutschen Volksgemeinschaft in Mexiko aufgerufen wurde.

Zwei Tage nach dem Kriegseintritt Mexikos wurde für den 24. Mai 1942 von PRM, CTM und anderen Organisationen eine Kundgebung auf dem Zocalo (Hauptplatz) einberufen, bei der an die 100 000 Zuhörer über die bevorstehenden Ereignisse informiert wurden. Als einziger nichtspanischer Ausländer wurde Ludwig Renn die Ehre der aktiven Teilnahme zugesprochen, seine Rede anschließend in den großen Zeitungen des Landes abgedruckt. Lombardo Toledano beauftragte Renn mit dem Verfassen einer Studie zur militärischen Verteidigung der Hauptstadt, die

Egon Erwin Kisch, Constancia de la Mora, Charles Obermeier, Anna Seghers und Ludwig Renn am 11. Juni 1942 bei dem vom Exiled Writers Committee organisierten Anti-Nazi Literary Evening im Beethoven-Saal des Hotels Reforma in Mexiko-Stadt dann effektvoll dem Verteidigungsminister überreicht wurde. Somit hatte der Soldat in Mexiko seinen Platz als Politiker gefunden, der die Interessen der Exil-Gemeinde gegenüber mexikanischen Behörden vertrat und immer wieder für Eröffnungsreden zur Verfügung stand. Hinzu kamen zahlreiche Artikel im FD über die militärischen Fronten im Weltkrieg. Im März 1943 strahlte das BFD-Radio sein Hörspiel *Im Hauptquartier des Führers* aus. Der bei ELL erschienene Roman *Adel im Untergang* geht zurück zu den Tagen als Fahnenjunker am sächsischen Hof, Renn erzählt von der sich in Saufgelagen, Paraden, Bällen und Duellen widerspiegelnden Dekadenz. Trotz etlicher Längen erschienen im New Yorker *Aufbau* und im Londoner *Zeitspiegel* wohlmeinende Rezensionen.

Mitte 1947 kehrte Renn im Kreise der Genossen in die SBZ zurück, in Dresden erhielt er an der Technischen Hochschule einen Lehrauftrag, und der dortige Kulturbund machte ihn zu seinem Vorsitzenden. Im Zuge der Parteisäuberungen in den frühen fünfziger Jahre verjagte ihn die Parteiführung von beiden Positionen, er unternahm einen Selbstmordversuch. Da er sich aber einmal mehr als braver Parteisoldat bewährte und aufgrund seines exemplarischen Lebensweges für die DDR-Staatsführung präsentabel blieb, stilisierte sie ihn im Laufe der Jahre zum Klassiker zu Lebzeiten. Enttäuschend bleiben seine Bücher über Mexiko: *Morelia. Eine Universitätsstadt in Mexiko* (1950) enthält nur belanglose Episoden, ebenso das Buch mit dem vielversprechenden Titel *In Mexiko* (1979). Es geht nur marginal auf die sechs Jahre in Mexiko ein, sondern beginnt eigentlich erst mit der Abreise und geht, von Heinrich Gutmann abgesehen, kaum auf die Konflikte dieser Jahre ein. Renns schriftstellerisches Schaffen konzentrierte sich nunmehr auf Autobiographisches wie die Erinnerungen *Meine Kindheit und Jugend* (1957) und den Roman *Auf den Trümmern des Kaiserreichs* (1961), worin die Geschehnisse 1918/19 noch einmal thematisiert werden. Von Interesse ist noch *Der Spanische Krieg* (1955), jedoch läßt das Buch streng auf Parteilinie alle inzwischen geächteten Namen ungenannt. Ein neues Genre wurde im Jugendbuch gefunden,

Renns Motive dafür dürften tatsächliche Sympathie für diese Lesergruppe und zugleich eine Fluchtmöglichkeit aus den Parteiverpflichtungen gewesen sein. Im exotischen Umfeld angesiedelt sind die Bücher *Trini* (1954), hier wird vom Mitwirken eines jungen Indios bei der mexikanischen Revolution erzählt, sein kubanisches Pendant *Camilo* (1963) wird am Schluß des Buches von Fidel Castro lachend in die Höhe gehoben. Hinzu kamen Militärwissenschaftliches und weitere Romane, die sogar von der DDR-Literaturkritik nur mit Mühe hochgejubelt werden konnten. Sein Nachlaß ist bis heute unzugänglich in privater Hand und bleibt historisch brisant.

1 Kießling 1979

Paul Mayer – Lektor, Lyriker, Literaturvermittler

Durch seine Kenntnis der deutschen Literatur und der spanischen Sprache erlangte Paul Mayer eine zentrale Stellung innerhalb der Exil-Szene Mexikos.[1] Er war das Mitglied der bürgerlich-jüdischen Emigration, das sich am intensivsten bei HHK und ELL engagierte. Er war keine literarische Größe, aber eine ungeheuer emsige Kraft hinter den Kulissen. Als einziger Lyriker vor Ort scheute er sich auch nicht, Gedichte zu speziellen Anlässen bzw. Abendveranstaltungen zu verfassen. Da Mayer für das Lektorat des literarischen Programms bei ELL verantwortlich zeichnete, hatte er großen Anteil an dessen Qualität.

Der Sohn eines Schuhfabrikanten (1889 – 1970) beschäftigte sich schon in seiner Jugend intensiv mit europäischer Literatur. Nach dem Studium der Rechte erschienen 1913/14 die Gedichtbände *Wunden und Wunder* und *Masken und Martern*. Den Ersten Weltkrieg erlebte er teilweise in der Nähe von Wilna als Gefangenenbetreuer und Aktenverwalter. An dessen Ende wurde Mayer zum Mitgestalter vieler expressionistischer Zeitschriften wie *Aktion, Pathos, Der Friede, Zeit-Echo* und *Die weißen Blätter*, sowie von Anthologien wie *Fanale, Verkündigung* und *Der Mistral*. Dennoch konnte er in der revolutionär gesinnten Literatur-Bewegung nicht Fuß fassen, dafür erschienen seine Gedichte zu konventionell und zu wenig innovativ. Auch mit den Novellen *Die Erweckung* (1919) und *Der getrübte Spiegel* (1924) erlangte er nicht die erhoffte Anerkennung. Doch seine Talente fanden einen Entdecker – im Jahr 1919 verpflichtete Ernst Rowohlt den Literaturkundigen als Cheflektor seines zweiten Verlages, womit er eine zentrale Schaltstelle des literarischen Lebens in der Weimarer Republik einnahm. Während der extrovertierte Rowohlt seinen Verlag nach außen vertrat, war sein stiller Cheflektor ruhender Pol und treibende Kraft zur Produktion. Auch bei den zeitweise dort publizierten Zeitschriften *Das Tagebuch* und *Die literarische Welt* brachte er sich ein, hinzu kam die

Übersetzung etlicher Romane von Balzac für die vierzigbändige Ausgabe. Paul Mayers publizistisches Werk der zwanziger Jahre harrt noch immer der Aufarbeitung und müßte in den angesehenen Blättern *Frankfurter Zeitung, Vossische Zeitung* und *Prager Tagblatt* bibliographiert werden.

Nach 1933 konnte Rowohlt seinen Vertrauten noch halten, doch drei Jahre später verlangten die Nazis ultimativ die Entlassung des jüdischen Cheflektors. Einer kurzen Lektorats-Tätigkeit bei Julius Kittl in Mährisch-Ostrau folgte 1939 die Flucht nach Mexiko. Hier schuf er sich eine neue Existenz als Buchhändler und Sprachlehrer und schloß sich der Menorah an, in der er das Kulturprogramm maßgeblich mitgestaltete, aber keine offizielle Funktion inne hatte. Als Mexiko-Stadt ab 1941 zum Exil-Zentrum wurde, hatte er schon einen Startvorteil und konnte neu ankommende Schriftsteller-Kollegen willkommen heißen. Im HHK fungierte er neben Kisch als wichtigster Eröffnungsredner. Seine Vorträge hielt er vor einem breiten Spektrum von Organisationen, wovon hier nur ein Auszug aufgelistet werden kann: Ende November 1941 für die Sociedad Mexicana Amigos de la Universidad Hebrea de Jerusalem über Baruch Spinoza, Ende August 1943 bei der Kundgebung der BFD zum 4. Jahrestag des Kriegsausbruches über *Die jüdische Emigration und das kommende Deutschland.* Als einziges BFD-Mitglied gehörte er Anfang 1944 zu den Mitgestaltern einer von der Menorah organisierten *Feierstunde anläßlich der Landung der Alliierten in Frankreich.* Sein von der Menorah im März 1945 aufgeführtes *Purimspiel* leitete er mit einer Gedenkrede für die kurz davor in Jerusalem verstorbene Else Lasker-Schüler ein. Besondere Erwähnung verdient auch ein vierteiliger Vortragszyklus im Sommer 1945 in Spanisch für die B'nai B'rith mit dem Titel *Der Anteil der deutschen Juden an der deutschen Kultur von der Emanzipation bis zur Machtergreifung Hitlers.* Für die BFD erfolgte im Oktober eine Wiederholung in Deutsch, wobei ein breites Spektrum von Literaten, bildenden Künstlern, Geistes- und Naturwissenschaftlern bis zu Politikern und Ökonomen charakterisiert wurde. Den Abschluß seiner Exil-Tätigkeit bildeten zwei Vorträge für das

Paul Mayer um 1945

BFD-Nachfolgekomitee CICAM im Juni 1946 über *Wunschträume der Menschheit vom biblischen Zeitalter bis zur Gegenwart*.

Die im FD erschienenen Gedichte von Paul Mayer widmeten sich politischen oder mexikanischen Themen. Hinzu kamen Übersetzungen aus dem Spanischen, so das Gedicht *Stalingrad* von Pablo Neruda und das Sonett *Der Abschied* von Enrique González Martínez. Aufgrund seiner tragenden Rolle bei ELL war es nur eine Frage der Zeit bzw. des Kapitals, wann auch Mayer sein Buch bekommen sollte. Die Gedichte des 1944 erschienenen Bandes *Exil* erinnern in der Form sowie ihrer realitätsnahen bis satirischen Sprache an die Gebrauchslyrik eines Kurt Tucholsky oder Erich Kästner. Das Buch gibt ein ergreifendes Zeugnis von Leben und Leiden, von Sehnsüchten und zerstörten Hoffnungen des Exils. Kisch lobte Mayers Lyrik als eine der gefühlvollsten und formenreichsten, Anna Seghers beschrieb sie als »voll Schwermut und voll geschliffenem Witz in echt Heineschem Sinne«. Der Band enthält 40 Gedichte in fünf Gruppierungen: Andenken an die Toten der antifaschistischen Kämpfe; Widmungsgedichte an die Schönheit der vom Nationalsozialismus heimgesuchten Länder und Städte, kontrastiert mit den Greueltaten der Nazis; Gedichte über den Widerstandsgeist der Juden und die ungebrochene Liebe zu Deutschland trotz Vertreibung. Aber auch das Exilland wird durch die Schilderung von Impressionen und Erlebnissen eingebunden.

In den USA erschienen 1944 einige Gedichte in der Anthologie *War Poems of the United Nations*, in den fünfziger Jahren gehörte Mayer zu den Beiträgern des *Aufbau* in New York. Im deutschsprachigen Raum sollte ihm nach 1945 kein literarisches Comeback gelingen. Auch Rowohlts Aufforderung, die alte Zusammenarbeit wieder aufleben zu lassen, mochte er nicht Folge leisten. Zu unterschiedlich war das Autorenpotential der frühen Bundesrepublik im Vergleich zu den literarischen Größen der Zwischenkriegszeit. Mayer blieb in Mexiko und übersiedelte erst 1963 nach Zürich. Als letztes Buch erschien 1967 eine Monographie über Ernst Rowohlt, die passagenweise den Charakter einer Autobiographie annimmt.

1 Schumann 1998

Glücklich und weise, wer nach dem Krieg aus Mexiko nicht nach Deutschland zurückkehrte – es war die überwiegende Mehrheit der Emigranten. Paul Westheim, Gertrude Düby, Ernst Römer, Paul Mayer, um nur einige HHK-Spitzen zu nennen, hatten eine neue Heimat gefunden. Die politisch Rastlosen, die alten Kämpfer der KI, die unverbesserlichen Idealisten, sie strebten begierig zurück in ihre von Krieg und Rassenhaß zerstörte Heimat in Europa, um sie wieder aufzubauen. Zwar wurde nach Kriegsende eine Schiffsverbindung von Veracruz nach Göteborg eröffnet, doch sie ging über New York, wo ein Transitverbot für Kommunisten ausgesprochen worden war. Die Deutschen mußten am längsten auf ihre Remigration warten, noch immer war kein Brief nach Moskau beantwortet worden. Paul Merker beklagte dies bitterlich in einem seiner vielen Schreiben an Wilhelm Pieck, auch Heinrich Mann verstehe das Schweigen nicht. Um so mehr erschütterte ihn die Erteilung eines Visums für Georg Stibi, der doch von ihm aus der Partei ausgeschlossen worden war, und die Stimmungsmache mancher Genossen in London und New York gegen ihn und seine »Mexikaner«.[1]

Im November 1945 war in Moskau das NKFD aufgelöst worden, seine Aufgabe galt als erfüllt. Unmittelbar nach der Roten Armee rückten die künftigen Machthaber Walter Ulbricht und Wilhelm Pieck mit ihren sowjetischen Beratern in Berlin ein. Schnell waren die Schaltstellen der Verwaltung mit gefügigen »Moskowitern« besetzt. In Mexiko wurden Anfang 1946 zuerst der HHK, dann ELL und schließlich das FD eingestellt. Zuletzt verwandelte sich die BFD in ein Comité pro Intercambio Mexicano-Alemana, zu dessen Proponenten von deutscher Seite Seghers, Uhse, Renn und Mayer gehörten, außerdem zierten die Namen von Enrique González Martínez, Alfonso Reyes, Clemente Orozco, Xavier Guerrero und Diego Rivera (!) sowie dem Filmstar Dolores del Rio das Briefpapier. Parallel dazu betätigten

sich die Deutschen und Österreicher in ihren jeweiligen Hilfskomitees für ihre Heimat, die sie einst so schäbig vertrieben hatte. Bei den Deutschen war Bodo Uhse die treibende Kraft, bei
den Österreichern Trude Kurz und Marie Frischauf-Pappenheim.
Paketeweise schickten sie Medikamente, Lebensmittel und Ziga-
retten.

Fast ein Jahr nach Kriegsende wurden die ersten deutschen
Kommunisten auf einem sowjetischen Frachter nach Murmansk
gebracht, unter ihnen Paul Merker, Alexander Abusch, Erich
Jungmann und ihre Frauen – aber auch Georg und Henny Stibi
sowie Vittorio Vidali. Zwischen den verfeindeten Gruppen
herrschte während der gesamten Überfahrt eisiges Schweigen.
Im Juli 1946 in Berlin angekommen, verfaßte Merker umgehend
einen zweihundertseitigen Bericht über Stibis Machenschaften,
den er von Jungmann und Abusch mitunterzeichnen ließ. Stibi
und Vidali brachten ihre Version zu Papier, generell mußten alle
aus der Westemigration Heimkehrenden über ihre Tätigkeit der
Exiljahre Auskunft geben. Unter diesem Vorbehalt gelangten
viele schnell in Führungspositionen. Paul Merker wurde Staatssekretär im Ministerium für Land- und Forstwirtschaft und leitete die Deutsche Zentralverwaltung für Arbeit und Sozialfür-
sorge in der SBZ. Leo Zuckermann bekleidete die Position eines
Staatssekretärs im DDR-Präsidialamt Wilhelm Piecks. Bodo
Uhse wurde Chefredakteur der Zeitschrift *Aufbau*, Walter Janka
arbeitete für die DEFA und avancierte später zum Chef des Auf-
bau-Verlags, Rudolf Feistmann leitete das Außenressort der Parteizeitung *Neues Deutschland*, Erich Jungmann die SED-Bezirks-
zeitung *Volkswacht*, Hans Marum schrieb für die *Neue Welt*.
Alexander Abusch fungierte als Sekretär des Kulturbundes.
Doch nach der ersten Konsolidierung änderte sich im Jahr 1948
die Situation schlagartig. Der paranoide und altersstarrsinnige
Absolutist Stalin berauscht von seinem Sieg im »Großen Vater-
ländischen Krieg«, ging daran, seinen Herrschaftsanspruch in
Osteuropa zu zementieren. Im September 1947 wurde mit der
Gründung des Kominform-Büros die ideologische Gleichschal-
tung der Bruderparteien eingeleitet. Während sich Josip Broz

Tito dem im Sommer 1948 offen widersetzte, mutierte die SED zur selben Zeit zur »Partei neuen Typs« – dies bedeutete völlige Unterordnung und eine Reorganisation der Kader. Die Hysterie in Moskau wurde im Juni 1948 durch den Befehl des US-Präsidenten Harry S. Truman an die CIA angeheizt, verstärkt in der Sowjetzone zu operieren. Die eindeutige Westorientierung der Bundesrepublik zementierte die Teilung Europas.

Die Kulturtheorie der Sowjetunion nach dem Krieg war von »zwei Welten« geprägt, als ideologischer Gegenpol zur dekadenten Kommerzwelt des Westens wurde eine volkstümlich-verwurzelte proletarische Weltkultur postuliert. Parallel dazu wurde eine propagandistische Scheinwelt aufgebaut, bestehend aus imaginären Volksfeinden und Verschwörungszentren. Unter dem Vorwurf von »Kosmopolitismus« und bald auch »Zionismus« wurde alles verteufelt, was auf westliches Denken hinwies. Doch viele Westemigranten hatten sich in ihren politischen Bestrebungen vor und während des Kriegs der Demokratie angenähert und wollten ihre West-Kontakte auch weiterhin pflegen. Diese gesellschaftliche Öffnung suchte Stalin zu verhindern. Der endgültige Startschuß fiel Anfang 1949 mit einem *Prawda*-Leitartikel gegen den »Kosmopolitismus«. Auch in dieser historischen Situation sollte das Unheil zuerst die Juden treffen. Bereits im November 1946 hatte der aufstrebende KPdSU-Ideologe Michail Suslow in einem internen Memorandum das JAFK schärfstens kritisiert. Es hatte die Ansiedlung von Juden in der Krim initiiert, das Schweigen über die Shoa durchbrochen und einen Großteil der sowjetischen Juden für den Zionismus begeistert. Anfang 1948 sprach Sicherheitsminister Abakumow gegen das JAFK den Vorwurf der Spionage aus, im November erfolgte die kommentarlose Auflösung, bald darauf die Verhaftung leitender Funktionäre, sie wurden später erschossen. Sukzessive wurden außer den unersetzbaren Atomphysikern alle Juden aus ihren Ämtern entfernt. Die Auflösung des Verbandes jiddischer Schriftsteller bedeutete das Ende dieser Literatur in der Sowjetunion. Bereits im Januar 1948 wurde Solomon Michoëls auf direkten Befehl Stalins hin ermordet, anschließend überrollte man den Leichnam mehrfach mit einem Lastauto, um einen Unfall vorzutäuschen. In Moskau wurde die Leiche aufgebahrt, Tausende defilierten vorbei, in der ganzen Stadt wurden Zettel angebracht – Zynismus pur.[2]

In der Doktrin Walter Ulbrichts war der Überfall auf die Sowjetunion das größte Verbrechen Deutschlands im Zweiten Weltkrieg, die Shoa war keine Kategorie seines politischen Denkens. In der SBZ hatte sich im Juli 1945 beim Berliner Magistrat der Hauptausschuß »Opfer des Faschismus« gebildet, doch konsequent wurde in den Folgejahren zwischen kommunistischen »Kämpfern« und jüdischen »Opfern« unterschieden, die geringere Beihilfen erhielten. In der SBZ wollte Stalin keine Restitution, sondern Erfüllung seiner Reparationsansprüche. Nicht einmal den Jüdischen Gemeinden wurde ihr Vermögen zurückerstattet. Dem ist hinzuzufügen, daß in der BRD Kommunisten generell von der Wiedergutmachung ausgeschlossen waren.[3]

Andererseits unterstützte die Sowjetunion überraschend vehement Israels Unabhängigkeitsproklamation, die am 14. Mai 1948 erfolgte. Gleichzeitig wurden in Moskau jüdische Kommunisten darauf vorbereitet, das Land zu infiltrieren und den Kampf gegen die britische Mandatsmacht in die Länge zu ziehen. Die Tschechoslowakei bildete israelische Offiziere und Soldaten aus und lieferte die im Unabhängigkeitskrieg entscheidenden Waffen. Tausende sowjetische Juden sandten zur Staatsgründung Glückwünsche, doch ihre Adressen wurden gesammelt und dem NKWD übergeben. Als erste israelische Botschafterin reiste die aus Kiew stammende Golda Meirson nach Moskau, um die Beziehungen zu festigen und (erfolglos) über die Übersiedlung sowjetischer Juden nach Israel zu verhandeln. Der Herr im Kreml staunte nicht schlecht, als 20 000 Menschen sie bei ihrem ersten Gang in die Synagoge begleiteten. Spätestens jetzt erkannte er, daß diese Bewegung für ihn unkontrollierbar und er selbst das Opfer der eigenen Propaganda wurde, denn Israel entwickelte sich nicht wie angekündigt zur Volksdemokratie, sondern fand seinen Verbündeten in den USA. Bei den Wahlen Anfang 1949 erhielt die KP Israels nur 3,5 % der Stimmen, hinzu kamen die Proteste der traditionell mit Moskau verbündeten arabischen Staaten. Schnell verkehrte sich Stalins Unterstützung für Israel in ihr Gegenteil, ohne daß dies sofort spürbar wurde – die außenpolitisch erfolglose »jüdische Karte« sollte jetzt hinterrücks im Inland stechen.

Anfang Mai 1947 erschien in der noch von Feistmann geleiteten DP eine Sondernummer, die Merkers aus Berlin geschickten Diskussionsbeitrag *Eine demokratische Verfassung für Deutschland* und ein Vorwort von Heinrich Mann enthielt. Letzterer plädierte ausdrücklich für ein Mehrparteiensystem und gegen die Diktatur einer Partei. Dies führte zur Maßregelung Merkers durch Ulbricht und Pieck, nur eine redigierte Fassung konnte in Berlin erscheinen. Neben Merker versuchte insbesondere Leo Zuckermann lange Zeit, die »mexikanische Politik« fortzusetzen.[4] In ihrem Denken war das größte Verbrechen des deutschen Volkes das Zulassen der Shoa. Merker fand u. a. Kontakt zu Julius Meyer, dem Vorsitzenden der Jüdischen Gemeinde Ost-Berlins und Mitglied der Volkskammer, sowie zu Leo Löwenkopf, dem Vorsitzenden der Jüdischen Gemeinde von Dresden. Merkers Vorstöße in der SED und der Vereinigung der Verfolgten des Naziregimes, Richtlinien für die Wiedergutmachung an aus rassistischen Gründen Verfolgten auszuarbeiten, wurden konsequent ignoriert. Daraufhin veröffentlichte die Hauptverwaltung des Inneren im Dezember 1947 in seinem Sinne die Denkschrift *Der Verkauf jüdischen Eigentums im nationalsozialistischen Staat.* Im Januar 1948 wies Merker den SED-Vorstand auf die besondere Dringlichkeit hin, da die Westzonen bereits entsprechende Gesetze beschlossen hatten. Im April erarbeitete Leo Zuckermann einen eigenen Entwurf und veröffentlichte einen Artikel, in dem er verklausuliert die Einbringung jüdischer Ansprüche in die laufenden Reparationsverhandlungen forderte und den Gedanken Merkers wiederholte, diese hätten einen höheren Anspruch auf Wiedergutmachung. Drei Tage danach warnte Zuckermann Merker vor der antijüdischen Stimmung in der Partei, dennoch wollten beide offensiv entgegenwirken. Merker

schrieb an Pieck, Zuckermann an Ulbricht, beides blieb unbe-
antwortet. Im Februar und im August 1948 hatte Merker im
Neuen Deutschland Artikel veröffentlicht, in denen er die Rechte
der Araber betonte und sich für dauerhafte Freundschaft
zwischen Israel und den »Führern des Judentums in der Sowjetunion« aussprach. Im Juni war, mit seinem Vorwort versehen,
eine offizielle Erklärung der SED zu Israel erschienen. In Mexiko druckte die DP Glückwünsche an Israel, unterzeichnet von
Leo Katz, Bodo Uhse, Gertrude Düby, Ernst Römer, Adolfo
Fastlicht u. v. a. Mitte September 1948 wurde die Zentrale Partei-
Kontroll-Kommission (ZPKK) der SED eingerichtet, die unter
Großinquisitor Hermann Matern die sowjetischen Methoden
der inneren Säuberung übernahm. Dieser referierte im Oktober
1948 bei einer ZK-Sitzung zu *Erfahrungen über die Durchführung
des Beschlusses betreffend Säuberung der Partei von feindlichen und
entarteten Elementen* – neben Ulbricht, Pieck, Dahlem, Grote-
wohl u. a. war auch Merker zugegen.

Im Mai 1949 wurde in Budapest Noël Field verhaftet, der um
1940 in Marseille nicht nur Ausreisevisa besorgt, sondern auch
als geheimer Kurier für die KPD-Spitze gearbeitet hatte.[5] Noël
Field wurde ab dem Budapester Schauprozeß gegen László Rajk
im September 1949 als der Inbegriff des Bösen dargestellt, als
Agent der »amerikanischen Monopolisten und Zionisten«, der
während des Krieges unter Westemigranten ein subversives Netz
von Spionen aufgebaut habe. Wer jemals seine Bekanntschaft
gemacht hatte, war nun in Gefahr, als Teil dieses Netzes bezeichnet zu werden. Es betraf Tausende, stellvertretend kann hier nur
die Rede von einigen der »Mexikaner« sein. Das Ministerium für
Staatssicherheit unter Erich Mielke entstand im Februar 1950.
Als Paul Merker den 3. Parteitag der SED im Juli 1950 betrat, bei
dem das neue Parteistatut abgesegnet wurde, fand er sich ohne
Vorankündigung von der Liste der ZK-Kandidaten gestrichen.
Keiner der Führungskader grüßte ihn mehr. Ende August 1950
erfolgte die Abberufung von seinem Staatssekretärsposten,
Anfang September die mediale Hinrichtung: Der Leitartikel
im *Neuen Deutschland* verdächtigte ihn zusammen mit sechs

weiteren Genossen der Spionagetätigkeit für Noël Field, der Parteiausschluß war bereits vollzogen und Hausarrest verfügt. Auch Abusch, Feistmann, Jungmann und Stibi wurden von ihren Positionen entfernt und inquisitorischen Verhören unterzogen. Am willigsten erwies sich Abusch, der beteuerte, in Mexiko gegen den »jüdisch-chauvinistischen« Kurs von »Diktator« Merker und seinem Einflüsterer André Simone gewesen zu sein. Dies wurde aber von Jungmann heftig bestritten, der auf Abuschs enge Verbindung zu Simone hinwies.[6] Stibi konnte triumphieren, er hatte schon in Mexiko Simone und Leo Katz als Spione bezeichnet, andererseits hatte er von allen am engsten mit Noël Field zusammengearbeitet – zehn Jahre davor im Auftrag der Partei.[7] Rudolf Feistmann brach zusammen und nahm sich unter ungeklärten Umständen das Leben. In einem Abschiedsbrief vom 3. Juni 1950 an Merker begründete er seinen Schritt mit der Unerträglichkeit, daß die Partei ihm mißtraue.[8] In der Todesanzeige im *Neuen Deutschland* stand als Todesursache – Fischvergiftung. Gleichzeitig wurden die medialen Attacken gegen den »Agenten Field« immer heftiger, immer mehr Menschen wurden verhaftet und kriminalisiert, vor allem die Exilanten aus Frankreich, den USA und der Schweiz. Ein lähmende Schwere legte sich über das intellektuelle Leben, jeder mußte überlegen, wem er welchen Gedanken anvertrauen könne. Auf den Schauprozeß in Budapest folgte einer in Sofia, das nächste Glied in der Kette bildete Prag. Im November 1952 wurde Rudolf Slánský, kurz davor noch Parteivorsitzender, als »Agent des amerikanischen Imperialismus und seiner zionistischen Agentur« angeklagt, ein Punkt der langen Liste waren die einst von Stalin angeordneten Waffenlieferungen an Israel. 14 ehemals hochrangige Parteimitglieder saßen nach monatelanger Psychofolter wie Nahrungs- und Schlafentzug auf der Anklagebank, darunter 11 jüdischer Herkunft. Während der Verhandlung vor ausgesuchtem Publikum fiel mehrfach der Name Paul Merkers. Das Staatsgericht verhängte dreimal lebenslänglich und elfmal die Todesstrafe, vollstreckt am 3. Dezember 1952 – unter den Gehenkten André Simone. In der Tschechoslowakei grassierte offener Antisemitismus, nach Folgeprozessen wurden insgesamt 178 Personen hingerichtet, an die 50000 erhielten Haftstrafen oder verschwanden ohne Urteil in Arbeitslagern.

Hiermit war eine zweite Säuberungswelle in der DDR eingeläutet, die ebenfalls massive antisemitische Untertöne hatte und eine Fluchtwelle jüdischer Bürger in den Westen auslöste. Zwischen 1946 und 1952 schmolz die Mitgliederzahl der jüdischen Gemeinden in der SBZ/DDR von 2094 auf 977, es blieb beim niedrigsten Bevölkerungsanteil aller Ostblockländer. Nach seinem Parteiausschluß 1950 war Merker eine Stelle als Kellner zugeteilt worden, bis »Gäste« ihn als Spion beschimpften und attackierten. Merker bedrängte Wilhelm Pieck um Hilfe, dieser bewilligte ihm im August, als Übersetzer zu arbeiten. Im November 1952 wurden Erich Jungmann und jüdische SED-Mitglieder aus Merkers Freundeskreis verhaftet, panisch suchte sich dieser in einem weiteren Brief an Pieck vom »Spion« Simone zu distanzieren, doch sein Leidensweg nahm noch lange kein Ende.[9] Wenige Stunden nach der Hinrichtung Simones wurde Paul Merker in Berlin verhaftet. In tagelangen Verhören wurden immer die gleichen Fragen gestellt: Wie er zu Noël Field stehe, wie er sich beim Hitler-Stalin-Pakt verhalten habe, warum er 1942 aus Frankreich »desertiert« sei, warum er für André Simone und gegen Georg Stibi entschieden habe, was er über diesen oder jenen Mitemigranten wisse, wer ihm seine jüdische Politik eingeflüstert habe und überhaupt, wie er als Nicht-Jude sich für Juden einsetzen könne. Konsequent beantwortete Merker letzteres, daß dies seinem Verständnis von Antifaschismus entspreche. Sowjetische wie deutsche Beamte bissen sich an ihm die Zähne aus, denn er unterschrieb keine vorgefertigten Schuldzuweisungen. Seine Zelle hatte er mit einem Spitzel zu teilen, der versuchte, sein Vertrauen zu erschleichen.[10] Weder wußte Merkers Frau, wo man ihn gefangenhielt, noch ob er überhaupt lebte. Am 4. Januar 1953 veröffentlichte das *Neue Deutschland* den ZK-Beschluß *Lehren aus dem Prozeß gegen das Verschwörerzentrum Slánský*. Darin heißt es, der Agent Paul Merker hätte mit dem Verbrecher André Simone in der zionistischen Zeitschrift FD die

Interessen des amerikanischen Monopolkapitals vertreten und Wiedergutmachung für die Juden gefordert; sie hätten die korrekte marxistisch-leninistische Theorie der nationalen Frage zugunsten einer kleinbürgerlich-opportunistischen Auffassung aufgegeben und statt dessen die Juden in Deutschland als eine nationale Minderheit und den Zionismus als eine nationale Befreiungsbewegung anerkannt. Der Agent Merker sei somit ein Feind der Sowjetunion, er habe Ernst Meyer und Rudolfo Stavenhagen von der zionistischen Loge Menorah angeworben, zwei US-Waffenschieber im Dienste des japanischen Imperialismus usw. Auch Jungmann und Zuckermann wurden in die konstruierten Beschuldigungen miteinbezogen. 1953 erschienen in Prag eine deutsche Übersetzung des Protokolls des Slánský-Prozesses und in Berlin eine Broschüre Materns über die Durchführung der von der SED daraus gezogenen Lehren – zwei der schändlichsten Dokumente der Nachkriegsgeschichte. Somit war Paul Merker 1953 als Hauptangeklagter für einen großen Schauprozeß in Berlin auserkoren. Alexander Abusch war Mitte Juli 1950 aus dem Zentralsekretariat der SED entfernt worden. Im Mai 1951 war er bereits so weit in die Enge getrieben, daß er sich als MfS-Informant anwerben ließ, diese Tätigkeit dauerte bis zum Oktober 1956. Als Merker Mitte 1951 mehrfach versuchte, Abusch zu kontaktieren, ließ dieser sich verleugnen und informierte umgehend seinen Führungsoffizier. Die Hinrichtung von Simone stellte ihn mit dem Rücken an die Wand. Angsterfüllt verfaßte er Ergänzungen zu seinen bisherigen Erklärungen, wie er zu Simone gestanden habe. Von Matern wurde Abusch vor die Alternative gestellt, entweder gegen Merker auszusagen oder an seiner Seite angeklagt zu werden. Abusch beugte sich und wurde reichlich belohnt – schon 1952 war er wieder Mitglied im Deutschen Schriftstellerverband, 1958 bis 1961 avancierte er als Nachfolger Bechers zum Minister für Kultur und war als getreuer Ulbricht-Vasall in wechselnden Funktionen bis 1971 Mitglied der DDR-Regierung. Anekdoten-haft erzählt Abusch in seinen autobiographischen Schriften auch von seinem Freund André Simone, doch dessen Hinrichtung wird mit keinem Wort erwähnt. Georg

Der weltgewandte Jurist Leo Zuckermann um 1943

Stibi wurde bereits 1952 Chefredakteur der *Leipziger Volkszeitung*, 1955/56 bekleidete er im *Neuen Deutschland* dieselbe Position, danach wechselte er in den diplomatischen Dienst und brachte es 1961 zum Stellvertretenden Außenminister. Ganz anders Leo Zuckermann, dieser hatte Ulbricht bereits im November 1950 um seine Entlassung als Staatssekretär ersucht, was dieser ignorierte. Im Büro von Pieck blieb Zuckermann bis Mai 1951, dann geriet er ins direkte Visier von Erich Mielke. Gleichzeitig war er immer noch Institutsleiter für internationales Recht an der Verwaltungsakademie »Walter Ulbricht« in Potsdam, die Staatsfunktionäre heranbildete. 14 Tage nach Merkers Verhaftung flüchtete er bei Nacht und Nebel nach West-Berlin und zurück nach Mexiko. Vollends absurd war das Schicksal seines Bruders Rudolf, dieser reiste Anfang 1953 aus Mexiko in die DDR, um den falschen Anschuldigungen entgegenzutreten und wurde dort unter dem »Verdacht« verhaftet, die SED-Spitze ermorden zu wollen. Was folgte, waren Einzelhaft, Verhöre mit stark antisemitischer Färbung und eine Scheinerschießung.[11] Ende 1953 kam Rudolf Zuckermann wieder frei, doch als Faustpfand mußte er sich beim MfS als Informant verdient machen, was wie bei Abusch bis 1956 dauerte.

Wie kam es zu dieser Welle von Antisemitismus in Osteuropa? In der Sowjetunion wurden im September 1952 die persönlichen Ärzte Stalins verhaftet, darunter etliche Juden, ihr Prozeß war in Vorbereitung. Nach dem Fiasko seiner Israel-Politik war für Stalin jeder Jude ein Zionist und somit ein potentieller Agent. Ein *Prawda*-Leitartikel gegen die »Mörderärzte« im Januar 1953 entfachte für einen Monat Pogrom-Stimmung im Sowjetreich, Solomon Michoëls wurde posthum zum Mitverschwörer auserkoren. Es soll Pläne gegeben haben, Pogrome zu inszenieren und Zehntausende Juden nach Birobidshan zu deportieren, doch massive Proteste im Westen und die technische Undurchführbarkeit ließen es nicht dazu kommen. Am 5. März 1953 schien alles überstanden, Stalin war tot, ein Teil der Menschheit trauerte, während der andere frohlockte. Etwa einen Monat danach wurden die Ärzte freigelassen, Geheimdienstchef Lavrentij Berija und etliche seiner Mitarbeiter im Sommer 1953 hingerichtet. Von alldem erfuhr Paul Merker in seiner Zelle kein Wort, ebensowenig von den Ereignissen des 17. Juni 1953 in den Straßen Ost-Berlins, ebensowenig von der Entlassung und völligen Rehabilitierung Noël Fields 1954. Man sollte meinen, der Spuk würde nun auch für ihn zu Ende gehen, doch Ulbricht hatte anders entschieden: Erst am 30. März 1955 wurde Merker in einem Geheimprozeß ohne Rechtsbeistand u. a. aufgrund der Aussagen von Abusch, Jungmann und Anton Ackermann wegen Verstoßes gegen § 6 der DDR-Verfassung (Aufhetzung zu Krieg und Rassenhaß) zu acht Jahren Zuchthaus verurteilt. Unmittelbar nach dem 20. Parteitag der KPdSU, bei dem Nikita Chruschtschow mit seiner berühmt gewordenen Geheimrede die Entstalinisierung einleitete, wurde Merker Ende Januar 1956 kommentarlos aus dem Gefängnis entlassen. Ebenso Jungmann, der bei der *Berliner Zeitung* unterkam.

Als einzigen Freund traf Merker nach der Enthaftung Walter Janka, der ihn bestärkte, eine Aufhebung des Urteils einzufordern. Dies erfolgte zwei Monate danach, wiederum geheim und ohne daß die Zeugen der Anklage oder sonst einer der für die Repressionen Verantwortlichen zur Rechenschaft gezogen worden wären. Daraufhin erbat Merker in einem Brief an Pieck seine offizielle Rehabilitierung. Da er keine Antwort bekam, schickte Merker im Juni eine seitenlange Erklärung *Stellungnahme zur Judenfrage* an die ZPKK.[12] Zwei Monate später antwortete Ulbricht nebulös, daß die politische Anschuldigung fallengelassen worden sei und daher kein Grund mehr zur strafrechtlichen Verfolgung bestehe.[13] Ende August 1956 forderte Merker erneut die öffentliche Rehabilitierung, Wiederaufnahme in die Partei und Rückgabe seiner Briefe, seiner Bibliothek und des Manuskriptes von *Deutschland – Sein oder Nichtsein?* zur Überarbeitung. Ulbricht antwortete, daß die Partei die Freilassung als Rehabilitierung betrachte, weitere Fragen könne er mit Hermann Matern besprechen. Zu Noël Field könne er nichts sagen, da dieser ja nicht in der DDR verhört worden sei, aber die Rückgabe der Papiere und ein Antrag für Haftentschädigung seien eingeleitet.[14] Die Suez-Krise und der Beginn des Volksaufstandes in Ungarn gegen die Sowjetmacht im Oktober 1956 machten jedoch alles wieder zunichte. Erneut holte die SED-Spitze zum einschüchternden Rundumschlag gegen kritische Intellektuelle aus, erneut traf es die »Mexikaner« – insbesondere Walter Janka. Wie dieser in seiner Autobiographie schildert, hatten ihn Kultur-Minister Johannes R. Becher und Anna Seghers in großer Sorge unmittelbar nach dem Einmarsch der Warschauer-Pakt-Truppen in Ungarn ersucht, dorthin zu reisen, um den gemeinsamen alten Freund Georg Lukács in Sicherheit zu bringen.[15] Dies wurde dann im letzten Moment auf Geheiß von Ulbricht verboten – Janka hielt die Sache für erledigt. Doch Anfang Dezember 1956 wurde er im damaligen Gebäude des Aufbau-Verlages in der Französischen Straße verhaftet und beschuldigt, mit der Gruppe um Wolfgang Harich eine staatsfeindliche Verschwörung eingeleitet zu haben. Beim Verhör behauptete Mielke, Janka habe in der Person von Lukács die Konter-Revolution in die DDR einschleppen wollen. Ende Juli 1957 wurde Janka der Prozeß gemacht. Zu den Belastungszeugen gehörte auch Paul Merker. Er war Harich im November 1956 in Jankas Haus begegnet, und das westdeutsche Nachrichtenblatt *Der Spiegel* schrieb, die Gruppe um Harich wolle Merker an Ulbrichts Stelle setzen. Das brach ihm das Genick. Merker war Janka schon im April 1957 gegenübergestellt worden, wobei er alle Anklagepunkte bestätigte. Im Gerichtssaal versuchte Merker anfangs, Janka zu entlasten, doch Generalstaatsanwalt Ernst Melsheimer, der Merker zuerst verurteilt hatte und dann wieder freisprechen mußte, brüllte ihn an, daß er ihn auf die Anklagebank neben Janka bringen werde. Mit tränenerstickter Stimme setzte Merker seine falsche Aussage fort. Schreckensbleiche Zeugen dieser Tragödie waren Anna Seghers, Bodo Uhse, Willi Bredel und Helene Weigel. Sie waren zur Abschreckung hierher zitiert worden, sie hätten aufschreien können, müssen, doch sie blieben stumm. Sie wurden in eine innere Emigration gezwungen. Alfred Kantorowicz flüchtete 1957 nach Westdeutschland, Ernst Bloch wurde emeritiert und erhielt Publikationsverbot. Walter Janka wurde zu fünf Jahren

Zuchthaus verurteilt. Mehr als zwei Jahre verbrachte er in Einzelhaft, dann wurde er unter ähnlichen Umständen wie Merker entlassen. Letzterer starb gebrochen und einsam im Jahr 1969. Walter Janka erlebte die Revision seines Urteils durch die Generalstaatsanwaltschaft der DDR wenige Tage nach dem Fall der Berliner Mauer.

1 Paul Merker an Wilhelm Pieck, 28. 3. 1946. In: SAPMO, Ny 4036/36, B 87, S. 75 – 79

2 Lustiger 1998

3 Herf 1998, Creuzberger 1996

4 Kießling 1995, 1996, Herf 1994, Patka 1996, Offenberg 1998

5 Hodos 1988, Maderthaner/Schafranek/Unfried 1991, Kocka 1993, Weber 1993, Luks 1998

6 Arbeitsvorgang Alexander Abusch In: BStU 5079/56 Zentral-Archiv

7 Akte Georg Stibi. In: SAPMO, Ny 4246, S. 23–42

8 Rudolf Feistmann an Paul Merker, 3. 6. 1950. In: SAPMO, Ny 4036/662, S. 333

9 Paul Merker an Wilhelm Pieck, 26. 11. 1952. In. SAPMO, Ny 4102/27, S. 10 – 14

10 Kießling 1995, 1996

11 Rudolf Zuckermann an Karl Kormes. Halle, 13. 11. 1990. In: DÖW, Bestand Spanienkämpfer.

12 Kießling 1995

13 Walter Ulbricht an Paul Merker, 31. 7. 1956. In: SAPMO, Ny 4102/27, S. 84

14 Walter Ulbricht an Paul Merker, 7. 9. 1956. In: SAPMO, Ny 4102/27, S. 92

15 Janka 1991

Abkürzungen

ACM	–	Asociación Checoeslovaco-Mexicana
AIZ	–	Arbeiter Illustrierte Zeitung
BFD	–	Bewegung »Freies Deutschland«
BStU	–	Der Bundesbeauftragte für die Unterlagen des Staatssicherheitsdienstes der ehemaligen DDR
CCI	–	Comité Central Israelita
CTAL	–	Confederacion de Trabajadores de América Latina
CTM	–	Confederación de Trabajadores de México
DÖW	–	Dokumentationsarchiv des österreichischen Widerstandes, Wien
ERC	–	Emergency Rescue Committee
FOARE	–	Federación de Organismos de Ayuda a los Republicanos Espanoles (bzw.) Federación de Organismos de Ayuda a los Refugiados Europeos
HHK	–	Heinrich Heine Klub
IAH	–	Internationale Arbeiter-Hilfe
IVRS	–	Internationale Vereinigung Revolutionärer Schriftsteller
JARC	–	Joint Anti-Fascist Refugee Committee
ERC	–	Emergency Rescue Committee
KI	–	Kommunistische Internationale
KP	–	Kommunistische Partei
KPD	–	Kommunistische Partei Deutschlands
KPdSU	–	Kommunistische Partei der Sowjetunion
KPdUSA	–	Kommunistische Partei der USA
KPF	–	Kommunistische Partei Frankreichs
KPM	–	Kommunistische Partei Mexikos
KZ	–	Konzentrationslager
LAK	–	Lateinamerikanisches Komitee der »Freien Deutschen«
LAW	–	League of American Writers

LEAR	–	Liga de Escritores y Artistas Revolucionarios
MfS	–	Ministerium für Staatssicherheit der DDR
NSDAP-AO	–	Nationalsozialistische Deutsche Arbeiterpartei – Auslandsorganisation
POUM	–	Partido Obrera de la Unificación Marxista
PNR	–	Partido Nacional Revolucionario
PRM	–	Partido de la Revolución Mexicana
SAKB	–	Stiftung Akademie der Künste zu Berlin
SAPMO	–	Stiftung Archiv der Parteien und Massenorganisationen der DDR im Bundesarchiv
SBZ	–	Sowjetische Besatzungszone (im Nachkriegs-Deutschland)
SDS	–	Schutzverband Deutscher Schriftsteller (im Exil)
SED	–	Sozialistische Einheitspartei Deutschlands
TGP	–	Taller de Grafica Popular
TKG	–	Theodor Kramer Gesellschaft, Wien
UNAM	–	Universidad Nacional Autonoma de México
ZPKK	–	Zentrale Partei-Kontroll-Kommission

Bibliographie

Archivbestände:

Arbeitsvorgang Alexander Abusch – BStU
Nachlaß Bruno Frei – DÖW
Zeitzeugen-Interviews mit Bronja Katz, Friedrich Katz und Trude Kurz –
   DÖW
Nachlaß Leo Katz – TKG
Nachlaß Egon Erwin Kisch – Museum der Tschechischen Literatur, Prag
Nachlaß Heinrich Mann – SAKB
Nachlaß Paul Merker – SAPMO
Arbeitsvorgang Paul Merker – BStV
Nachlaß Wilhelm Pieck – SAPMO
Arbeitsvorgang Anna Seghers – BStU
Nachlaß Bodo Uhse – SAKB
Nachlaß F. C. Weiskopf – SAKB
Arbeitsvorgang Rudolf Zuckermann – BStU

Zeitschriften:

Der Aufbau, New York 1938 – 1946
Freies Deutschland, Mexiko 1941 – 1946
Demokratische Post, Mexiko 1943 – 1953
Austria Libre, Mexiko 1941 – 1946
Tribuna Israelita, Mexiko 1944 – 1952
New Masses, New York 1938 – 1946
The New Republic, New York 1938 – 1946
Sozialistische Tribüne, Mexiko 1945

Sekundärliteratur:

Abusch, Alexander: Der Deckname. Berlin 1984
Ders.: Mit offenem Visier. Berlin 1986
Avni, Haim: Mexico – Immigration and Refugee. Washington 1989
Azcarate, Manuel: Die europäische Linke. Wien 1986
Barckhausen, Christiane (Hg.): Auf den Spuren von Tina Modotti.
   Kiel 1996
Bauer, Stefan: Ein böhmischer Jude im Exil. Der Schriftsteller Ernst Sommer
   (1888 – 1955). München 1995

Bauhaus-Archiv Berlin (Hg.): Hannes Meyer 1889 – 1954. Architekt – Urbanist – Lehrer. Berlin 1989

Beller, Jacob: Jews in Latin America. New York 1969

Betz, Albrecht: Exil und Engagement: deutsche Schriftsteller im Frankreich der dreißiger Jahre. München 1986

Biletter, Erika (Hg.): Imagen de Mexico. Der Beitrag Mexikos zur Kunst des 20. Jahrhunderts. Wien 1988 (Ausstellungskatalog)

Bock, Sigrid: Kunst im Kriege oder Von der Brauchbarkeit des »alten« Romans. In: Dies./Hahn, Manfred (Hg.): Erfahrung Exil. Antifaschistische Romane 1933 – 1945. Berlin, Weimar 1981

Brodersen, Ingke (Hg.): Der Prozeß gegen Walter Janka und andere. Reinbek bei Hamburg 1990

Caspar, Günter (Hg.): Über Bodo Uhse. Ein Almanach. Berlin 1984

Cheetham, Nicolas: A History of Mexico. London 1970

Cimet, Adina: Ashkenazi Jews in Mexico. Ideologies in the Structuring of a Community. New York 1997

Cremer, Dorothea/Ketzscher, Stefanie/Kerbs, Diethart: Walter Reuter. Berlin – Madrid – Mexiko. 60 Jahre Fotografie und Film 1930 – 1990. Berlin 1990

Creuzberger, Stefan: Die sowjetische Besatzungsmacht und das politische System der SBZ. Weimar, Köln, Wien 1996

Dahlke, Hans: Nachwort. In: Feuchtwanger, Lion: Teufel in Frankreich. Berlin o.J.

Davies, Joseph E.: Als USA-Botschafter in Moskau. Authentische und vertrauliche Berichte über die Sowjet-Union bis Oktober 1941. Zürich 1943

Diwersy, Alfred: Gustav Regler. Saarbrücken o.J.

Douer, Alisa/Seeber, Ursula (Hg.): Wie weit ist Wien? Lateinamerika als Exil für österreichische Schriftsteller und Künstler. Wien 1995

Duhnke, Horst: Die KPD von 1933 bis 1945. Köln 1972

Eggers, Christian: Im Vorzimmer zu Auschwitz. Juden aus Deutschland und Mitteleuropa in französischen Internierungslagern 1940 – 1942. Berlin (Diss.) 1992

Emrich, Elke: Heinrich Manns Roman »Lidice«. Eine Legende von der menschlichen Verwandlung. In: Wolff, Rudolf (Hg.): Heinrich Mann: das Werk im Exil. Bonn 1985

Fabian, Ruth/Coulmas, Corinna: Die deutsche Emigration in Frankreich nach 1933. München u. a. 1978

Fassel, Horst: Die Einsamkeit des Leo Katz und die Standhaftigkeit eines Wunschdenkens. In: Glotschnigg, Dietmar/Schwob, Anton (Hg.): Die Bukowina. Studien zu einer versunkenen Literaturlandschaft. Tübingen 1990

Folsom, Franklin: Days of Anger, Days of Hope. A Memoir of the League of American Writers, 1937 – 1942. Niwot (Colorado) 1994

Frei, Bruno: Der Papiersäbel. Frankfurt 1972

Gregor-Dellin, Martin: Nachwort. In: Frank, Bruno: Die Tochter. München 1985

Gross, Babette: Willi Münzenberg. Eine politische Biographie. Stuttgart 1967

Grund, Uwe/Schock, Ralph/Scholdt, Günter: Gustav Regler. Dokumente und Analysen. Saarbrücken 1985

Grunenberg, Antonia: »Ich wollte Montezumas Federhut nach Mexiko bringen«. Ein Gespräch mit Bruno Frei über das kommunistische Exil und die Nachkriegszeit in Österreich. In: Exilforschung. Ein internationales Jahrbuch 4 (1986) 1, S. 243 – 253

Guthke, Karl S.: B. Traven. Biographie eines Rätsels. Zürich 1990

Haller-Nevermann, Marie: Jude und Judentum im Werk Anna Seghers'. Untersuchungen zur Bedeutung jüdischer Traditionen und zur Thematisierung des Antisemitismus in den Romanen und Erzählungen von Anna Seghers. Frankfurt u.a. 1997

Hanffstengel, Renata von: Mexiko im Werk von Bodo Uhse. Das nie verlassene Exil. New York u. a. 1995

Dies./Tercero, Cecilia/Wehner Franco, Silke (Hg.): Mexiko, das wohltemperierte Exil. Mexico D. F. 1995

Dies.: Moscú o México – Èsa es la cuestación. «. In: Anuario de Investigaciones Interculturales Germano-Mexicanas 4 (1994–1996) 7/8/9, S. 125 – 131

Dies.: Aspekte jüdischer Erfahrung im 20. Jahrhundert. Mexiko: der Fall einer Nichtbegegnung. In: Mit der Ziehharmonika 15(1998)1, 41 – 44

Haupt, S. Werner: Mexiko im zweiten Weltkrieg. In: Wehrwissenschaftliche Rundschau 1958, S. 166 – 169

Heintz, Georg: Index des Freien Deutschland/Neues Deutschland (Mexico) 1941 – 1946. Meisenheim/Glan 1975

Herbst, Ingrid/Klemm, Bernd: Vorwort. In: Rühle-Gerstel, Alice: Der Umbruch oder Hanna und die Freiheit. Frankfurt 1984

Herf, Jeffrey: Divided Memory. The Nazi Past in the Two Germanys. Cambridge (Massachusetts), London 1998

Ders.: Antisemitismus in der DDR. Geheime Dokumente zum Fall Paul Merker aus SED- und MfS-Archiven. In: Vierteljahreshefte für Zeitgeschichte 42(1994)1, S. 635 – 667

Herman, Donald L.: The Comintern in Mexico. Washington 1974

Hielscher, Martin (Hg.): Fluchtort Mexiko. Ein Asylland für die Literatur. Hamburg, Zürich 1992

Hilt, Douglas: Die mexikanischen Jahre von Anna Seghers. In: Kohut, Karl/Zur Mühlen, Patrik von (Hg.): Alternative Lateinamerika. Das deutsche Exil in der Zeit des Nationalsozialismus. Frankfurt 1994

Hodos, Georg Hermann: Schauprozesse. Stalinistische Säuberungen in Osteuropa 1948 – 54. Frankfurt, New York 1988

Hofmann, Fritz: Egon Erwin Kisch. Eine Biographie. Berlin 1988

Italiander, Rolf: Juden in Lateinamerika. Tel Aviv 1971

Janka, Walter: Spuren eines Lebens. Berlin 1991

Ders.: Schwierigkeiten mit der Wahrheit. Berlin, Weimar 1990

Ders.: ...bis zur Verhaftung. Erinnerungen eines deutschen Verlegers. Berlin 1993

Kaiser, Konstantin: Nachwort. In: Leo Katz: Brennende Dörfer. Wien 1993

Kantorowicz, Alfred: Politik und Literatur im Exil. Deutschsprachige Schriftsteller im Kampf gegen den Nationalsozialismus. Hamburg 1978

Katz, Friedrich: Einige Grundzüge der Politik des deutschen Imperialismus in Lateinamerika von 1898 bis 1941. In: Sanke, Heinz (Hg.): Der deutsche Faschismus in Lateinamerika 1933 – 1943. Berlin 1966

Ders.: The Secret War in Mexico. Europe, The United States an the Mexican Revolution. Chicago, London 1981

Ders.: Mexiko und der »Anschluß« Österreichs. In: Zeitschrift für Lateinamerika o.J.(1976)11

Kießling, Wolfgang: Alemania Libre in Mexiko Bd. 1 u. 2. Ein Beitrag zur Geschichte des antifaschistischen Exils (1941–1946). Berlin 1974

Ders.: Einleitung. In: Freies Deutschland (Reprint). Leipzig 1975

Ders.: Nachwort. In: Renn, Ludwig: In Mexiko. Berlin, Weimar 1979

Ders.: Brücken nach Mexiko. Berlin 1989

Ders.: Der Weg nach Mexiko. In: Goldschmidt, Alfons: Mexiko. Auf den Spuren der Azteken. Leipzig 1985

Ders.: Von Grunewald nach Woodstock über Moskau. Alfons Goldschmidt im USA-Exil. In: Exilforschung 8 (1990) 1, S. 106 – 127

Ders.: Paul Merker in den Fängen der Sicherheitsorgane Stalins und Ulbrichts. In: Hefte zur DDR-Geschichte o.Jg.(1995)25

Ders.: In den Mühlen der großen Politik. Heinrich Mann, Paul Merker und die SED. In: Hefte zur DDR-Geschichte o.Jg.(1996)36

Ders.: »Partner im Narrenparadies«. Der Freundeskreis um Noël Field und Paul Merker. Berlin 1996

Ders.: Leo Katz – ein Kommunist im Zwiespalt. In: Mit der Ziehharmonika 15 (1998) 1, S. 32 – 36

Ders.: »Leistner ist Mielke«. Schatten einer gefälschten Biographie. Berlin 1998

Kloyber, Christian: Österreichische Autoren im mexikanischen Exil 1938-1945. Ein Beitrag zur antifaschistischen österreichischen Literatur. Wien (Diss.) 1987

Ders./Pierre, José: Wolfgang Paalen. Voyage sur la côte Nord-Ouest de l'Amerique. In: Pleine Marge. Cahiers de littérature, d'arts plastiques & de critique. o.Jg. (1994) 20, S. 7 – 54

Ders.: Wolfgang Paalen – Das Abenteuer einer Biographie. In: Wolfgang Paalen. Wien 1993 (Katalog des Museums Moderner Kunst)

Ders.: Einige Anmerkungen zum Exil österreichischer Intellektueller in Mexiko 1938 – 1945. In: Stadler, Friedrich (Hg.): Vertriebene Vernunft Bd. 2. Wien, München 1988

Ders.: Mexiko – Exilland 1938. In: Mit der Ziehharmonika 15(1998) 1, S. 12 – 20

Kocka, Jürgen (Hg.): Historische DDR-Forschung. Aufsätze und Studien. Berlin 1993

Kossok, Manfred: »Sonderauftrag Südamerika«. Zur deutschen Politik gegenüber Lateinamerika 1938 – 1942. In: Lateinamerika zwischen Emanzipation und Imperialismus 1810 – 1960. Berlin 1961

Kröhnke, Friedrich: Surrealismus und deutsches Exil. Eine mexikanische Episode. In: Exilforschung 3 (1985) 1, S. 359 – 373

Krohn, Claus-Dieter/von zur Mühlen, Patrik/Paul, Gerhard/Winckler, Lutz (Hg.): Handbuch der deutschsprachigen Emigration 1933 – 1945. Darmstadt 1998

Krones, Hartmut: Marcel Rubin. Wien 1975

LaBahn, Kathleen J.: Anna Seghers' Exile Literature. The Mexican Years (1941 – 1947). New York u.a. 1986

Langkau-Alex, Ursula: Willi Münzenberg im Exil und die Bedeutung der Freundschaft in der Krise der dreißiger Jahre. In: Schlie, Tania/Roche, Simone (Hg.): Willi Münzenberg (1889 – 1940). Ein deutscher Kommunist im Spannungsfeld zwischen Stalinismus und Antifaschismus. Frankfurt 1995

Luks, Leonid (Hg.): Der Stalinismus und die »Jüdische Frage«. Zur antisemitischen Wende des Kommunismus. Köln: Böhlau 1998

Lustiger, Arno: Rotbuch. Stalin und die Juden. Berlin 1998

Maas, Lieselotte: »Unerschüttert bleibt mein Vertrauen in den guten Kern unseres Volkes«. Der Kommunist Paul Merker und die Exil-Diskussion um Deutschlands Schuld, Verantwortung und Zukunft. In: Koebner, Thomas (Hrsg.): Deutschland nach Hitler: Zukunftspläne im Exil und aus der Besatzungszeit 1939 – 1949. Opladen 1987

Dies: Handbuch der deutschen Exilpresse. Bd. 1 – 4 (hg. von Lämmert, Eberhard). München 1976 – 1990

Dies.: Deutsche Exilpresse in Lateinamerika. Frankfurt 1978

Maderthaner, Wolfgang/Schafranek, Hans/Unfried, Berthold (Hg.): »Ich habe den Tod verdient.« Schauprozesse und politische Verfolgung in Mittel- und Osteuropa 1945 – 1956. Wien 1991

Matern, Hermann: Über die Durchführung des Beschlusses des ZK der SED »Lehren aus dem Prozeß gegen das Verschwörerzentrum Slánský«. Berlin 1953

Merker, Paul: Über die Bewegung »Freies Deutschland« in Lateinamerika. In: Vosske, Heinz (Hrsg.): Im Kampf bewährt. Erinnerungen deutscher Genossen an den antifaschistischen Widerstand 1933 – 1945. Berlin 1977

Moeller, Hans-Bernhard (Hg.): Latin America and the Literature of Exile. A Comparative View of the 20. Century European Refugee Writers in the New World. Heidelberg 1983

Mörl, Bendedikt: Leo Katz – sein Leben und seine Sicht des Judentums. Wien (Diplomarbeit) 1996

Müller, Hans Harald: Nachwort. In: Plievier, Theodor: Stalingrad: Köln 1983

Noeske, Jürgen: »Freies/Neues Deutschland. Alemania Libre.« Zur Inszenierung von Wirklichkeit in einer Exilzeitschrift. Leiden 1980

Oeste de Bopp, Marianne: Die deutsche Presse in Mexiko. In: Publizistik 6(1961)3

Dies.: Die Exilsituation in Mexiko. In: Durzak, Manfred (Hg.): Die deutsche Exilliteratur 1933 – 1945. Stuttgart 1973

Dies.: Die Deutschen in Mexiko. In: Fröschle, Hartmut (Hrsg.): Die Deutschen in Lateinamerika. Tübingen, Basel 1979

Offenberg, Ulrike: »Seid vorsichtig gegen die Machthaber«. Die jüdischen Gemeinden in der SBZ und der DDR 1945 – 1990. Berlin 1998

Pappe, Silvia: Gertrude Düby-Blom – Königin des Regenwaldes. Bern, Dortmund 1994

Pass, Walter/Scheit, Gerhard/Svoboda, Wilhelm: Orpheus im Exil. Die

Vertreibung der österreichischen Musik von 1938 bis 1945. Wien 1995

Patka, Marcus G.: Egon Erwin Kisch. Stationen im Leben eines streitbaren Autors. Wien 1997

Ders.: Egon Erwin Kisch und das späte Erbe der Väter. In: Mit der Ziehharmonika 13(1996) 2, S. 12 – 18

Ders.: Von Juden und »Azteken«. Das kommunistische Exil in Mexiko und der Zionismus (1942 – 1952). In: Jüdisches Echo o. Jg.(1996)45, S. 83 – 89

Ders.: Die drei Leben des Otto Katz alias Rudolf Breda alias André Simone in den Höhen der Politik und den Tiefen des Boulevard. In: Anne Saint Saveur-Henn (Hg.): Zweimal vertrieben. Die deutschsprachige Emigration und der Fluchtweg Frankreich – Lateinamerika 1933 – 1945. Berlin 1998

Ders.: Ubi Musica, ibi Austria? Österreichische Musiker in Mexiko. In: Mit der Ziehharmonika 15(1998)1, S. 49 – 53

Ders./Kloyber, Christian (hg. für das Dokumentationsarchiv des österreichischen Widerstandes): Österreicher im Exil. Mexiko 1938 – 1945. (erscheint 1999)

Pohle, Fritz: Das mexikanische Exil. Ein Beitrag zur Geschichte der politisch-kulturellen Emigration aus Deutschland (1937–1946). Stuttgart 1986

Ders.: Exil in Mexiko. In: Exil 6(1986)1, S. 5 – 18

Ders.: »Freies Deutschland« und Zionismus. Exilkommunistische Bündnisbemühungen um die jüdische Emigration. In: Schrader, Achim/Rengstorf, Karl-Heinrich (Hg.): Europäische Juden in Lateinamerika. St. Ingbert 1989, S. 226 – 241

Ders.: Kriegsexil in Mexiko und mexikanische Stoffe bei Anna Seghers, In: Schmidt, Friedhelm (Hg.): Wildes Paradies – Rote Hölle. Das Bild Mexikos in Literatur und Film der Moderne. Bielefeld 1992

Ders.: Musiker-Emigration in Lateinamerika. Ein vorläufiger Überblick. In: Heister, Hanns-Werner/Maurer Zenck, Claudia/Petersen, Peter (Hg.): Musik im Exil. Folgen des Nazismus für die internationale Musikkultur. Frankfurt 1993

Ders.: Otto Rühle in Mexiko. In: Kohut, Karl/Zur Mühlen, Patrik von (Hg.): Alternative Lateinamerika. Frankfurt 1994

Ders.: Der deutsche Widerstand in Mexiko 1937 – 1939. Die »Liga für deutsche Kultur«. In: Anuario de Investigaciones Interculturales Germano-Mexicanas 4(1994 – 1996)7/8/9, S. 96 – 114

Poláček, Josef: Zur Entstehungsgeschichte von Kischs »Marktplatz der Sensationen«. In: Weimarer Beiträge 34(1988)3, S. 499 – 508

Pommerin, Reiner: Das Dritte Reich und Lateinamerika. Die deutsche Politik gegenüber Süd- und Mittelamerika 1939 – 1942. Düsseldorf 1977

Prignitz, Helga: TGP. Ein Grafik-Kollektiv in Mexico 1937 – 1977. Berlin 1981

Prozeß gegen die Leitung des staatsfeindlichen Verschwörerzentrums mit Rudolf Slánský an der Spitze. Prag 1953

Raat, W. Dirk: US Intelligence Operations and Covert Action in Mexico 1900 – 1947. In: Journal of Contemporary History 22(1987)1

Recknagel, Rolf: B. Traven. Leipzig 1982

Regler, Gustav: Das Ohr des Malchus. Köln, Berlin 1958

Ders.: Sohn aus Niemandsland. Tagebücher 1940 – 1943. (hg. von Schmidt-Henkel, Gerhard/Schock, Ralph/Scholdt, Günther). Basel, Frankfurt 1994

Reinerová, Lenka: Es begann in der Melantrichgasse. Erinnerungen an Weiskopf, Kisch, Uhse und die Seghers. Berlin, Weimar 1985

Dies.: Das Traumcafé einer Pragerin. Berlin 1996

Dies.: So alt wie das Jahrhundert. In: Theodor Balk: Wen die Kugel vor Madrid nicht traf. St. Ingbert 1996

Dies.: Aus dem Asylland ins Exil. Schriftstellerin in der Tschechoslowakei und in Mexiko. In: Benz, Wolfgang/Neiss, Marion (Hg.): Die Erfahrung des Exils. Exemplarische Reflexionen. Berlin 1997

Riedel, Volker (Hg.): Freies Deutschland. México 1941 – 1946. Bibliographie einer Zeitschrift. Berlin, Weimar 1975

Rühle-Gerstel, Alice: Kein Gedicht für Trotzki. Tagebuchaufzeichnungen aus Mexiko. Frankfurt 1979

Scheit, Gerhard: Über die Schwierigkeiten, Österreich in die Musik zu retten. In: Mit der Ziehharmonika 15(1998)1, S. 45 – 48

Schlenstedt, Dieter: Egon Erwin Kisch. Leben und Werk. Berlin 1985

Schock, Ralph: Gustav Regler. Literatur und Politik 1933 – 1940. Frankfurt 1984

Schrade, Andreas: Anna Seghers. Stuttgart 1993

Schramm, Hanna: Menschen in Gurs. Erinnerungen an ein französisches Konzentrationslager 1940 – 1941. Worms 1977

Schumann, Thomas B.: Paul Mayer – Lyriker und Literaturvermittler im mexikanischen Exil. In: Mit der Ziehharmonika 15(1998)1, S. 53 – 54

Seghers, Anna: Briefe an F. C. Weiskopf. In: Neue Deutsche Literatur 33(1985)2

Dies./Herzfelde, Wieland: Ein Briefwechsel 1939 – 1946. Berlin und Weimar 1985

Senkman, Leonardo: Parias und Privilegierte: Die jüdischen und spanischen Flüchtlinge in Mexiko und Argentinien 1939 – 1945. Ein vergleichende Studie. In: Kohut, Karl/Zur Mühlen, Patrik von (Hg.): Alternative Lateinamerika. Frankfurt 1994

Silberner, Edmund: Kommunisten zur Judenfrage. Zur Geschichte von Theorie und Praxis des Kommunismus. Opladen 1983

Spira, Steffie: Trab der Schaukelpferde. Berlin und Weimar 1984

Stephan, Alexander: Im Visier des FBI. Deutsche Exilschriftsteller in den Akten amerikanischer Geheimdienste. Stuttgart 1995

Ders.: Anna Seghers' Das Siebte Kreuz. Welt und Wirkung eines Romans. Berlin 1997

Stern, Kurt: Eine Bühne im Exil. In: Theater der Zeit 2(1947)4

Sternburg, Wilhelm von: Lion Feuchtwanger. Ein deutsches Schriftstellerleben. Berlin 1994

Uhse, Bodo: Reise- und Tagebücher. Berlin, Weimar 1981

Ders.: Gestalten und Probleme. Berlin 1979

Ders./Weiskopf, F. C.: Briefwechsel 1942 – 1948 (hg. von Caspar, Günter/

Stragies, Margit). Berlin 1991

Volland, Klaus: Das dritte Reich und Mexiko. Hamburg 1976

Wächter, Hans-Christof: Theater im Exil. Sozialgeschichte des deutschen Exiltheaters 1933 – 1945. München 1973

Walter, Hans-Albert: Deutsche Exilliteratur 1933 – 1950. Bd. 2 Europäisches Appeasement und überseeische Asylpraxis. Stuttgart 1984

Ders.: Deutsche Exilliteratur 1933 – 1950. Bd. 3. Internierung, Flucht und Lebensbedingungen im zweiten Weltkrieg. Stuttgart 1988

Ders.: Deutsche Exilliteratur 1933 – 1950. Bd. 4. Exilpresse. Stuttgart 1978

Ders.: Gustav Reglers mexikanisches Maskenspiel. In: Regler, Gustav: Vulkanisches Land. Göttingen 1987

Weber, Hermann (Hg.): Kommunisten verfolgen Kommunisten. Stalinistischer Terror und »Säuberungen« in den dreißiger Jahren. Berlin 1993

Weiskopf, Grete/Hermlin, Stephan: Nachwort. In: Weiskopf, F. C.: Vor einem neuen Tag. Berlin 1960

Wendel, Eberhard: Ulbricht als Richter und Henker. Stalinistische Justiz im Parteiauftrag. Berlin 1996

Weston, Charles H.: The Political Legacy of Lázaro Cárdenas. In: The Americas Vol. 39, Nr. 3 (Jan. 1983), S. 383 – 405

Wollny, Hans: Mexiko – ein klassisches Exilland? Asylpraxis zwischen humanitärem Anspruch und politischem Kalkül. In: Liberal. Vierteljahreshefte für Politik und Kultur 1(1989)2

Zur Mühlen, Patrik von: Fluchtziel Lateinamerika. Die deutsche Emigration 1933 – 1945: politische Aktivitäten und soziokulturelle Integration. Bonn 1988

Ders.: Spanien war ihre Hoffnung. Die deutsche Linke im Spanischen Bürgerkrieg 1936 – 1939. Bonn 1983

Ders.: Jüdische und deutsche Identität von Lateinamerika-Emigranten. In: Exilforschung 5

Ders.: Programme für die Nachkriegszeit im lateinamerikanischen Exil. In: Koebner, Thomas (Hrsg.): Deutschland nach Hitler: Zukunftspläne im Exil und aus der Besatzungszeit 1939 – 1949. Opladen 1987

Ders.: Deutsches Exil in Lateinamerika. In: Briegel, Manfred/Frühwald, Wolfgang (Hg.): Die Erfahrung der Fremde. Basel, Cambridge, New York 1988

Personenregister

Abakumow, Wiktor 218
Abrams, Jacobo 62
Abreu Gómez, Ermilio 65, 139
Abusch, Alexander 30, 35, 76 f.,
    82 f., 90, 98 – 100, 102, 104, 109,
    112, 121, 142 f., 149, 152 f., 171,
    188, 191, 217, 222, 224, 227
Ackermann, Anton 227
Adler, Alfred 57, 58
Adler, Friedrich 73
Agee, Alma 181 f., 184
Albers, Josef 63
Alejem, Scholem 129
Alemán, Miguel 18
Aliphas, Avner 69
Almazán, Juan Andreu 15
Alter, Viktor 69
Alwin, Carl (eig.: Pinkus, Karl
    Oskar) 126, 160
Amado, Jorge 177
Ames, Joel (siehe: Katz, Leo)
Anders, Günther 102
Andújar, Manuel 141
Arango, Doroteo (siehe: Villa, Pan-
    cho)
Arendt, Erich 102
Arp, Hans 92
Artaud, Antonin 13
Aub, Max 93
Ávila Camacho, Manuel 15, 16, 18,
    44, 91, 142, 143, 162

Babel, Isaak 107
Bach, Fritz (Federico) 48, 58
Bakunin, Michail Alexandrowitsch
    153
Balk, Theodor (eig.: Fodor, Dra
    gutin.) 36, 72, 99, 102, 112, 121,
    125, 141, 143 f., 158, 199 – 205
Balzac, Honoré de 213
Barba Gonzalez, Silvestre 42

Barabbas 198
Barbusse, Henri 29, 32 f.
Barlach, Ernst 185
Barsky, Edward K. 42, 71
Bassermann, Albert 101 f.
Batista, Fulgencio 77
Baumgarten, Lotte 172
Beals, Carleton 60
Bebel, August 153
Becher, Johannes R. 48, 51, 102,
    120, 153, 160, 188, 224, 229
Becker, Lonka 120
Beethoven, Ludwig van 126
Begun, Henriette 102
Benario (-Prestes), Olga 84
Benbassat, José 116
Beneš, Eduard 130, 143
Benjamin, Walter 40
Berci, Kurt 125, 129
Bergamín, José 36, 165
Berija, Lavrentij 226
Berlin, Philipp 68
Bermann, Richard A. (eig.: Höll-
    riegel, Richard) 61
Bernhard, Georg 31, 35, 101
Bismarck, Otto von 65
Bloch, Ernst 102, 105, 143, 159, 191,
    228
Blom, Frans 133 f.
Blum, Albrecht Viktor 120, 129
Blum, León 36
Bodek, Klaus 120
Börne, Ludwig 157
Börner, Otto (eig.: Wahls, Otto)
    82 f.
Bosques, Gilberto 43, 65, 112, 170 f.
Bracho, Angel 144
Braque, Georges 93
Braun, Max 35
Bravo, Manuel A. 13
Brecht, Bertolt 31, 33, 43, 57, 120, 146

240

Bildnachweis

Archiv des Museums der tschechischen Literatur, Prag – 113, 163, 175, 203

Bundesarchiv, Koblenz – 25

Dokumentationsarchiv des österreichischen Widerstandes, Wien – 194

Humboldt-Universität zu Berlin, Archiv – 49

Interkulturelles Forschungsinstitut Mexiko-Deutschland, México – 136 (Foto: Hans Gutmann), 209

Christian Koyber – 88, 94 (Foto: Eva Sulzer, Nachlaß W. Paalen)

Stiftung Archiv der Parteien und Massenorganisationen der DDR im Bundesarchiv, Berlin – 110, 141, 182, 224

Alice Rühle-Gerstel: »Kein Gedicht für Trotzki. Tagebuchaufzeichnungen aus Mexiko«. Verlag Neue Kritik, Frankfurt am Main 1979 – 56

»Heines Geist in Mexiko«. Heinrich Heine Klub, Mexiko 1946 – 79, 81, 122, 123, 124, 127, 132, 135, 214

AtV

Band 8033

Holger Gumprecht
»New Weimar unter Palmen«
Deutsche Schriftsteller im Exil in Los Angeles

270 Seiten
ISBN 3-7466-8033-6

Anfang der vierziger Jahre hatte sich in
Los Angeles eine deutsche Emigranten-
kolonie gegründet, die heute als »Weimar
am Pazifik« legendär geworden ist. Thomas
Mann fand hier für ein Jahrzehnt seine
Wahlheimat, die Auflagenmillionäre Vicki,
Baum, Erich Maria Remarque und Hans
Habe ließen sich am Pazifik nieder. Es
folgten Leonhard Frank, Curt Goetz,
Alfred Döblin, Bertolt Brecht, Bruno
Frank, Alfred Polgar, Walter Mehring und
andere. Auf abenteuerlich-gefährliche
Weise gelangten Lion Feuchtwanger,
Heinrich Mann und Franz Werfel über die
Pyrenäen und Portugal in die Neue Welt.
»Deutsch-Californien wuchs«, notierte
Ludwig Marcuse lakonisch in seinem
Tagebuch.

A^{t}V

Band 8024 Manfred Flügge
Wider Willen im Paradies

Deutsche Schriftsteller im Exil in
Sanary-sur-Mer

163 Seiten
ISBN 3-7466-8024-7

Für deutsche Literaten und Maler war die
Côte d'Azur seit Jahrhunderten ein Magnet
der Sehnsucht. Bis 1933. Danach wurde
die Küste mit der poetischen Patina zur
Zuflucht vieler deutscher Künstler, bis sie
anderswo Exil fanden oder in französische
Internierung gerieten. Sanary-sur-Mer
wurde zur literarischen Diaspora und zum
geistigen Zentrum der Emigration.
Thomas Mann lebte hier und Lion Feuchtwanger, Ludwig Marcuse, Franz Werfel,
Bruno Frank, Franz Hessel, Friedrich
Wolf. Viele heimatlos gewordene Künstler
machten als Besucher Station: Brecht,
Heinrich Mann, Arnold Zweig, Stefan
Zweig, die Kinder Thomas Manns, Kisch
oder Hasenclever. Sanary-sur-Mer war
zum Wartesaal geworden, zum Sinnbild
der Verlorenheit.

A*t*V

Band 8035 Alexander Stephan
Im Visier des FBI
Deutsche Exilschriftsteller in den Akten
amerikanischer Geheimdienste

Mit 19 Abbildungen
372 Seiten
ISBN 3-7466-8035-2

Ein gewaltiger Überwachungsapparat wurde
von den amerikanischen Geheimdiensten auf
jene deutschen Schriftsteller angesetzt, die
Anfang der vierziger Jahre in den USA und in
Mexiko Zuflucht vor der Gestapo suchten.
Betroffen waren Thomas, Heinrich, Klaus und
Erika Mann, Lion Feuchtwanger, Bertolt Brecht,
Oskar Maria Graf, Berthold Viertel, Franz
Werfel, Erich Maria Remarque, Alfred Döblin,
Carl Zuckmayer, Anna Seghers, Egon Erwin
Kisch und viele andere. Etwa 50 Dossiers dieser
Exilantenakten mit weit über 12000 Dokumenten wurden – mit ausgeschwärzten Passagen –
dem Autor zur Einsicht freigegeben. Sie enthal-
ten ausführliche Berichte und Protokolle von
minutiösen Observierungen, Verhören und
Informantenaussagen. Alexander Stephan
beschreibt System, Methoden und Motive dieser
flächendeckenden Überwachung, die sich für
literarische Projekte, politische Pläne und Lieb-
schaften ebenso interessierte wie für die ›sub-
jects‹ als potentielle Opponenten in der Debatte
um ein künftiges neues Deutschland. J. Edgar
Hoovers geheime Maschinerie hinterließ ein be-
redtes Zeugnis über das Verhältnis von staatlicher Macht und Literatur im 20. Jahrhundert.

A*t*V

Band 1338

Franz J. Jürgens
»Wir waren ja eigentlich Deutsche«

Juden berichten von Emigration
und Rückkehr

248 Seiten
ISBN 3-7466-1338-8

Was kann deutsche Juden nach Jahren im
Exil dazu bewegen, wieder nach Deutschland zurückzukehren? Wie empfinden sie
eine solche Rückkehr? Wie begegnen sie
den Enttäuschungen? Was heißt es schließlich, nach vielen Jahren wieder die Mutter-
sprache zu sprechen?
Die in diesem Band porträtierten Menschen haben in vielen Jahrzehnten die
schmerzlichen Erfahrungen von Vertreibung und Exil zu verarbeiten versucht. Im
Gespräch mit Franz J. Jürgens geben sie
freimütig Auskunft über das im Dritten
Reich Erlebte, über die Rettung, über ihre
Rückkehr.